西方文明三千年

从希腊城邦到工业革命

阮炜 等 / 著

中国出版集团　东方出版中心

图书在版编目（CIP）数据

西方文明三千年：从希腊城邦到工业革命 / 阮炜等著. —上海：东方出版中心, 2023.5
　　ISBN 978-7-5473-2170-6

Ⅰ.①西… Ⅱ.①阮… Ⅲ.①文化史 - 西方国家 Ⅳ.①K103

中国国家版本馆CIP数据核字（2023）第051176号

西方文明三千年：从希腊城邦到工业革命

著　　者　阮　炜　等
责任编辑　万　骏　时方圆
装帧设计　钟　颖

出 版 人　陈义望
出版发行　东方出版中心
地　　址　上海市仙霞路345号
邮政编码　200336
电　　话　021-62417400
印 刷 者　上海盛通时代印刷有限公司

开　　本　890mm×1240mm 1/32
印　　张　13.5
字　　数　274千字
版　　次　2023年9月第1版
印　　次　2023年9月第1次印刷
定　　价　78.00元

版权所有　侵权必究
如图书有印装质量问题，请寄回本社出版部调换或拨打021-62597596联系。

目　录

绪　论　　001

第一章　埃及与两河　　027
埃及与两河对希腊的影响 / 029
尼罗河的"赠礼" / 030
埃及人的物质成就 / 033
埃及人的精神文化 / 034
帝国与局促的空间 / 036
虚妄的永生不死 / 039
两河文明的成就 / 043
苏美尔、阿卡德、巴比伦 / 045
亚述帝国 / 049
新巴比伦王国 / 051
波斯帝国 / 054

第二章　希腊（上）　　057
希腊人的成就 / 059
希腊人的短板 / 061
"希腊"的由来 / 063
希腊的成就何以可能？ / 066

希腊政制 / 069
希波战争、伯罗奔尼撒战争、西西里远征 / 071
帝国为何甫立已崩？ / 075
不光彩的民主 / 079

第三章　希腊（下）　　　　　　　　　　083

希腊的地理自然环境 / 085
地理自然环境与希腊人的性格 / 086
古希腊的"三国"时代 / 089
黩武主义的价值观 / 091
雅典帝国主义 / 094
大邦对小邦的掠夺 / 097
亚历山大东进后的文化融合 / 102
求神问卜的希腊人 / 104

第四章　罗马（上）　　　　　　　　　　111

罗马人的成就 / 113
罗马人为何能取得成功？ / 115
优越的地理自然条件 / 118
罗马帝国的政治整合 / 122
与希腊人相似的难题 / 125
高于希腊人的智慧 / 129
帝国衰败的征兆 / 134
帝国的消亡 / 137

第五章　罗马（下）　　141

引言 / 143

罗马共和制 / 144

罗马的扩张 / 147

格拉古改革 / 149

马略改革 / 151

苏拉集权 / 153

恺撒专制 / 156

屋大维只称"元首" / 160

元老院依然强势 / 162

元老院缓缓淡出 / 165

杀戮中的废旧立新 / 167

"共治"的闹剧 / 171

结语 / 174

第六章　基督教的兴起　　177

早期犹太历史 / 179

犹太教及其主要宗教思想 / 182

基督教的演变 / 184

耶稣其人其事 / 185

从异端到国教——基督教的早期传播 / 187

《圣经》与西方文化 / 189

修道运动和教父哲学 / 193

基督教对犹太教的继承与扬弃 / 195

第七章 中世纪（上） 199

克洛维与西欧的基督教化 / 201

加洛林王朝与查理曼的贡献 / 204

教会的作用与政教冲突 / 207

封建制度 / 212

城市的出现 / 214

城市自治运动 / 218

大学的兴起 / 222

第八章 中世纪（下） 227

最初的地理扩张 / 229

十字军东侵 / 233

为何现代议会制度起源于西欧？ / 239

议会在英国的兴起 / 241

议会在法国、西班牙、德意志地区的兴起 / 244

优越的地理位置 / 249

第九章 殖民扩张 253

殖民扩张的原因 / 255

葡萄牙与西班牙的殖民扩张（1500—1600）/ 257

荷兰、法国、英国的殖民扩张（1600—1763）/ 266

殖民扩张的影响 / 272

第十章 文艺复兴 275

重心在人的时代精神 / 277

文艺复兴的起源 / 282

"文学三杰" / 284

"艺术三杰" / 287

惊世骇俗的雕塑 / 290

音乐上的突破 / 292

北方的文学成就 / 294

历史作用 / 297

第十一章　宗教改革运动　　301

历史背景 / 303

马丁·路德的宗教改革 / 308

加尔文的宗教改革 / 311

亨利八世的宗教改革 / 315

新教伦理与资本主义精神 / 319

第十二章　科学革命　　323

科学革命的根源 / 325

建构新的宇宙图景：天文学的突破 / 329

人体构造的新观念：解剖学和生理学的革命 / 333

自然科学其他领域的新进展 / 336

科学方法的探索 / 339

科学革命的影响和意义 / 343

第十三章　启蒙运动　　347

启蒙运动的基础 / 349

启蒙哲人及其纲领 / 352

启蒙运动与近代世界 / 366

第十四章　工业革命　369

英国工业革命的起源 / 371

棉纺织业的技术革命 / 374

蒸汽机的发明 / 377

冶铁业和采矿业的进展 / 378

交通运输业的革新 / 380

机器制造业的出现 / 382

工厂制度的建立 / 383

工业革命的成果和意义 / 385

附　录　美国文化　391

清教主义与 WASP 文化 / 393

美利坚文化的多元特质 / 397

美国文学的兴起 / 399

美国实用主义哲学的出现 / 406

近代美国的绘画艺术 / 411

重要名词中英文对照表　415

编后记　422

绪论

一

当今迅速崛起的中国正在使西方人焦虑、纠结，正如1840年以来西方也一直使中国人焦虑、纠结那样。可以肯定，在未来几十年里，这种情形还将继续下去。但首先得搞清楚，"西方"究竟为何？从地理上看，它是由俄罗斯及周边大多数东正教国家外的欧洲、美国、加拿大、澳大利亚和新西兰等构成的。从气候上看，发源地和核心区之一的西欧虽纬度偏高，但因受北大西洋暖流影响，大多数地区气候相对温和，降水量足够且均匀，不旱不涝，十分有利于农牧业的发展乃至文化的进步。

从种族方面看，西方人主要由欧亚（高加索）种群或白色人种构成。西中欧的欧亚种群主要分为三大类型。其一，南部地中海类型，黑发、身材中等，如意大利人、西班牙人、法国南方人；其二，北部日耳曼类型，发色较浅，身材较高，如德国人、丹麦人、荷兰人、英国人，以及法国北方人（混合了凯尔特亦即高卢血统的日耳曼人）；其三，东部斯拉夫类型，如波兰人、捷克人、斯洛伐克人等。美国人主要是以英国人为主的欧洲人后裔，但拉美裔、非裔、亚裔也占有很大的比例。加拿大、澳大利亚等国的人口大多是以英国人为主的欧洲人的后裔，同样有占比不小的非欧洲族裔。在上述三大种群崛起之前，支配欧洲的是一些古代强势民族，如凯尔特人（现苏格兰、爱尔兰和威尔士仍有少量凯尔特人）、希腊人、拉丁人等。从起源上看，这些种群与目前西中欧人口中的地中海、日耳曼和斯拉夫这三大类型是近亲，均为距今约4 500年前从黑海以北的俄罗斯平原迁徙而来的驯养了马、羊等动物的欧亚种群。在远古欧洲，还有过尼安德特人和克罗马农人。前者并非智人，却是智人的近亲，智商较高，骨骼比现代智人（现所有人类均属于现代智人）粗壮，从距今12万年前起，统治着整个欧洲、西亚和北非，但在2.4万年前消失了。取代尼安德特人的是克罗马农人。他们是晚期智人，一种更善于集团合作、智慧更高的人类，并不属于欧亚种群。

从语言方面看，除了巴斯克语（西班牙东北部和法国西南部巴斯克人的语言）、马扎尔语（使用人口主要为匈牙利人，也称匈牙利语）、芬兰语（使用人口主要为芬兰人）外，欧洲所有民族都讲印欧语系各语族（如日耳曼语族、罗马语族、罗曼语族、斯拉夫语族、凯尔特语族、希腊语族、波罗的语族等）的语言。

从文化起源看，西方是西亚地中海世界多个古代文明杂合的产物。确切地说，所谓"西方文明"是由表现为基督教的古叙利亚文明（即通常所谓"希伯来文明"）、古希腊罗马文明和日耳曼文化杂合而成的；而古叙利亚和古希腊罗马文明又是由更古老的埃及、两河与克里特、赫梯等原生文明杂合而成的。就其基本精神特质、历史经历和地缘政治身份而言，今日西方有着基督教（含天主教、新教和东正教等分支）的底色，发生过封建主义形成、民族国家兴起、文艺复兴、海外殖民扩张、新教改革、政教分离、英国革命、美国革命、法国革命以及科学革命、启蒙运动、工业革命等重大文明史事态。

从理念和制度形态来看，西方率先开创了现代法制和现代工商业制度，甚至还实行形形色色的议会式民主制度，而其种种现代理念和经济政治制度并非不能被其他文明所吸纳利用。在法律和规章制度的规约下，西方发展出的种种机制，使个人意志得到充分表达、个人能动性得到较大程度发挥，这尤其值得非西方世界好好学习。从精神气质上看，西方虽然是一个不知内敛、"以动力横绝天下"的文明，以约12%的人口占据着地球上约60%的土地，但同时也是一个勇于尝试、创新、不断探索未知世界的文明。

很大程度上，正是因了健全的法制和积极进取、探索的精神，近代以来西方乃至人类整体的潜能才被前所未有地释放出来，包括现代科学在内的人类知识才得以爆炸性地增长，其广度和深度才得到了古人完全不能想象的巨大提升。很大程度上也正是因了这些缘故，在一个世界性的经济和科技体系中，才发生了初期工业革命，即机器大生产代替手工劳动，之后又发生了电气化革命，再后来更有原子能、计算机、纳米科学、生命科学、互联网和人工智能等一次又一次技术革新，人类社会乃至地球面貌才发生了如此巨大的改变，人类整体生存状况才有了如此巨大的提升，人类身上所蕴藏的巨大可能性才第一次被清晰地呈现出来。

西方对人类文明的贡献之巨，怎么估计都不过分。

西方崛起的故事还有另外一面。在经过几千年各自独立演进之后，西方人通过一系列战争敲开了中国的大门，由此造成了所谓"三千年未有之大变局"，一种使中国人一度无比焦虑和痛苦的局面。但从此也有了一个实实在在的赶超目标。正是在西方的严峻挑战下，中国进行了史无前例的应战、史无前例的反省和奋发图强。三千年来，这是第一次。所以这里要问的问题是，在人类历史上，为何竟出现了以下情形：不是人口更多、早在公元前11世纪的周代便初具规模、形成了相对稳定政治结构的中国文明开出了现代工业资本主义和积极探索的文化精神，而恰恰是西方扮演了这一角色？问题还可以问得直接一点：为何中国在政治整合和统一方面虽表现优异，最后竟是西欧在长达千年的"蛰伏"后得以异军突起，后来居上？除了前文提及的气候方面的关键原因外，还不妨从以下四个方面找原因。

第一，在地理位置上，西方文明的发源地西欧与其他文明区域相比，是非常幸运的。因位于亚欧大陆的最西端，远离欧亚大草原，西欧不像中国、印度、东欧、西亚或古希腊罗马那样容易遭受草原游牧民族的侵扰。历史上的西欧虽也受到过北欧维京人的骚扰，但维京人数量有限，很快就被西欧主体民族同化了。而在蒙古骑兵东征西讨、横扫几乎整个亚欧大陆的 13 至 14 世纪，西欧却有广袤的东欧作为其屏障，多个东欧民族为西欧吸收了攻无不克的蒙古人的大部分能量。在很大程度上，正由于地处亚欧大陆西端，西欧得以从公元 1000 年左右起，在长达一千年的时间中，几乎无间断地发展经济，生产力水平不断提高，城市不断成长，资产阶级不断壮大，适时开出现代资本主义，实现工业化，并在人地矛盾尖锐时将多余的人口移民到美洲等地，甚至爆发了两次深刻影响历史进程的英国革命和法国大革命，与此同时几乎无间断地丰富其精神文明，优化其商业和法制文化。

第二，罗马帝国崩溃以来，西欧逐渐地形成了多元并存的局面。国家间的激烈竞争带来了经济、政治和文化—科技的活力。事实上，15 世纪末以后，西欧多国的地理扩张、军事能力的提升、科学技术的跃进、基于现代资本主义的工业革命以及总体生产力的提高，很大程度是在这样的竞争的背景下发生的，是由这样的竞争所推动的。

第三，地理位置除了使西欧大体上免于游牧民族的侵扰，还赋予它另一个关键优势：距其不远处，恰好有一个人烟稀少的广袤美洲等待西欧人去"发现"。及至工业革命时代，西欧生产力成倍增长，迫切需要额外的原材料基地和商品市场，亟须为迅速增长的人口提供生存空间等问题被提上议事日程，此时已得到初步开发的美洲"新大陆"，恰逢其时地满足了西欧的这一历史需要。相比之下，其他文明如中国和印度等，却不具备这种优势。当然，近代初期的中国之所以未能像西欧那样经历了可观的人口壮大和空间扩展，很大程度上是因为更温暖的气候使中国农业生产率更高（南方广泛种植的水稻需有较高的气温和大量的劳动投入，但单位土地面积所能养活的人口是小麦的两倍以上；这解释了为何南北朝和南宋时期南方得到开发以后，经济发展水平一举超过了北方），也因人口密集的华夏核心区域周边仍有大片土地有待开发，所以中国大体上无须海外扩张（如果人多地少的沿海地区少量的对外移民不计在内的话），也能缓解人口压力。

第四，西欧不仅在气候条件和地理位置方面非常幸运，从文明起源和构成来看，也拥有东亚和南亚文明所不具备的先天优势。如我们所知，西欧乃至整个西方文明主要是由叙利亚（即希伯来）和希腊罗马这两个轴心期[1]文明杂合而成的，而叙利亚和希腊罗马文明又是多个更古老的文明或前轴心期文明杂合而成的。正如自然界物种的繁衍为"杂交优势"的规律所支配那样，不同文明的杂合也会给"后代"带来优势。仅就科技的演进而言，不同文明杂合所带

---

[1] "轴心期"（或"轴心时代"）这个概念是德国哲学家卡尔·雅斯贝尔斯提出的。他认为，公元前8世纪至公元2世纪在中国、印度、希腊和西亚不约而同出现了经济、文化的大发展，不约而同发生了"哲学的突破"——中国出现了百家争鸣的诸子，印度兴起了同样百家争鸣的佛教等新兴宗教—哲学，希腊涌现出一大批"爱智者"或"哲学家"，西亚则最终形成唯一神宗教；这一切都发生在公元前8世纪至公元2世纪这一"轴心期"。

来的优势更明显,甚至可以说具有关键意义。很难想象,没有两河流域、埃及和小亚细亚既有的文化—科技成果,继之而起的希腊社会将是什么样子,甚至能否出现一个我们所熟知的希腊也未可知。同样很难想象,没有求知欲旺盛的希腊文明和有着强烈道德心的叙利亚文明的杂合,二者的子嗣,即中世纪至今的西欧乃至西方文明,将会是何等面目。

二

以上所述是西方崛起的一些结构性原因。如果深入更具体层面,则不难发现,是政教对峙、封建主义、城市自治运动、市民或资产阶级的壮大、经济的持续发展、文艺复兴、宗教改革运动、启蒙运动、科学革命、英国革命、法国大革命、技术水平的持续提高等要素的综合,才给予西方崛起和地理扩张所必需的势能。民族国家在其内部所实现的较小范围的政治统一也起了一定作用,因为只有政治统一(即便不是中国式超大规模的政治统一)而非分裂的封建小国林立,有限的人力物力才能被有效地动员起来,进行持续不断的海外冒险。早期海外探险者虽多为意大利人,资助者却并非其家乡的城邦国家或小领主,而是葡萄牙、西班牙这两个新兴统一国家的君主,便说明了这一点。

但仅仅这些因素仍不足以解释西方的扩张何以发生。基督教的普救说、教会无与伦比的传教热情、十字军式的好战精神也是不可或缺的。事实上,西欧早期地理扩张的一个极强大的动因便是宗教。葡萄牙的亨利王子组织了15世纪初对非洲西海岸的探险。这种探险很大程度上虽然由物质利益驱动,但葡萄牙人的宗教狂热也是一个关键因素。亨利王子不仅关注欧洲人针对地中海世界摩尔人和土耳其人的战争,而且在计划一种全新的战略:从背后即非洲内陆包抄伊斯兰世界。对非洲西海岸及邻近岛屿的探险便是该战略的第一步。如此这般,西方地理扩张的宗教动因在亨利王子身上得到了充分的体现——如果一定要对精神和物质因素作一个区分的话。当然,从根本上看,对黄金和贵重香料的贪欲是一种更强烈的驱动力,而传播上帝福音只是一个缺乏实质内容的借口。质言之,没有现代资本主义的强烈获利动机,没有无与伦比的贪婪性,西方地理扩张是不可能发生的。

那么为什么是葡萄牙而非欧洲其他地区最先走向海外?葡萄牙人之所以能先声夺人,是因为葡萄牙既是一个地中海国家,又西临大西洋;不仅从航海业发达的意大利学得了较多航海知识,具备了远航技术,更有浩瀚的大西洋和悠长的非洲沿岸需要去探索和发现。但更重要的原因也许在于,葡萄牙本有的疆域实在太小,三面被西班牙领土包围,使其无法向欧洲内陆扩张,或者说,使其不至于受到太大诱惑,像西欧其他民族那样将大量人力物力耗费于王朝争霸战争,因此不得不向海外发展。当然,亨利王子个人的宗教狂热也是一个很重要的因素。无论原因为何,葡萄牙人的冒险掀开了欧洲历史新的一页,人类历史进程因之发生剧变。事实上,在整个15世纪及之后,葡萄牙人花费了大量人力和财富,派出了一支支远洋船队到海外闯荡和贸易,且持续了两百多年。

应特别注意的是,在比西方人略早的1405至1433年间,郑和率领的数百艘船只、数万人组成的庞大舰队便七下"西洋",行迹所及,远至波斯湾、红海海口和非洲东南岸。实际上,早在宋代,中国便建造了使用罗盘和海图的4层、3桅、挂12张帆、可载500

人的大船。从船只规模、数量和船员人数方面看，葡萄牙人的船队根本不能同郑和的船队相比。一般的船宽150英尺、长370英尺，但最大的船宽180英尺、长444英尺。它们与哥伦布的小旗舰——宽25英尺、长120英尺的圣玛利亚号——相比，是名副其实的浮动宫殿，而圣玛利亚号比平塔号和尼娜号（哥伦布的另外两艘船）要大一倍。应看到，郑和庞大舰队的远航并非一种孤立的宫廷政治行为，而是有着经济规模和技术能力的支撑。1403至1433年间，南京附近的船坞建造了大约2 000艘船，其中包括近100艘370至440英尺长、150至180英尺宽的巨船。由此可见，郑和时期的中国不仅已经拥有远洋航海所必需的科学知识和先进技术，所能动员的人力物力也比西方丰富得多。然而，中国人因国内政治方面的考虑突然停止了远航活动。与葡萄牙人、荷兰人以及入侵印度洋的其他欧洲人不同的是，来到远方的中国人从不干抢劫掠夺、杀人放火的勾当。这在当时西方人眼里可能是不可理喻的。无论郑和航海突然中止出于何种动机，从文明的性格来看，中国人不像当时的欧洲人那么贪婪，是一个最重要的原因。

  光有动机，还不能保证欧洲人的探险和扩张取得成功。知识上的准备也非常重要。如果没有西亚地中海世界多个古代文明的知识积累，没有对这些文明和伊斯兰文明成果的继承和利用，欧洲人不可能很快掌握先进的航海知识和天文地理知识。与此同时，近代实验科学正在兴起。对自然现象基于实证的系统探究，在地理"发现"时代就开始了。画家们正在研究人体的结构和比例，医师们正在解剖人体。甚至一些雕塑家，如意大利的韦罗基奥，本身便是解剖学家。波兰天文学家哥白尼所提出的日心说现在看来虽非正确，在当时却更接近真理，流行了一千多年的托勒密地心说很快将被其颠覆。

绪 论

在把理论用于实践方面，尤其是在把地理学和天文学知识运用于航海方面，欧洲人也表现出了很强的能力。在造船、仪器、航海装备、地图海图的绘制，以及关于洋流和海风的知识方面，当时的西方人也已取得明显进步。但最具有决定意义的还是火器的改进，尤其是装在船舰上用于海战的火炮的改进。没有先进的武器，不仅不可能打败非洲、印度洋区域和美洲的当地人，就连探险本身也很难进行。除此之外，欧洲人还有另一种利器，它比火器强大得多——传染性疾病。因长期与天花、霍乱、麻疹、鼠疫、斑疹伤寒、流感以及其他许多新大陆本来没有的病毒、细菌和寄生虫共生共存，欧洲人对之早已有免疫力。现在，他们走到哪里便把祸害带到哪里，使对之无免疫力的美洲人大受其害。在西班牙冒险家皮萨罗征服印加帝国以前，欧洲人带去的传染病已肆虐秘鲁，使其人口大大减少，国力大大削弱。据统计，至1600年，欧洲人来新大陆一个世纪后，拉丁美洲人口已从数千万降至几百万；至1700年，即欧洲疾病侵害北美近两百年后，只剩下几十万美洲土著存活在今日加拿大和美国一带。很难确知，死于欧洲疾病的美洲土著究竟达到了90%至95%，抑或更多，但无疑数以千万计的美洲人死于旧大陆入侵的传染病及其他疾病。

一切条件均已具备，西方的大扩张可以说是水到渠成。但如果认为这种扩张是从葡萄牙人开始的，那就错了。实际上，从10世纪起，当马扎尔人、维京人等刚停止骚扰欧洲，经济刚开始复苏，这种扩张便开始了。在长子继承制下，次子及以下诸子除了外出冒险，便无更好的发展机会。13至15世纪，农奴制已被大大削弱（尽管农民要等到法国大革命才从所受压迫中最终获得解放），这是西方扩张的重要条件之一。其所导致的社会流动性的增

— 011 —

强不仅使经济活跃起来，使资本积累更加容易，也为扩张提供了自由的劳动人口与必需的物力。换言之，随着经济发展，非长子的贵族和市民必须寻找出路，扩张所需要的人力和经济动能便由此得到了保证。这就是为什么十字军东侵前，各地十字军便已在积极活动。

1095 年，教皇乌尔班二世在法国克莱蒙召开宗教会议，号召信徒进行圣战，拉开了十字军东侵的序幕。在此之前，社会经济结构已使大量人口有了足够的扩张动能，现在又有了意识形态的鼓动，实可谓"如虎添翼"。十字军东侵势不可挡。十字军东侵的表面借口是征伐异教徒，夺回被其占领的土地，但意识形态外衣下掩盖的是对东方土地和财富的贪欲。这从十字军对拜占庭基督教兄弟的侵袭和屠杀中不难看出。无论如何，1099 年 7 月，十字军攻陷了耶路撒冷，屠杀了该城穆斯林和犹太人男女老幼七八万人。其后近两百年中，在穆斯林的传统疆域上，十字军建立了多个基督徒王国，如耶路撒冷王国、安条克公国等，一部分十字军定居在此。这其实是武装殖民，虽未能持久，但无疑属于欧洲扩张的一部分。这些武装移民虽然不多，但也一定程度缓解了西欧的人口压力。

稍早一点，大约从 10 世纪起，德意志封建主已入侵易北河东岸地区。之后，德意志人进一步扩张到奥得河东岸，与异教徒普鲁士人作战，这可以被视为条顿骑士团的十字军东侵。如果把这种十字军与侵略中东的十字军相比较，不难发现，二者表面上看都被宗教狂热所驱动，都使用武力攻击异教徒，都入侵并占领异教徒的土地，但也有一个明显的不同，即德意志十字军带有明确的拓殖性质。他们在东欧"新边疆"建立了诸多要塞，并在要塞四周安

绪 论

置移民。这些移民提供的农业剩余又带来进一步扩张所需的人力物力。德意志商人跟在条顿骑士团之后，占领交通枢纽，建立了诸多城市。至15世纪末，本属于斯拉夫人和波罗的海诸民族的东欧疆域大多已变成德意志领土。再加匈牙利人、波兰人、瑞典人和波罗的海诸民族大约在同一时期皈依了西方基督教，欧洲东部及东北部边界最终形成。自此这些民族开始了与东正教俄罗斯人长达千年的博弈。

应当强调的是，西方的地理扩张很大程度上并非依赖其文明规模，而更多靠的是一种出于资本主义获利冲动的贪婪，一种基于宗教信仰的狂热精神，当然还有先进的航海技术和武器装备。也就是说，西方人用贪婪、狂热和先进武器等要素弥补了其文明规模的不足。这三种因素结合起来，必然产生可观的扩张能量。在世界范围内，这是前所未有的。当然，历史上伊斯兰文明的扩张速度不比西方慢。如果以近代划线作一个比较，不难发现，近代以前伊斯兰扩张的范围甚至超过了西方。但伊斯兰统一国家如阿拉伯哈里发政权、奥斯曼土耳其帝国和伊朗的萨非王朝等，都对被征服民族的宗教信仰采取了宽容的态度，并不像欧洲人那样偏执和好战。穆斯林在地理扩张中也没有表现得如欧洲人那般见到黄金、白银、香料和黑奴等便不顾一切，甚至命也不要。中国历史上虽然也有过对外藩用兵的记录，但并没有表现出任何宗教性的狂热和好战；东亚其他国家对儒家文化的接受，大体上是出于自愿，而非由中国强加。中国人所表现出来的，远非欧洲人式的贪得无厌和掠夺本性，而是一种和平主义的文明特质。这从郑和远洋航行以及宋代以降中国人的内敛性中可看得清清楚楚。印度文明的性格在古代总体与中国相似，也以包容性和非扩张性为特点。征服他人、占

— 013 —

领其土地以获取利益和权力的做法，对中国人、印度人来说是陌生的。

值得注意的另一个现象是，欧洲人的扩张并没有采取建立帝国的形式。欧洲是在民族国家兴起后，以民族国家为基本政治单位进行海外扩张的。虽然基督教精神、城市的兴起、市民或资产阶级的壮大、航海技术的提高、武器装备的改进、民族国家的崛起、资本主义的发展等诸多因素赋予西方更大的动能，却并非意味着它已发展出了一种与其扩张动能相匹配的文明规模。在一段时期内，西方在军事能力上表现得如此强大，以至于只需动用其一部分，一个小小王国如葡萄牙、西班牙，便能在非西方世界横冲直撞，如入无人之境，甚至能够建立起一个个殖民"帝国"，而在以往的文明互动中，这种情形只有在大帝国的对外征服行动中才有可能发生。与同时期的中国相比，无论是西班牙、葡萄牙，还是荷兰、英国、法国、比利时，都是很小的政治体。此时的印度正处在四分五裂之中，在一个武装到牙齿、攻击性极强的文明面前，彼此间争斗着的土邦难逃沦为俎上鱼肉的命运——即便西方是以四分五裂、彼此争斗的民族国家出现，也是如此。中国之所以能幸免于沦为殖民地，地理上距西方较远固然是一个重要原因，西欧内部的四分五裂以及中国超大的规模性、政治统一和较强的文化—技术能力也是重要的原因。

在近代以来民族国家林立的世界格局中，西方作为一个整体，因其固有的分裂品性，其总体能力不可能强到哪里去。在对亚洲和非洲的扩张中，它能一时羞辱这个国家，一时征服那个民族，但要进行永久性的殖民，根本改变一个文明的种族—文化同一性，如在南北美洲所实际发生的那样，其人力物力是远远不够的。这实际上正是两次世界大战之间及之后西方殖民体系轰然坍塌的深层次原因。以有限的人口和经济规模，西方人无论如何也不可能根本改变亚洲、非洲殖民地的种族—文化主体性。相比之下，中国文明不仅有着无与伦比的规模性和政治统一传统，还表现出一种温和的精神品质，更具有相当强的文化—社会凝聚力，故与西方文明的侵略性、攻击性和掠夺性判然有别。在很大程度上，这也就是为什么西方诸国即便在侵略战争中屡次打败了衰弱、腐朽的清朝，逼迫其签订一个又一个不平等条约，却不可能动摇中华文明的根基。即便中国人在鸦片战争等西方帝国主义国家发起的一系列侵略战争中输给了英国人和其他欧洲人，即便后来在甲午战争中败给了日本人，但借着超大的规模性和悠久的政治统一传统，中国文明现已重新崛起，将来一定还有更为出色的表现。

三

至19世纪，西方列强间的海外战争大体上已尘埃落定，但在欧洲本土的争夺却比之前有过之而无不及。彼得大帝推行改革开放运动后，18世纪初的俄罗斯国力大大加强，而其在"北方大战"中的决定性胜利，使西欧各国不得不对这个曾经的半野蛮国家刮目相看。俄罗斯加入欧洲强国的角逐，使本来就分外复杂的欧洲国际关系更加复杂。后来通过法国大革命，法国从先前的民族君主国一变而成为第一个现代民族国家。在拿破仑领导下，法国人高唱《马赛曲》，以高昂的民族情怀与革命激情对一个个摇摇欲坠的封建小邦国实施最后的打击，也将其共和政体与自由、平等、博爱理念带到那里。传统的力量均势被打破，出面恢复秩序的是被视为反动、保守的俄罗斯、英国、奥地利和普鲁士。

1815年，这几个国家联合起来，打败了拿破仑领导下的法国。此后俄罗斯更以"神圣同盟"的"盟主"自居，开始扮演"欧洲宪兵"角色。但是，民族国家间的权力斗争并未因此而平息。1853至1856年，俄罗斯为一方，与英、法、土耳其等另一方之间发生了克里米亚战争。这场战争具有跨文明的性质，以西欧主要基督教国家、伊斯兰土耳其与当时正竭力向西欧文明靠拢的东正教俄罗斯为参战方。1870年代初，更爆发了普法战争。稍后，在俾斯麦领导下，众多德意志小邦国以普鲁士为"老大"，统一成为现代德国。统一后的德国经济迅猛发展。及至1914年，其钢铁产量已超过了英法之和，在化学制品、染料和仪器制造方面已位居世界前列。欧洲力量均势再度被打破。在海外竞争中姗姗来迟的德国发现，其日益扩张的工业所需要的世界市场和原料产地，早已被西、葡、英、法、荷、比等国瓜分完毕。一时间，西欧列强剑拔弩张。俾斯麦等人的老到手腕虽能将大战推迟，却终究不能消除战争的根源。1914年，被误称为"第一次世界大战"的第一次"欧洲大战"终于爆发了。

一战前夕，西欧霸权已臻顶峰。一战结束以后，西方在全球建立的殖民体系开始解体，俄罗斯的革命、日本的崛起、中国的觉醒、亚非拉殖民地"民族自决"的呼声动摇了西方控制下的世界秩序。于是有斯宾格勒之哀叹"西方的没落"。梁启超在考察战后欧洲后，对西方文明的好战本性提出了尖锐批评。他摒弃了当时知识界对西方人弱肉强食的文明观不作道德评判的错误做法，不再简单地强调物质文明，转而用精神文明的高下来评估各大文明。他向似要全盘西化的中国知识分子发出呼吁,让他们注意,西人的祖宗"裹块鹿皮拿把石刀在野林里打猎"时,中国"不知已出了几多哲人";要他们别忘记孔子的"四海之内皆兄弟"和墨子的"兼爱""寝兵"思想比西人的观念高明得多。他也指出,欧洲大战灾难的根本原因在于西方思维的严重缺陷:"宗教家偏重来生,唯心派哲学高谈玄妙,离人生问题,都是很远。科学一个反动,唯物派席卷天下,把高尚的理想又丢掉了。"

直到现在,梁启超的立场也常常被误解,其中心意思显然不是西方在方方面面都不如中国,而只是直白地陈述了西方文明的道德维度有缺陷这一事实。实际上,现代中国知识界主流从来就没有否认过西方政教分离、文艺复兴、启蒙运动、工业革命、科技革命、自由、民主、平等和法制等的积极意义,也从来没有否认过西方率先开出的诸多现代理念、制度的内在价值。可以说19世纪末以来,中国所做的一切,正是接纳和消化这些理念和制度,向其靠拢。尽管如此,这并不能证明西方人的殖民主义、帝国主义是合法的,非西方世界的人们被屠杀、剥削和压制是正当的,西方人主导的当今世界秩序是一点也不容改变或者改善的。目前,西方人尤其是美国人的主流思维尽管大体上已进入"后殖民"时代,面对其他文明的崛起,尽管较之从前,不得不更平等地予以对待,但依旧借其已遭动摇却依然存在的军事、科技优势,大搞霸权主义,而在世界力量多极化的大趋势下,这不可能长久持续。

梁启超的洞见很快为第一次"欧洲大战"所证实。西方文明的缺陷在一战后的巴黎和会上暴露无遗。"1919年和1920年在各种会议上缔结的和平条约,与其说是协商解决,倒不如说更像法庭上的判决……在所有的协约国国家,民族主义和民主主义联合起来,一致反对妥协，并把战争形容为以'善'来反对'恶'的十字军。胜利者在起草的和谈方案中不可避免地反映了这种情绪。"[1]在这种用华美意识形态包装起来的胜者为王、败者为寇的野蛮心态中，法英美等战胜国将极其苛刻的战争赔款强加在战败国头上，逼迫德国及其盟国对侵略所造成的战争后果负责，甚至确定了德国所必须支付的战争赔款的总数：330亿美元（用今日货币汇率计算，这是一个天文数字）。从实质上看，这不啻把刀架在德国脖子上，强迫其支付所没有的金额，甚至连其获得支付能力的手段也被剥夺了。这显然是强盗逻辑，明明双方对战争负有相同的责任，可战胜方偏偏把自己装扮成天使，把战败方说成是魔鬼。这就为下一次大战播下了种因。第一次"欧战"结束后，沮丧和屈辱中的德国人生活异常艰苦，再加上通货膨胀、政治动荡、1929年华尔街崩盘蔓延而致的经济大萧条，法西斯主义和纳粹主义应运而生。欧洲各国再次剑拔弩张，下次大战只是时间问题。这次大战虽然比第一次"欧洲大战"更像是世界大战，但主战场仍然在欧洲，所以是第二次"欧洲大战"（1931至1945年的抗日战争、美日太平洋战争与"欧洲大战"相对，可以合称为"东亚战争"），在很大程度上只是上次大战的继续。第二次规模更大，也更惨烈。一战中有8 400万军人和1 300万平民被杀；二战中则有1.69亿军人和多得多的平民被杀。

二战结束，德国的失败彻底打乱了传统势力范围的划分，国家间纷争的局面终于告一段落，盛行了三百年的民族国家观念开始走

---

[1] 爱德华·麦克诺尔·伯恩斯、菲利普·李·拉尔夫：《世界文明史》（四卷本·第四卷），北京：商务印书馆，1995年，第31—38页。

向终结。这在西方历史上是前所未有的。紧接着东西方之间的"冷战"又开始了。为了与以苏联为首的东欧社会主义阵营相对抗，西欧诸国与美国等国结成跨大西洋军事联盟——北大西洋公约组织。自18世纪下半叶以来，美国在文化方面虽然从未割断与欧洲的联系，但因斩断了与母国的政治脐带，更因基于地缘政治、地缘经济的利益分歧，与欧洲越来越陌生。一方面，在欧洲中上层阶级的心目中，独立战争后的美国不再是一片自由乐土，而已沦为只有穷人才会光顾的"应许之地"；在其势利眼中，美国人是浅薄的、庸俗的、物质至上的。现在，共同的利益似乎提供了一根新的脐带，似乎能将早已从西欧分娩出去的美国重新连接到其文化母体上。另一方面，鉴于两次"欧洲大战"的惨痛教训，西欧各国试图一劳永逸地解决民族国家间的分裂不断导致同胞相残这一大问题，于1950年代启动了欧洲联合这一历史性议程。可是，随着冷战结束、苏联解体，美欧跨大西洋"蜜月"亦告终结。在北约东扩、波黑战争、科索沃战争，以及欺负第三世界小国等方面，美欧虽然多少仍能保持步调一致，但随着欧洲一体化进程一步步加深，随着共同体意义上的欧盟越来越具有实质内容，美欧之间的利益分歧越来越凸显。这意味着，独立战争以后，美欧日益分化为两大地缘政治集团这一事实，将变得越来越清晰。当然，除了北美，还有拉美。既然19世纪初以来一个又一个拉美殖民地获得独立，实现了与其宗主国（主要是西班牙、葡萄牙）的切割，仍将它们视为欧洲的一部分便不再合适。

假定国家间基于空间毗邻性、经济利益和文化亲缘性而展开经济乃至政治整合，是一个不可阻挡的历史趋势，也假定从根本上讲，是利益而非广义上的文化身份甚或意识形态构成了文明互动的根本动因,则不妨作这么一个观察:1990 年代以后,16 世纪以降原初意义上的、以民族国家为基本单位的"西方"已然不复存在。那个先前由基督教统一起来的、被叫作"欧洲"的民族国家的集合,已发展成为拉丁美洲、北美洲、欧洲三个板块,或者说传统意义上的西方文明已分化为同名的三个亚文明。

从地缘政治和历史共同体的角度来看,不仅三大亚文明已呈鼎立之势,它们之间的利益分化也已越来越明显。拉美与北美、欧洲之间的差异尤其大于北美与欧洲间的差异。换句话说,从文化形态的角度看三大亚文明,则欧洲、北美文明的西方性更强一些,拉美文明的西方性最弱。从种族上看,数量巨大的拉美人身体里流着印第安人的血液;从文化上讲,西方入侵拉美后逐渐形成的新文化很大程度上也是欧洲文化与美洲本地文化的混合体。这与北美的情形大相径庭。北美印第安人虽然与西方人进行过长期斗争,但在人口数量上终究不敌潮水般涌来的欧洲人;反过来讲,正是由于北美印第安人数量较少,才导致英国、法国、荷兰和西班牙等在殖民扩张中能够不断将欧洲人移往北美,不断挤压印第安人的生存空间。最终结果是,北美洲在种族和文化上的欧洲性大大强于中美洲、加勒比海地区和南美洲大多数地区,或只有白人占比 90% 以上的阿根廷和乌拉圭与其相似。

据 2020 年统计数据,墨西哥人口约为 1.308 亿,其中印欧混血种群占 90%,印第安人 7.8%,白人仅占 0.5%。危地马拉人口约 1 725 万,土著印第安人占 43%,印欧混血种人 57%。哥伦比亚人口约 4 946 万,其中印欧混血种群约占 57%,白人约 20%,黑白混血种人约 14%,黑人约 4%,印第安人和其他人种约 5%。厄瓜多尔人口约 1 764 万,其中印欧混血种群约占 41%,印第安人约39%，其余的为白人、黑人和黑白混血人种。秘鲁人口约3 205万，其中印第安人约占41%，印欧混血种群约36%，白人约19%。玻利维亚人口约1 122万，其中印第安人约占54%，印欧混血人种约31%，白人约15%。智利人口约1 820万，印欧混血种人约75%，白人约20%，还有少量印第安人。阿根廷人口约4 495万，其中白人占比很高，约97%。巴西人口数量居拉美之最，2019年约2.1亿，其中白人约54%，混血种群约38.2%，黑种人约6%，还有少量华人和土著印第安人。2019至2020年，拉丁美洲总人口约6.51亿，其中混血人种约占一半，白人约35%，印第安人约8%，黑人约7%，其他种群不到1%。在拉丁美洲白人是少数，比混血种群少15个百分点。若再加上黑人和其他种群，白人占比就更少了。

从宗教信仰看，多数拉美人虽信奉欧洲主流宗教天主教，但欧洲人侵入新大陆时当地在文化上并非一块白板，而已有发达的文明，如中美洲文明和秘鲁文明。这意味着，欧洲人进入拉丁美洲后，这里的文明最终将成为一个杂合文明。此外，欧洲人进入拉丁美洲时，当地人口也并非像北美那么稀少，甚至其经济和技术发展水平也相当可观。因此，即使西方文化在新文明的形成中发挥了主要作用，当地既有的文化因子不可能不深深参与新文明的形成。仅就南美而言，有论者认为，西班牙人的入侵只推翻了印加帝国，而未能毁灭秘鲁文明。从政治上看，秘鲁文明在从印加帝国的统治向西班牙人的统治转移时期，并没有发生本质变化。当地酋长依然在执政，各村庄的日常活动照常进行。印加帝国和西班牙人都向当地人索取贡品、施加劳役，尽管西班牙人对黄金的兴趣比印加帝国大得多。当地人起初只崇拜印加帝国的太阳神，只是到后来才逐渐接受了基督教的上帝，但他们的地方神、传统宗教观念及仪式并没有受到印加帝国和西班牙宗教领导人太大的干扰。

最终成形的拉美文明大体上可被视为一个有着欧洲底色的独立文明，但拉美本有的文化并非完全被动。如秘鲁文化不仅深深作用于欧洲人带来的新文化，而且通过红薯、玉米和马铃薯等适应较贫瘠土地的耐干旱作物，已为人类文明的发展做出了极重要的贡献。尽管如此，迄今为止，拉丁美洲还远未能演化为一个单一的政治经济行为体，至少是一个能发挥一定集团效应的文明。巴西虽然地大物博、人口众多、经济总量较大，多少可以看作拉美文明的一个"核心国家"（阿根廷、秘鲁、智利等西班牙语国家就规模而言大体上相当，但都不能同巴西相比），但其人口主体讲葡萄牙语，受葡萄牙文化影响很深，与讲西班牙语的大多数拉美国家在感情上有一定的距离。因此，在可见的将来，以巴西为核心形成一个能发挥集团效应的南美邦联甚至联邦，不太可能。

相比之下，欧洲国家不像拉美那么松散。欧洲一体化进程早已启动，甚至已进展颇深。尽管直到目前，各民族国家仍是基本政治单位，但因各国间密切的文化亲缘性，更因各国工业化的不断深化，科技革命特别是信息技术、人工智能和生物技术的发展，跨国公司所导致的经济互动和人员流动的空前频繁，以及文化、教育方面的不断"西欧化"等因素，各国之间的相互依存度将越来越高，各国经济和社会发展水平将越来越接近，各国的生活方式将越来越靠拢，各国民众彼此间将越来越熟悉，思维方式和风俗习惯越来越趋同。再加世界上其他地区要么因文化亲缘性而形成集团性组织，如泛伊斯兰组织，要么基于地缘政治和经济考虑结成同盟，如东南亚联盟，很大程度上已达成经济一体化的欧盟实现《马斯特里赫特条约》所期许的政治一体化，势在必行。当然，在以德法为核心的欧洲一体化进程中，岛国英国并非同心同德，2016年脱欧公投中脱欧派胜出、2019年12月31日英国正式脱欧就说明了这一点。在具有殖民主义历史的欧洲各民族中，英国人的帝国情结最重；一些英国人今天仍在做昔日帝国的白日梦。因此，英国游离于欧洲之外，与美国、加拿大、澳大利亚、新西兰组成一个松散的"盎格鲁-撒克逊联盟"，并不难理解。

无论如何，欧美之间存在着地缘政治和经济分歧，是不争的事实。欧盟不仅在许多方面已然是一个单一的经济体或"欧元区"，而且作为一个成长中的政治行为体，也多少在发挥集团效应了。如果说二战结束时，一片废墟的欧洲急需美国援助，马歇尔计划也的确提供了援助（这是一箭双雕，既帮助欧洲恢复经济，也为美国自身经济提供一个巨大市场），那么一个早在1960年代便已复苏、经济越来越一体化的欧洲，不可能不与美国发生摩擦。在越南战争和中东问题上，欧洲主要国家便一直与美国保持着距离。进入21世纪后，小布什执政团队的国家导弹防御计划与欧洲利益相冲突，招致后者的担忧。小布什宣布美国退出旨在控制二氧化碳排放量的《京都协定书》，这也只会加深美欧分歧。特朗普团队更是亲兄弟明算账，要求欧洲国家增加在北约中承担的预算份额。尤需注意的是，2003年，当美英两国绕开联合国发动伊拉克战争时，欧洲各国普遍持反对态度。近三十年，空中客车集团与波音公司的激烈竞争，是美欧冲突的另一个活生生例子。在伊朗核问题上，德国、法国甚至英国都与美国分歧明显。甚至当俄乌冲突正酣，北约内部显得比平时更加"团结"之际，法国总统马克龙竟公开倡议建立一个"欧洲政治共同体"。从拟议中的欧洲政治共同体具有军事功能来看,这再明显不过是要降低对美国的依赖,摆脱美国所主导的北约。

在重大国际事务上,一个以法国或德国或法德为核心的欧洲,一个内部越来越步调一致的欧洲,一个有着悠久的历史文化和自成一体经济体系的欧洲,势必有自己的利益诉求和政治意志要表达,势必有自己的政治原则要坚持。在重大国际问题上,一个强大的欧洲不可能跟在美国后面亦步亦趋,甘当其附庸。欧洲人甚至早已成立了欧洲议会这一全欧立法机构(负责欧盟的立法、监督、预算和咨询等事务),由欧盟成员国政府部长组成的欧盟理事会这一主要决策机构,欧盟委员会这一全欧决策和管理协调组织(为欧盟的常设执行机构,也是欧盟唯一有权起草法令的机构)。此外,欧盟还设立了欧洲法院这一全欧司法机构、欧洲中央银行这一负责欧元区金融与货币政策的机构,同时还设立了欧盟委员会主席、欧盟理事会主席等重要职位。仅就总体架构而言,欧洲的整合已初见成效。尽管实质性的外交一体化前景仍相当遥远,但政治整合方面已存在一个实实在在的总体框架是确凿无疑的。

四

西方文明虽一度表现突出,却早在 20 世纪初便已达到顶峰。之后,相对于各非西方文明,西方渐渐丧失了先前那种近乎绝对的支配地位。眼下,西方更是越来越明显地走在下坡路上。这已是一个不争的事实。据政治学者塞缪尔·亨廷顿研究,西方政治控制下的领土所占世界的比例,由 20 世纪初的 38.7% 下降到 20 世纪末的

24.2%；西方政治控制下的人口所占世界人口的份额，也从20世纪初的44.3%下降到20世纪末的13.1%，至2025年更可能降至10.1%；西方在世界经济总产值中所占份额，则由1950年的64.1%下降至1992年的48.9%，近二三十年来更是明显地进一步下降。但是，西方的最大问题可能并非此，而在基于宗教性的希伯来主义因子那种真理独占、非是即非的思维倾向。仅就美国而言，这一特质表现得尤为突出，保守派当政时更是如此。当然，作为两次"世界大战"的主角和主战场，欧洲从其惨痛经历中汲取了教训，已取得不小的进步。

与西方力量下降形成鲜明对照的是，在中国共产党的领导下，近几十年来中国总体力量有了巨大的提升。据世界银行数据，按购买力平价计算，早在2014年，中国GDP就已超过了美国，成为全球第一大经济体。据《中国经济周刊》，近年来我国对外投资一直高速度增长，及至2012年年底，对外直接投资累计存量达到5 319.4亿美元，2014年对外直接投资或超过利用外资规模，至2020年代中期更将超过1万亿美元。另据《金融时报》预测，至2030年，中国债券市场将由目前3万多亿美元的规模增长至32万亿美元，整个亚洲金融体系规模可能比美欧加起来还大；2040年以后，中国经济规模将两倍于美国（按购买力平价计算更多）；至2050年，以中国为首的亚洲金融体系规模可能是西方国家的4倍还多，中国在全球GDP的占比将达三分之一。尽管我国人均GDP与欧美各国仍有较大差距，国家、社会和环境治理仍有大量问题亟须解决，国民科学和人文素质仍亟待提高，但中国已成为一个全球性大国，国际地位今非昔比却是一个千真万确的事实。

很明显，在可见的将来，西方国家（主要是美国和西中欧各国）所面临的最大任务，是如何学会扮演一个新角色，即如何在一个多极化的世界中，与重新崛起的其他文明和平共处，齐心协力地建设好人类共享的地球家园。

第一章 埃及与两河

埃及与两河流域（或美索不达米亚）的文明是最早的原生文明，是当今欧美文明前生的前生。学界有一个共识：希腊、罗马是从埃及与两河派生出来的文明；没有埃及与两河的文化—技术创造，次生的希腊、罗马文明便无从谈起；而没有希腊、罗马的文化—技术创造，中世纪欧洲和现代欧美文明便无从谈起。因近三四百年欧美文明的全球扩张，埃及和两河的文化要素已随之扩散到全世界。这两个最古老的文明是如何兴起的？在这两个文明中，发生过什么重要事件，出现过什么重要人物？它们为什么消亡了？它们对人类文明究竟有什么贡献？

埃及与两河对希腊的影响

当今学界的一个共识是，埃及和两河流域的文明是人类历史上最早的文明。它们崛起时，被认为给欧美带来了科学、艺术和宗教的希腊人、罗马人还不知身在何处，今人所谓的希腊、罗马还是一片蛮荒之地。希腊人虽然在一定程度上受到了克里特文化的影响，但这根本不能跟埃及的冲击相提并论，更何况克里特文化本身很大程度上就是埃及文化的衍生。

晚至公元前7至前6世纪，即埃及和两河文明诞生后近三千年，希腊地区才发生了今日学界所说的"东方化革命"。这时，希腊人"全方位"地引进埃及、小亚细亚和两河或者说整个西亚北非的宗教、神话、艺术、文学、哲学、科学和技术等。在此期间及之后，希腊社会才发生了深刻的转型，然后才有了今人熟知的希腊文明，而罗马人又全方位继承了希腊文明。众所周知，中世纪欧洲文明是在希腊、罗马文明的基础上发展起来的，其基督教、希腊式哲学、科学技术、法律文化以及文学、艺术和建筑等都是从希腊、罗马文明直接继承得来的。

埃及和两河的文明于公元前3500年左右崛起时,给欧美人带来宗教信仰的犹太人还不知在何处。过了约两千来年,即公元前1900年左右,希伯来人的远祖亚伯拉罕及其部族才开始活动于两河流域的核心地带。又过了若干年,第一批希伯来人才辗转来到尼罗河三角洲寄居。他们在埃及生活了四百来年,学会了农业,从游牧人变为农人,知道如何耕种、打鱼和畜牧,受到埃及君主保护,过着平和安乐的日子。他们便是后来犹太人的祖先。

尼罗河的"赠礼"

由于尼罗河,埃及诞生了最早的人类文明之一。这个文明如此早慧,以至于多个世纪之后希腊崛起,产生了希罗多德一类的文化人时,它已是三千来岁的高龄,垂垂老矣。尼罗河沿岸和三角洲地区开化之早,并非靠传说来证明,而有大量实物和遗址的依据。

希罗多德到埃及游历时,不可能有上述认知,但这并不妨碍他在书中转述埃及人的一个著名判断:"埃及是尼罗河的赠礼。"诚然,每年尼罗河水非常准时地泛滥,给河谷地区带来一层厚厚的淤泥,使宽达十几公里的两岸土地肥沃而松软。在新石器时代晚期,这使得埃及人只需使用非常简陋的工具便能耕作,获得稳定的收成。不仅如此,这里纬度低、气温高,庄稼在肥沃的土地上可一年两熟。

尼罗河固然慷慨大方,但这绝非意味着,最早居住在埃及的人类根本不用劳力劳心,只需衣来伸手、饭来张口。故而有论者说，所谓"尼罗河的赠礼"固然指的是良好的自然条件，但这只提供了把丛林沼泽变为农田的基本条件；沧海桑田的巨变是通过埃及人的社会组织、勤奋刻苦、工程技艺和行政管理能力才逐渐成为现实的。因此，与其说"埃及是尼罗河的赠礼"，不如说是"前王朝后期和早期王朝时代的埃及人留给后人的赠礼"。尽管如此，尼罗河终究还是提供了把丛林沼泽变为田园的基本条件。基本条件是前提，至关重要。没有它，就没有文明，没有埃及。古希腊并没有尼罗河流域那种优良的环境，所以只能等埃及、两河等文明兴起后，为它带来宗教、知识、技术，才得以克服黑暗，进入白昼。从根本看，这就是为何早在距今 6 000 至 5 500 年时，埃及文明就已划破长夜，晨曦初露。

这时青铜器和铁器尚未问世，铜器虽已较普遍，却尚未完全取代石器。但在尼罗河泛滥形成的淤积层上耕种，只需要使用镶有燧石刃口的镰刀、锄头和简单的木犁便够了。水利灌溉对于当时的农业来说极为重要。从文献史料和贵族墓葬的壁画上可以看到，埃及农民和奴隶每年在汛期之后开始整土，趁土壤干湿适度时开垄、成畦、播种，而做这种工作只需要使用简单的木锄、石犁便可以胜任。播种之后，开沟挖渠的埃及人的主要工作便是遇水排涝、逢旱灌田。冬春干旱季节需要有充足的水源，以确保作物生长所必需的墒情，而这主要依靠水渠灌溉或人力提水。这种工作虽然繁重，但只要有劳动投入，就会有稳定丰厚的收成。在当时，这意味着能生产出大大超出基本生存需要的丰裕的剩余产品。

尼罗河给埃及人的"赠礼"还不止这些。水利灌溉所需要的技术刺激了工程技艺的发展，其所需要的协调组织工作进而又促进了政治的统一和文化的一体化。政治统一和文化一体化之间有一种相辅相成的关系，而对于建造金字塔，两者都是不可或缺的。事实上，埃及的政治整合和文化统一程度极高，如果不是这样，金字塔和底比斯神庙群等耗资巨大的非生产性建筑有可能存在吗？

但尼罗河赠给埃及人的更重要的礼物，还是基于河水泛滥的灌溉农业。这使埃及出现了最早的数学和几何学。尼罗河每年的泛滥往往淹没原有的田垄阡陌，在早期阶级社会，这意味着必须每年对土地进行重新丈量，否则所有权便不能明确。河水每年泛滥后淤泥所覆盖的面积（多为耕地面积）总有一定差别，而王室对各地区所征税赋又以土地面积为依据。这意味着，必须定期对全国土地进行再测量，否则难以确定准确的税收量。在这些活动中，最基本的数学和几何学发展了起来。兴修水利和弄清楚单位体积的谷物数量，也必须对土石方体积和仓廪容积进行计算和测量，这进一步刺激了埃及数学和几何学的发展。

甚至埃及人的历法也是尼罗河泛滥的产物。由于河水涨落很准时，其对农业生产又是那么重要，因此埃及人很早便注意观察计算每次河水初涨相隔的天数。经过长时期琢磨，他们发现两次初涨之间相隔天数约为 365 天或 1 年。也就是说，埃及人最初是从尼罗河水有规律的涨落中得出"年"之概念的。可是随着埃及人思维变得更为精密，他们不再满足于仅仅依河水涨落得出的粗糙历法。因为即便尼罗河准时泛滥，也不可能精确到一日（遑论以小时计）不差，而总是有好几日的出入。于是，寻求规律性的埃及人将目光移向其他自然现象。他们观察到，有些星体在天空的位置是不变的，而太阳的位置则每年在天空中有规则地移动一周，故总有某颗星在一年中的某一天与太阳几乎同时出现在地平线上。他们发现，当天空中最亮的天狼星每次正好出现在太阳升起之前时，尼罗河三角洲便开始泛滥。这种情形出现的周期极为齐整,即365又1/4天。尽管埃及人尚不知道置闰,但他们取365日这个整数制定的历法,却是人类历史上最早的太阳历。[1]

埃及人的物质成就

今日学界的共识是,埃及文明是西方文明的一个重要源头。没有埃及的文化积累,希腊便无从谈起;没有希腊文化的积累,现代西方便无从谈起。从今人眼光看,埃及人的成就令人赞叹。他们使现代人惊讶的东西很多,除了金字塔、狮身人面像等巨型艺术建筑外,还有大量的木乃伊(要长期保持人类和动物尸体不腐,必得较为发达的解剖学和医学知识)和庞大精美的石雕像、色彩鲜艳且栩栩如生的壁画和浮雕,以及大量做工精细的祭祀用品和日常生活用品。其中最令人叹为观止的,还是金字塔。

金字塔中最大者为古王国时期的胡夫法老(第四王朝第二位法老)为自己所建的塔,通称胡夫金字塔。该金字塔高146米,底边各长230米,所用石料共计230万块,每块重达2.5吨。这座金字塔长期以来为文明史上的最高建筑,且保持最高建筑物的纪录最长,达4 500年。自至19世纪巴黎埃菲尔铁塔建成,这一纪录才被打破。这座金字塔完美的设计和精确的施工(其他许多金字塔同样如此)即便用现代标准看也毫不逊色。另外,胡夫金字塔还配有大

---

[1] 埃及人的一年分为12个月,每月30天,年尾加5天作为节日。埃及人的一年分为3个季节,每季4个月:第一季,即泛滥季,相当于现代公历的7至10月;第二季,即播种季,约11月至来年2月;第三季,即收割季,约3至6月。

量的附属建筑，或者说它并非一座孤立的建筑，而是一个巨大的建筑群。建金字塔所需土方工程浩大，其确切的工程量已很难估算。据希罗多德记载，修建胡夫金字塔使用了10万人工，历时30年，其中10年用于采石筑路，20年用于修造金字塔身。在当时的条件下，工程之艰巨不难想象。后来的情形表明，埃及人在工程方面的成就足以使近现代以前的所有人类汗颜。他们在当时的技术条件下如何解决石料开采、运输和起重之类的技术难题，直到今天也仍是学界争论不休的问题之一。

与胡夫金字塔交相辉映的，还有第四王朝第四位法老哈夫拉和第五位法老门卡乌内的金字塔。前者高143.5米，底边长215.5米，著名的狮身人面像（高约20米，长57米）即为其附属雕塑；后者高66.5米，底边长108.5米。这三座金字塔都位于现开罗附近的基泽镇，排成一线，蔚为壮观。这些金字塔以其基于精确施工的巨大规模，使人不由心生敬畏，其质朴而完美的几何造型也不断给人以感官愉悦。即便用现代甚至任何一个时代的眼光看，它们都是美轮美奂的。事实上，金字塔以其古老的雄姿代表着一种永恒的前卫性。

埃及人的精神文化

除了上述令人目眩的成就，埃及文明还有其他令人钦羡的地方。一个文明既然有如此辉煌的工程和建筑艺术成就，就必然拥有可观的技术能力，金字塔只是这种能力的表征。除了技术能力，很大程度上，埃及的成就也建立在其社会和文化凝聚力的基础上。埃及的文化发展水平和种族凝聚力如此之高，以至于有论者认为，它是人类历史上第一个"民族国家"。这意味着，它有包括社会政治整合力、科学技术水平在内的强大的文化—技术能力；无此能力，埃及不可能取得这些被怀疑为外星人所为的惊人成就。事实上，在长达两三千年的时间内，埃及一直是地中海西亚地区的头号强国。或许，在所有上古文明中，埃及也享"祚"最长，即便只从建立统一国家时算起，及至公元前332年亚历山大入侵，也有近三千年历史。

某些历史学家的研究表明，即使在此之后，埃及文明也并没有全然死去，而是直到伊斯兰教兴起后才寿终正寝。其他古代文明如苏美尔—阿卡德、米诺斯、赫梯、希腊罗马等的寿命短则一千来年，长则两千来年，都不如埃及。除了苏美尔—阿卡德文明的兴起几乎与埃及文明同时，其他古代文明的出生期都大大晚于埃及。早在希腊、叙利亚这两个极富生机的文明兴起之前约两千年，埃及的文明便已高度发达。毫不奇怪，希腊、罗马、叙利亚文明的成长都从埃及文明那里获取养分，都深深地打上了它的印记。因此，如果说希腊、罗马、叙利亚文明对现代文明的形成产生了直接的、决定性的影响，那么借着这两个文明的中介作用，埃及在科学和宗教方面的成就早已经融入欧洲乃至世界文明，直到目前，也仍然在现代文明中发挥着重要作用。最后要强调一点是，埃及是人类文明史上第一个建立大型统一国家的民族。如果从古王国第一王朝算起，埃及第一个统一国家比中国第一个统一国家秦朝早了近三千年。

金字塔等的技术成就固然引人注目，但埃及人在精神文化上的表现同样突出。西方文明的根本在基督教，而基督教的一个基本理念是"灵魂不灭说"。在西亚地中海世界，"灵魂不灭说"最早在埃及人中流行，后来被很多古代宗教、哲学吸纳，其中便包括基督教。但早在基督教兴起之前五百来年，"灵魂不灭说"便流行于毕达哥拉斯等希腊哲学家中了。换言之,"灵魂不灭说"源于埃及,经由希腊哲学进入基督教,再由基督教进入西方人的精神世界。

"灵魂不灭说"在柏拉图思想中占有突出的地位,也是希腊哲学融入基督教的一个重要的契合点。早在公元前5世纪,希罗多德便意识到,"灵魂不灭说"源自埃及,他指出:"埃及人第一个教给人们说,人类的灵魂是不朽的,而在肉体死去时,人的灵魂便进到当时正在生下来的其他生物里面去;而在经过陆、海、空三界的一切生物之后,这灵魂便再一次投生到人体里面来……希腊人也采用了这个说法,就好像是他们自己想出来的一样。"

除了"灵魂不灭说",基督教还有一个至关重要的教义:"三位一体说。"在这种教义中,上帝虽是唯一神,却分为圣父、圣子、圣灵三个位格;三者虽有特定位分,却同具一个本体,同为一个独一无二的真神。这个教义虽然是政治干预和基督教各教派妥协的结果(在公元4世纪的尼西亚大公会议上确定下来),却源自埃及人的信仰。其实,在基督教诞生之前一千年多年甚至更早,埃及人中便流行"众神归于太阳神"的教义了。在太阳城,伊西斯的独生子荷鲁斯与太阳神合而为一。在底比斯,阿蒙、图姆和拉被合归为太阳神。在太阳城,哈玛基斯、图姆和拉也被合归为太阳神。同一个神以三种形态出现,或者说三者是同一个神的不同神格——三位一体的教义就这样产生了。

帝国与局促的空间

埃及人在另一个方面的表现也很可观。这在后人眼里也许算不得什么伟大成就,却同样值得注意:在强大物质文明的基础上,他们建立并且一度维系了一个大帝国,这发生于公元前15世纪图特摩斯一世和图特摩斯三世执政期间。

既然是一个帝国,埃及不再囿于尼罗河谷及三角洲的有限地带。至少在新王国时期的鼎盛时代,埃及支配着尼罗河上游以南乃至西亚更广阔的疆土及众多民族,拥有比先前大得多的影响力。事实上,这时的埃及不止一次远征巴勒斯坦、叙利亚和两河流域北部,曾短暂地控制这些地区,俨然成为一个地跨西亚、北非的奴隶制大帝国。

在人类历史上,埃及帝国的诞生是一个前所未有的事态。可以说,正是新王国时期埃及大规模的军事行动,正式开启了西亚地中海世界经济、政治和文化加速整合的新纪元。尽管从最终效果看,这里的整合没法与后来华夏世界的整合相提并论,可对于西亚地中海世界的历史进程而言,却非常重要。正是从这时起,不同文明、文化和种族之间的交流、互动、杂糅与整合明显加快了。而且,这是一种不可逆转的大趋势。

就其自身的经济、政治和文化成就而言,就其为叙利亚和希腊、罗马文明提供的丰厚的文化养料而言,埃及文明无疑称得上恢宏深厚、光辉灿烂,可是从其所处的地理环境来看,埃及除了众所周知受尼罗河之"赐"外,也有明显的局限性。因为这里并没有一个大型陆地板块——像印度—恒河河流域和黄河—长江流域那样。历史早期的所谓"埃及",主要由尼罗河河谷、三角洲地带以及并不广阔的周边地带构成。

不仅如此,埃及还被天然屏障锁住——西边是努比亚沙漠,北边是地中海,南边是崇山峻岭,东边又是阿拉伯沙漠,再往东则是难以逾越的红海。只是在东北角地带,有着与外界连接的陆上通道。问题是，跟这里毗邻的地方并非尼罗河河谷那种丰腴土地，而是干旱贫瘠、人烟稀少的沙漠或半沙漠地区。埃及人固然能够经东北角走廊"走向世界"，与亚洲各民族交流或互动，但强悍的亚洲民族更可以经由巴勒斯坦，从埃及的东北角走廊入侵埃及。事实上，公元前18世纪希克索斯人之入侵、征服并统治埃及，就是从东北角进入的。

但仅就文明兴起和最初的发展而言，地理格局给埃及提供了良好的安全环境，使其在开化之后很长一段时间里，能大体免于异民族入侵，不必将过多资源消耗在抵御外敌上。事实上，正是借这种有利的条件，在长达近两千年的时间内，埃及人得以不受干扰地发展自己的经济、社会、宗教和政治。因此可以说，启动了整个西亚地中海世界文明进程的埃及文化，不仅是尼罗河的"赠礼"，更是其所在的整个地理自然环境的"赠礼"。

随着生产力进步、人口增长，既有地理格局的局限性也逐渐显现出来。可是人类天性是不安分的，埃及人不可能永远甘于地理上的狭小和局促，不可能永远囿于一个拥挤的狭窄地带。可问题是，地理格局偏偏把埃及困在尼罗河河谷及河口三角洲地区。在这一局促狭小的地带，对外交流不便自不待言，也实在难以向周边扩展。

实际上，如果不包括历代埃及统治者对利比亚的征服和掠夺，以及公元前6世纪初对巴勒斯坦的短暂争夺（此时巴勒斯坦在名义上臣服于新巴比伦王国），在其三千年历史上，只有公元前15世纪法老图特摩斯一世和图特摩斯三世在位期间，以及公元前13世纪法老拉美西斯二世在位的两百来年中，埃及势力有过明显的扩张。

图特摩斯三世的军事行动尤其值得注意。在其统治期间，埃及不仅征服了尼罗河上游的努比亚，而且其远征军向北开赴叙利亚北部的卡叠什一带，在那里与赫梯人发生了争霸战争。在长达20年的时间中，图特摩斯三世总共17次率军远征米坦尼，占领过幼发拉底河上游的卡尔基米什，将埃及势力扩张到幼发拉底河以东，不仅米坦尼、巴比伦、赫梯、塞浦路斯也都来称臣纳贡。

问题是，上述地区都远离大本营尼罗河流域，埃及军队能够行进到那里，并展开军事行动，已属不易。打一次胜仗并不难，难的是打决定性的胜仗，彻底征服对方，实施稳定的占领和统治。这远非易事，得有长距离的后勤支持，得不断从后方基地补充人力物力资源。这在古代条件下难度之大，可想而知。而实际上，亚洲地区的民族也拥有了与埃及人相当的组织能力和军事技术，否则无法解释图特摩斯三世为何20年里17次亲征西亚。

假如军事行动的目标就在尼罗河两岸不远处，那将是何等一番景象？遗憾的是，地理格局并非如此。故从总体上看，埃及与西亚的关系主要限于文化和经贸往来，后来希腊的"东方化革命"便清楚地说明了这一点。虽也有过远距离的军事行动，但毕竟有限。事实上，在近三千年中的大部分时间，埃及所扮演的角色基本上是被动的——被周边部落或王国不断骚扰，被亚述、波斯、马其顿—希腊和罗马一再入侵，被其践踏、奴役。

虚妄的永生不死

地理屏障既让埃及人得以长时间免遭外敌入侵，也使他们享有一种奢侈：对死后永生的无尽向往和追求。建造金字塔、巨大陵墓和宏伟神庙需要巨大的人力物力，制造大量的木乃伊显然也需要高超而昂贵的技术，而这一切不过是埃及人独特宗教诉求的物质性外化而已。这就意味着，尼罗河谷产出的农业剩余很大程度上将被无谓地消耗，而这宝贵的资源本可用来扩大埃及文明的基地，使之不断成长、扩展，永远立于不败之地。

尼罗河的泛滥固然给埃及人带来了丰富的农业剩余，使他们得以从获取食物的繁重劳动中脱身，从事非凡的创造性活动，为后来兴起的希腊文明积累了宝贵的科技、艺术、宗教资源或广义上的文化资源，但以现代人的眼光看，这种文化创造里包含太多奢侈的成分。金字塔固然巍峨壮美，至今仍使人心生敬畏，惊叹不已，但它毕竟是一种非生产性建筑。所以这里要问的问题是：埃及人为何会这么做？埃及人为何能够这么做？

对此，应到埃及人的生命观和埃及的地理环境中去找原因。在肉体与灵魂的关系上，埃及人认为，不仅人活着时此二者合而为一，死后也不能分离；人死后灵魂仅仅暂时离开躯体，但过一段时间后，又应回到躯体里，与之结合；如是，死者方能在死后继续活着，直至永远；如果躯体不存，则灵魂就会失去居所，四处漂泊、无所归依是最恐怖、最悲催的结局。因此便有耗资巨大、防腐技术越来越成熟的木乃伊制作，更有法老们耗费共同体的巨量资源所修建的巨大而美轮美奂的金字塔。

历史学家阿诺德·汤因比说："埃及人热衷于追求死后的永垂不朽，他们对这种死后目标的追求甚至比追求任何在世之年可以得到的东西更狂热。他们是重物质的，他们尽情享用今生可以得到的物质产品——粮食和财富，他们以永远享受这种愉快的生活为前提，设计了死后的永生。由于死前的有生之年是短暂的，死后的生活却可能成为不朽，他们便把更多的财富和精力用来修建陵墓而

第一章 埃及与两河

不是去造房屋，用来将尸体做成木乃伊而不去装扮活人的躯体。在死亡面前，他们非但不退缩，反而将它视为一个更为长久、更为重要的阶段，并在为迎接它的到来而做的准备工作中憧憬着它，从中得到乐趣。他们相信，如果预先采取了必要的措施，死亡对他们来讲只是一种新生活的开端。"埃及人既然是这样一种昂贵生命观的奴隶，大量资源被浪费于一种虚妄无谓的来世关怀上，便不难理解了。

不妨再从地理环境方面来看这个问题。埃及为一道道天然屏障所环绕，西边是人迹罕至的大沙漠，北边是浩瀚的地中海，南边是湍急的河流和崇山峻岭，东边则是红海。红海相对说来比较狭窄，并非宽广无垠，可是在古代技术低下的情况下，同样是异民族难以逾越的地理障碍。只是在东北方向，其他民族可以从现中东地区经陆路进入埃及。可是，在文明产生后近两千年的时间内，两河流域的人们似乎一直忙于自己的事务，无暇南顾。这意味着，天然地理屏障虽给埃及人提供了一个安全的环境，使他们得以在富饶的尼罗河河谷和三角洲地带发展自己的文化，使他们能在文明产生后很长时间内没有外敌入侵之虞，不必将宝贵的人力物力消耗于抵御外敌上，使他们能发展出一种基于灌溉农业的高效率的政治组织形式，使他们在文明萌生之初便获得了基于政治统一的文化凝聚力，但同时也使他们有机会将尼罗河带来的大量财富用于对死后永生的冥想和追求上，而金字塔的巨大规模、设计和施工方面无与伦比的工艺，以及木乃伊制作所需要的高超防腐技术，仅仅是埃及人独特的心理诉求和精神需要的物质性外化而已。可以说，尼罗河所带来的丰裕农业剩余和地理环境所赋予的安全保障，是埃及文明的大规模奢侈的根本原因。

尽管胡夫以降，金字塔越修越小，至第五王朝和第六王朝，国王们甚至不再建超大型的金字塔从而与前辈们一争高下，但也从这时起，统治者开始为太阳神"拉"（众神之首）修建宏伟的庙宇。在新王国第十八王朝时期，经过扩建后的卡纳克神庙（位于底比斯）占地30多公顷，有大小神殿20余座，其中最大者宽102米、深53米，由134根巨型石柱支撑，其中最大的12根巨柱均高23米、周长2.5米，顶端之大，竟足以容纳50人站立！

早在古代，基督教教父亚历山大的克莱门便注意到，埃及神庙的最大特点便是极尽奢华之能事："在埃及地区，绿茵环绕，数不清的石柱耸立在神庙四周，墙壁以异域的大理石铺成，闪闪发光，壁画的艺术可谓登峰造极。圣殿里金碧辉煌，镶嵌了印度和埃塞俄比亚的彩石。里边的神龛更以纯金包体，极尽奢侈之能事。"很明显，祭司阶层已是埃及社会的毒瘤。王权必得依靠神权才能进行统治，故国王法老与祭司之间有着一种天然的合作关系。这里的关键，是两种权力或两种势力之间的平衡。随着祭司阶级的权势日增，王权与僧权之间不可能不出现严重冲突，且越到后来，这种冲突越具有结构性，越显得不可调和、不可克服。

综上言之，尼罗河养育了埃及人，埃及人也离不开尼罗河。自然地理环境在给予埃及丰厚农业剩余的同时，也赋予它天然的屏障，使它在相当长一段时期内能在不受外部世界干扰的条件下自由发展。但是，这也将埃及长期囿于一个有限的空间，虚妄的永生观念更使埃及人将巨量资源浪费在对虚无缥缈的来世的追求上，使其未能在周边文明大举扩张之前便将自己的规模提升到一个足以维护自身安全的程度，不至于被外部势力吞没，即使衰落了也仍能保持很大程度的独立，一旦时机到来便再造辉煌。但实际情况并非如此。

第一章　埃及与两河

两河文明的成就

埃及并不是西亚地中海世界唯一的主角。在底格里斯河与幼发拉底河之间的两河地带的南部，另一个文明也诞生了。它就是苏美尔。

苏美尔面积不大，只比现今以色列大一点。从人种（及语言）看，苏美尔人既非印欧人，也非闪米特人或闪姆人，而是一个自成一体的种族。大约在公元前3500年或者更早，苏美尔人从北部进入两河流域，开始生活在那里。

由于大河下游是沼泽地带，淤泥厚积，土壤肥沃，原始植被低矮易于清除，苏美尔人先于世界上其他民族"发明"了农业。虽然这种农业很原始，其所提供的宝贵剩余，却使苏美尔人获得了足够的人力资源和技术手段，得以在两河流域南部大规模挖沟开渠，修建复杂的排灌系统。这就使农业剩余量有了质的提高，使文明的诞生成为可能。

事实上，苏美尔人不仅开启了最早的人类文明，也为周边地区乃至整个西亚的文明演进打下了基础、定下了调子。甚至在埃及文明的诞生过程中，都能见到苏美尔文明的影响，如在刻有楔形文字的圆柱型陶器上加盖封印；又如砖砌的凹进式建筑；一艘苏美尔人造的船只；再如大量的工艺花纹，以及以表意为主、音素为辅（而非取而代之）的文字体系。

苏美尔国家衰落以后，有多个民族入主两河流域，对这里乃至整个西亚的文明进步都有贡献。但这种贡献其实都是对苏美尔文明的继承延续，对它的发扬光大。可以说，存在着一个统一的两河流域文明或巴比伦文明，正如存在着一个统一的埃及文明、华夏文明或印度文明那样。

那么，两河流域的文明到底取得了哪些文化—科技成就？

这里出现了最早的学校[1]、最早的成文法典、最早的史诗（《吉尔伽美什史诗》不仅影响了整个古代西亚的文学，也深刻影响了希腊的《荷马史诗》等）。《旧约》中的很多故事——如创世故事、大洪水、诺亚方舟故事等——在《圣经》成形之前一两千年，便在两河流域广泛流传。

早在公元前 3500 年左右，苏美尔人便发明了象形文字，很快向表意方向发展，连同其书写方式即楔形文字，被后来居住在这里的其他民族所广泛采用。在腓尼基人那里，这种文字最终演化成为字母，而腓尼基字母是希腊字母、拉丁字母乃至世界上大多数字母文字的源头。

因统计牲群数量、计算谷物重量和测量土地面积的需要，两河流域的人们很早便发展了数学。他们很早就知道"位值"（如 25 和 52 这两个数字中的 2 截然不同，前者是十位数的 2，代表 20，而后者是个位数的 2，代表 2）概念。他们很早就知道圆周率约为 3.125，已能解含三个未知数的方程式，更发明了十进位和六十进位两种计数法，其中六十进位法被应用于计算周天的度数和时间。如我们所知，今日世界各国在度、分、秒的角度计量和时间划分上，仍然遵

---

[1] 1930 年代，法国人在两河流域上游马里地区发掘出一所房舍的遗址，这被认为是世界上最早的学校，估计修建时间约为公元前 3500 年。遗址包括一条通道和两间房屋，大间长 44 英尺，宽 25 英尺；小间面积为大间的三分之一。大间排列着四排石凳，每条可坐 1 人、2 人或 4 人，共容 45 人；小间有三排石凳，可容 23 人。两房四壁无窗，光线从房顶射入。房间里没有讲台或讲桌，却放着许多学生的作业泥板。

循两河流域的传统。

两河流域有古代世界最发达的天文学。这里的人们最早知道如何区别恒星与行星，最早将星体命名。这里的历法为太阴历，将一年分为12个月，一昼夜分为12个时辰，一年分为354日。为了解决地球绕日公转与月球绕地运行之间的差数，人们已知道设置闰月。

西方人常常说，古希腊第一个哲学家是泰勒斯，他是第一个预测日食的人。这个说法有点一厢情愿。早在之前一千多年，两河流域的人们便已对日食、月食等天象进行了大规模的观测和精确的计算，泰勒斯很可能"抄袭"了他们的成果。

两河流域的人们还创造了星期制度。他们把一周分为7天，一个月约4.5周，每天由一位星神掌管，如星期天为太阳神、星期一为月神、星期二为火星神……这种制度今天仍然通行于全世界（传统中国与星期相似的概念是旬，一旬10天，一月3旬，今天我们仍然讲上旬、中旬、下旬，但除此之外，基本不使用旬这个概念了，比如我们不再约定于每旬的第三、第五和第九天赶集）。

所有这些成就都成为后起文明的养料。很难想象，没有这些成就，希腊罗马和希伯来文明乃至欧洲文明将是何等模样。甚至这些文明有没有可能兴起，也未可知。

苏美尔、阿卡德、巴比伦

早在公元前3000年左右，两河流域南部就已出现了一批城市，其中埃利都、乌鲁克、尼普尔和基什等被认为较早出现，而乌尔、拉伽什、乌玛、西帕尔等被认为是较晚出现的。在公元前2334年阿卡德的萨尔贡征服苏美尔前夕，这里已经有14个城邦。

从泥版文献和神庙建筑遗址之证据来看，在公元前4000年末至公元前3000年初，这里的城市国家或城邦都是由祭司阶级来统治的。

大约在公元前2900至公元前2750年间，各地同时出现了城墙、战争和最早的王朝统治者，表明国家的演进已进入了一个新阶段。王宫和国王也在这时出现，表明政权和神权开始分化。从王宫规模不断扩大、层次不断提高来看，国王的地位在不断提高、功能在不断强化。

不难想见，这一时期所有苏美尔城邦都是独立的政治体。正因为是独立的政治体，它们互不买账，相互征战。也正因为战争，这里的国家才不断演进，国王的权力才不断强化。更大的国王权力意味着人力物力资源的动员能力在加强，这必然进一步强化统治者的权力。统治者权力的强化又势必导致国与国之间战争规模的扩大、强度的提高。

事实上，为了争雄称霸，苏美尔各城邦之间一直战争不断，这就严重削弱了苏美尔整体的力量，给了域外的对手以可乘之机。

大约在公元前2371年，温马人入侵基什国。基什国王竟无法组织有效的抵抗。公元前2334年，在基什王国的衰弱混乱中，闪米特人首领萨尔贡趁机推翻苏美尔人的统治，建立了自己的王国。该王国因以阿卡德为首都，被叫作"阿卡德王国"。

从这时起，苏美尔地区四分五裂的城邦开始向统一王国过渡。向东，阿卡德人联合其他闪米特人，征服了埃兰的一部分；向西，他们征服了幼发拉底河中游地区的马里国和叙利亚地区的埃卜拉国；向南，他们与波斯的小王国或部族进行了战争。

阿卡德王国享有多个第一。萨尔贡和他的闪米特联军对苏美尔人的征服，是历史上第一次游牧民族对农业民族的大规模入侵。在之后四千多年里，类似的入侵还将在多个文明区域多次上演——不仅将再次在两河流域，也将在埃及、希腊、罗马、印度上演，更遑论中国。

公元前2334年左右，萨尔贡的军事行动告一段落。至此，他已征服了整个两河流域，建立起人类历史上第一个中央集权君主制国家，结束了长达7个世纪的小国林立、各自为政的局面。

这时的阿卡德国家大体上可视为一个帝国。如果不采用过分严苛的定义，比如必须有秦汉或罗马那样辽阔的疆域，必须有郡县式的统治模式等，则阿卡德国家可勉强被视为人类历史上第一个帝国，比新王国时期的埃及还早七八百年。[1]

虽然苏美尔人作为两河流域文明的开创者，居功至伟，但从政治整合的角度看，阿卡德人的成绩明显超过了苏美尔人。更重要的是，阿卡德人几乎全盘继承了苏美尔文明，不仅继承其技术、文字、习俗，还几乎原封不动地继承了其一整套神灵，不同之处在于，苏美尔神灵现在有了一套闪米特语名字。正因此缘故，阿卡德人兴起之后的两河流域也被叫作"苏美尔—阿卡德世界"，这里的文明被叫作"苏美尔—阿卡德文明"。

从阿卡德王国开始，两河流域的历史景观开始热闹起来，多个游牧民族来也匆匆，去也匆匆，此兴彼灭，此起彼落，你方唱罢我

---

[1] 埃及统一国家的形成虽然早于阿卡德帝国，但真正成为一个积极向外扩张的帝国，却晚于阿卡德帝国。

登场，各领风骚数百年。

约一百五十年以后，阿卡德王国衰落了，被来自伊朗高原的库提人所灭。

之后不到一百年，库提人也萎靡不振，又被先前对他们俯首称臣的苏美尔人所灭。

苏美尔人建立了乌尔第三王朝，被视为"苏美尔复兴"。这发生在公元前2113年。

一百来年后，埃兰人又灭掉乌尔第三王朝。这发生在公元前2006年。

又过了一百多年，埃兰人的政权被阿摩利人击灭。这发生在公元前1894年。

阿摩利人建立了巴比伦王国，以巴比伦为首都。从这时起，两河流域文明也可叫作"巴比伦文明"。巴比伦王国存续时间较长，有三百多年，公元前1595年被小亚细亚的赫梯人所灭。

巴比伦王国第六任国王汉谟拉比极富雄才大略。在一系列战争中，他击败了周边国家，把王国的统治区域扩展到整个两河流域。因此这时的巴比伦王国可以被视为帝国。在位期间，汉谟拉比颁布了著名的《汉谟拉比法典》。可是，他的继承者远不如他能干，他去世后巴比伦帝国逐渐走向衰亡。

很明显，两河流域是西亚的政治、经济和文化中心。既然是这样一个中心，就跟华夏世界的中原地区相似，没有哪个周边民族能抵挡它们的吸引力。

除上述各民族外，其他一些民族也入主过两河流域，其中亚述人最重要，其重要性甚至明显超过其他所有民族。亚述人的发源地是两河流域的西北部，或者说底格里斯河中游，公元前9世纪以前，其势力时强时弱。

公元前9世纪前期至前7世纪末，亚述发展成为地跨西亚北非的空前强大的帝国。与图特摩斯三世时的埃及帝国和之前在两河流域兴盛过的阿卡德王国、巴比伦王国相比，此时的亚述帝国明显更胜一筹。由于亚述人留下来的遗址众多，流传到后世的文物和有关文献也非常丰富，所以今天的人们对其特别关注。

亚述帝国

公元前9世纪至前6世纪的亚述虽然非常强大，但与之前和之后的大帝国相比，它的名声最差。像所有的古代帝国那样，亚述帝国是靠武力征服建立起来的。不同之处在于，亚述人军事征服的残暴性（特别在早期）大大超过了先前的帝国。

毫无疑问的是，亚述人广泛使用暴力，实施过至为惨烈的酷刑。亚述军队铁蹄所至，无不是一派烧杀抢掠、毁城灭族的景象。对于战俘，亚述人的政策通常是屠杀，甚至使用火烧、活剥、肢解、以尖桩悬挂戳死等令人发指的处死方式。

有论者写道："战败者会被活剥、钉在树桩上、活筑于墙中、阉割或斩首。埃兰战败后，国王被斩首，头颅被挂在一个被俘朝臣的脖子上；三个反叛者的头领被连根拔掉舌头，然后被活剥；另外三个反叛的贵族被处决后，尸体碎片被分发到周边各地；还有两个反叛者被迫去碾碎他们父亲的骨头。"

亚述人不仅对战败者实施五花八门的酷刑，而且在其史册和浮雕中，还以炫耀的口吻记录这种惨无人道的行为。正是这一点，使很多人认为他们生性残暴。

亚述人当然也是掠夺者。迦基米施一役，他们掠走了金床、金扣、金戒指、金剑、20塔伦特银子、100塔伦特青铜、250塔伦特铁，此外还有象牙床、象牙宝座和象牙桌子。穆尔萨一役，亚述人俘虏敌方士兵6 100人、驴子380头、牛525头、绵羊1 235只，此外还有34塔伦特金子、167塔伦特银子，以及青铜、铅、青金石、天青石、花瓶等。

对于投降的城市，亚述人的标准做法是横征暴敛，大肆勒索，而所获得的财产又被用来大兴土木（这与后来的新巴比伦王国相比，当然是小巫见大巫了）、饮宴游乐。这样，就很难说亚述人对被征服者进行了真正的统治，对帝国进行了真正的治理。

惨烈酷刑和横征暴敛不可能不激起反抗。被征服民族不断揭竿而起，反叛亚述，真可谓前仆后继，此起彼伏。为了"维稳"，亚述统治者竟然将被征服民族"连根拔掉"，即实行整族迁徙的政策。从提格拉－帕拉萨三世开始，放逐被占领土地上民众的做法已制度化，至公元前612年帝国灭亡时，被放逐的人竟达400万，犹太人亡国后就是这样被处置的。

当然，提格拉－帕拉萨三世当政以后，亚述人的政策变得略微宽厚一点，屠杀俘虏和被征服地区居民的情形较先前有所减少，而更倾向于把他们蓄养为奴隶，原本将被无谓牺牲掉的异族人口，现在多少能够转化为可资利用的人力资源。这对于缓和与被征服者的关系，应该起到了一定的作用。

尽管如此，提格拉－帕拉萨三世远不是一个宽厚仁慈的君王，其残暴性与其他亚述统治者相比，并不逊色多少。

在长期征战中，因战斗伤亡和向新殖民点移民之缘故，可用于作战的亚述本族人口大量缩减，到后来几可谓消耗殆尽，再加上此时亚述君主像埃及法老那样，与祭司阶层矛盾重重，深受其掣肘，王权遭到了严重削弱，故而帝国貌似强大，实则外强中干。

这就是为什么在重新崛起的迦勒底人（虽然臣服于亚述人，却一直在反抗和反叛）和米底人联军面前，亚述竟然不堪一击，突然之间就崩溃了。公元前612年，亚述首都尼尼微不仅被联军攻陷，而且被占领者夷为平地。

一个不可一世的大帝国，竟然崩溃得如此迅速，如此悲惨，如此难看，竟然以如此暴烈的方式退出历史舞台。这里难道没有报应？

新巴比伦王国

如前所述，早在公元前626年，表面上臣服于亚述的迦勒底人在那波帕拉萨尔（被亚述人任命的巴比伦尼亚总督）的率领下，起兵反抗亚述人，建立了新巴比伦王国。

但这并非意味着亚述统治立即被推翻。巴比伦尼亚一些重要城市如尼普尔、乌鲁克等仍站在亚述一边，因而在相当长一段时间内，新巴比伦王国的实际控制区只是巴比伦尼亚北部。国王那波帕拉萨尔对乌鲁克和尼普尔展开了攻城战。公元前616年乌鲁克被攻陷；一年后尼普尔也被征服。至此，新巴比伦王国已统治着整个巴比伦尼亚。

随后，那波帕拉萨尔与伊朗高原的米底人结成联盟，发动了最后摧毁亚述的战争。公元前612年，尼尼微被联军攻陷，亚述帝国灭亡。帝国遗产被胜利者瓜分：米底人分到亚述本土和哈兰地区，迦勒底人则分走其余地区——两河流域南部、叙利亚、巴勒斯坦和腓尼基。

公元前604年，著名国王尼布甲尼撒二世登基。在他统治期间，王国经济有很大发展，国势臻于极盛。作为交通要道，首都巴比伦商贾云集，商业繁荣，人口达10万以上，成为西亚最大的城市和商业、文化中心。著名的"空中花园"就在此时出现（尽管迫害犹太人的"巴比伦之囚"事件也在这时发生）。

此时的新巴比伦王国看似歌舞升平，一派祥和，统治者大兴土木，纵情享乐，实则危险四伏，危机重重。本族的下层民众因贫困破产而沦为奴隶，这必然加剧阶级矛盾。阶级矛盾和冲突必然反映到统治集团内部的权力斗争上来，使这种斗争愈演愈烈。

新巴比伦王国的对"外"关系也说不上平静。迦勒底人虽然不屈不挠地反抗亚述统治，但在对待前亚述帝国的臣属民族方面，并不比亚述人仁慈，甚至同样凶暴残忍。因此被征服民族对迦勒底人的态度，与对亚述人的态度并无本质的不同，同样是仇恨、反抗和反叛。

事实上，灭亡亚述时虽然瓜分得来巴勒斯坦和腓尼基，但它们并没有真正臣服归顺，而此时埃及国势不弱，与推罗、西顿和犹大王国结成同盟，对这两个地区虎视眈眈，垂涎欲滴。于是尼布甲尼撒二世不得不延续与米底人的结盟关系，并娶米底公主为妻。

迦勒底人与犹大王国的战争也很能说明问题。公元前601年，尼布甲尼撒二世与埃及交战失利，臣服的犹大王国趁机独立，投向埃及怀抱。此后在军事压力下虽又臣服，但不久后埃及人进攻巴勒斯坦时再次倒向他们。最后，迦勒底人攻陷耶路撒冷，对统治者进行了处决和剜眼的残酷惩罚，把耶路撒冷洗劫一空，把活着的大多数居民掳到巴比伦,这就是犹太人历史上的"巴比伦之囚"事件。

凡此种种解释了为什么波斯—米底联军包围巴比伦之后不久,便兵不血刃地夺取了这座城市。有一种说法是,巴比伦之所以不战而破,是因为城里的人们与敌人里应外合。用中国人熟悉的话来说,这就是大势所趋,民心所向,得道多助,失道寡助。这就是为什么新巴比伦王国的"国祚"仅有88年。

表面上看,这主要是因为在民族关系方面,新巴比伦王国从一立国起便"外患"不断,被统治民族的反抗此起彼伏,迦勒底统治者除了直接用武力镇压,竟没能拿出"统战"怀柔、仁慈宽宏一类的对策来,故而民族和睦、区域"整合"根本无从说起。

如果要找寻更深层次的原因,不妨说,迦勒底人虽然推翻了亚述帝国,就民族关系乃至区域整合而言,却几乎全盘继承了亚述帝国的烂摊子。这时,对于区域整合至关重要的经济整合,其程度仍然太低,至少在接管亚述帝国之初如此。这是一个结构性问题,只要不解决,不仅谈不上社会、文化和民族的整合,甚至民族间既有的紧张关系也不可能得到缓和。

当然,在新巴比伦王国时期,尽管战乱不断,但因铁器普及,西亚奴隶制经济仍有不小的发展。这就解释了迦勒底人何以能够大兴土木,所营造的宫殿、神庙规模之大、之豪华,明显超过了先前时代;也解释了为何"空中花园"在这时修建,而非更早。

问题是,区域经济虽有发展,若要明显影响区域整合却需要时间。此外,迦勒底人的旧思维也并非一下子就能转变,这同样需要时间,也需要机缘。只是历史没有给他们时间和机缘。

波斯帝国

公元前639年，亚述战胜宿敌埃兰，攻陷了其首都苏萨（埃兰14个大城市同时被攻陷），俘虏了国王，埃兰从此一蹶不振。可是最终说来，战胜埃兰的受益者并不是亚述人，也不是迦勒底人，而是居住在埃兰高原上的伊朗各民族，包括这里故事的主角波斯人。

这时的波斯人民风古朴，不仅英勇善战，而且吃苦耐劳，崇尚德行，善于谋略。作为米底人的近亲，公元前550年以前波斯人还是米底人的臣属。

米底和波斯这两个部族都讲印欧语，其共同祖先于公元前2000年左右从中亚北部迁徙到伊朗高原，之后一直在埃兰人的统治下过着半农半牧的生活。

相近的血缘、一致的利害关系，使波斯人与米底人结为同盟，以共同应对现实或潜在的敌人。从后来波斯帝国中米底人享有崇高地位来看，这两个部族因血缘和利害关系而形成的同盟关系，非一般结盟所能比，中国清朝的满蒙关系或较接近之。

大约在公元前550年，在米底统治集团中一重要派别的支持下，波斯人中的阿黑门尼德家族一个叫居鲁士的人（居鲁士二世、居鲁士大帝）取代了米底国王提亚格斯，接管了米底王国，成为波斯帝国的缔造者。

极富雄才大略的居鲁士在波斯人中加强军事训练，形成了一支组织严密、机动性强的部队，其中尤以骑兵战斗力最强。这就解释了波斯人为什么得以从伊朗高原迅速崛起，很快征服了中亚、印度西北部和欧洲东南部，建立起了有史以来幅员最广阔的帝国。

大约在公元前547年，居鲁士征服、吞并了小亚细亚的吕底亚。约在同一时期，他东征米底东北部的游牧民族，将他们置于波斯统治之下。至此，波斯对两河流域已形成东西夹击之势。公元前539年，居鲁士利用新巴比伦王国的内部矛盾，不战而屈人之兵，征服了这个国家。

公元前525年，居鲁士二世之子冈比西斯征服、吞并了埃及。冈比西斯的继承者大流士一世更大大扩展了帝国的疆域。

在其统治下，波斯人征服了游牧民族马萨革泰部族，正是该部族曾打败并杀死了居鲁士二世；在东边，他们一度吞并了印度西北部，即现在的巴基斯坦；在西北方向，他们扩张到欧洲多瑙河下游的南岸，兵锋远至希腊半岛的奥林匹斯山，甚至一度占领雅典，把这座名城洗劫一空（尽管两次都未能成功）。至此，波斯已成为有史以来幅员最广的帝国。其疆域西起今马其顿、埃及，东至现阿富汗和巴基斯坦，中间覆盖现土耳其、叙利亚、以色列、约旦、伊拉克、伊朗、格鲁吉亚、阿塞拜疆、亚美尼亚、土库曼斯坦、塔吉克斯坦，总面积达2 503 838平方英里，约相当于今日美国面积的70%。相比之下，亚述鼎盛期面积仅638 368平方英里，罗马帝国也只有1 600 000平方英里。

尽管如此，使今天人们更感兴趣的还是这 事实：与中国的汉、唐、宋、明、清帝国，拜占庭帝国甚或西罗马帝国相比，波斯帝国虽然"祚寿"不长，却是历史上第一个相对稳定、相对和平、较少压迫性的帝国，也是文明史上第一个地跨亚非欧三大洲的超大政治体。

不仅如此，波斯帝国在第一次代表了"有意识地将千差万别的非洲人、亚洲人和欧洲人联合成一个单一而有组织的国际社会的努力。虽然这个区域只是当今世界许多区域之一，但它之结合成一个整体，却在国际和平及国际组织史上开启了一个重要的先例"。

也许，西亚地中海世界后起的帝国——罗马帝国、阿拉伯帝国等——更有能力，其人口和经济规模超过了波斯，持续时间也更长，但波斯人毕竟在毫无先例可循的情况下，成功地将地跨三大洲的诸民族纳入一个超大共同体中。在文明史上，这不啻树立了一个全新的标尺。罗马帝国、阿拉伯帝国无疑受到了波斯人的启迪。正是在吸纳其治国理念和经验教训的基础上，这些后起的帝国才取得了更好的成绩。

思考讨论题

1. 为什么最早的文明都产生在大河流域？
2. 为什么文明在大河流域兴起之后，能很快扩张到周边地区？
3. 什么原因导致了埃及与两河文明的最终衰落？

第二章 希腊（上）

公元前8至前6世纪，希腊文明兴起。这发生在希腊，一个山峦起伏、气候干旱、土地贫瘠的地区，而非有着大块平原且降水量充足的大河流域。众所周知，古希腊不仅有璀璨的艺术，精美的建筑，丰富的文学、史学、哲学，更发展出了精深的科学。希腊文明对欧美乃至全世界产生极重要的影响。这种影响之深远，怎么估计也不过分。可是古希腊作为一个民族、国家与印度、中国、伊朗或阿拉伯不同，早已不见了踪影。古希腊人为什么能取得如此巨大的成就？同样要追问的是，他们为何早早就退出了历史舞台？

希腊人的成就

在前8世纪至4世纪这1 200年中，人类历史上曾有过一个非常了不起的文明——古希腊文明。这个文明的覆盖范围比当今希腊大得多，从希腊半岛到意大利南端、西西里，从克里特岛到土耳其沿岸再到黑海沿岸，从塞浦路斯到北非部分地区再到今天法国的马赛，都是希腊人活动的地方。可是今天，希腊文化犹在，希腊人却已成为过去时。

从保留至今的文献、遗址和大量实物来看，希腊文明的表现非常优异。那些绛色、黑色或土黄色主调的陶瓶、解剖学上极准确而且栩栩如生的汉白玉雕像、宏伟而典雅的神庙、质朴而庄重的多立克柱型（为人民大会堂所采用）、精致而深沉的悲剧、嬉笑怒骂的喜剧、叙事精密的史学著作、思维精细的哲学著作，以及在希腊人手中集大成的古代数学和天文学，直到今天仍令人叹为观止。善于归纳演绎、形成系统而严密理论的希腊科学尤其令人称道，除了欧几里得《几何原本》和托勒密《天文学大成》（两部著作虽然集西亚地中海古代科学之大成，但希腊人的贡献无可置疑）等一大批科学经典外，有名有姓的古希腊数学家就有上千人。这实在让其他文明中的人们望尘莫及。事实上，在上述所有方面，希腊不仅达到了之前其他所有文明都难以企及的高度，而且在相当长一段时间内，后起的文明也难以望其项背。这种格局一直持续到现代文明兴起之后才最终改变。而对于正迅速走向世界的当今中国人来说，古希腊人最值得学习的一点，莫过于他们对于未知事物的无穷无尽的好奇心、他们那种不计功利的求知热忱。

古希腊人虽然创造了一个伟大的文明，但早早就消失了。古希腊本来可能像印度、中国、伊朗、阿拉伯那样，作为一个政治实体即国家传衍至今，甚至可能像非洲的班图人等那样，作为一个种族实体繁衍开来，可是希腊在创造璀璨文化的同时，却久久不能整合成一些甚至一个大型政治体，所以只能任由外部势力摆布。事实上，希腊人汲汲于城邦间和城邦内的相互残杀，最后连希腊半岛这一小块地方也久久不能统一。汤因比指出："在大约公元前750年以后的250年间，在一些不同领域里，希腊迸发出了巨大的能量，而这种能量的迸发既有其辉煌的一面，也有黑暗的一面。这种能量更多被滥用于城邦之间，一个城邦内部不同社会阶层与政治派系的相互残杀。在开始于公元前750年的新的历史时期里，希腊人相互间就像他们在迈锡尼时代那样残忍无情。"

当今世界，哪里还见得到希腊人的踪影？不能说历史对希腊人不公，没有给他们机会。他们在科学、哲学、历史学、宗教、艺术、诗歌、戏剧、建筑等方方面面的成就表明，他们是人类中的佼佼者。可是他们在历史舞台上来也匆匆，去也匆匆，以至于即使将罗马视为希腊文明的一部分，或者说将罗马人的成就也包括在内，所谓"希腊罗马文明"仍然是一个早夭的文明。尽管如此，希腊人卓越的文化创造给后起的中世纪欧洲、伊斯兰和东正教文明提供了丰富的养料，或者说提供了大量"公共产品"。这意味着，希腊文明以文化和科技要素——而非种族或政治实体——的形式传衍到后世。对此，后起的民族和国家应心存感激。

尽管古希腊人作为一个民族早早就退出了历史舞台，但希腊文化极具魅力，对欧洲、伊斯兰社会乃至世界文明的影响之大之深，怎么估计也不过分。这就是为什么不仅在古代，罗马人对希腊文化便十分推崇，而且在伊斯兰教兴起后的阿拉伯世界，在文艺复兴以降的欧洲和美洲，甚至在20世纪的中国和日本等东方国家，希腊文化都极受欢迎。另外需注意的是，中世纪的拜占庭文化不仅在一定程度上继承了希腊文化，可以视为希腊文化在基督教时代的新发展，而且是俄罗斯东正教文明的源头。从中国方面看，出于救亡图存和文化转型的需要，五四以来的一些知识分子总是抱着一种无比羡慕的心理看待希腊文化，总是将中国与希腊相比较，将中国历史上的"封建专制"与希腊民主相对比，越看中国越不顺眼。近年来，中国知识分子看待希腊和希腊民主虽然已不像从前那么简单化，但由于西方文化仍是一种强势文化，希腊文化又被西方人认作自己的前生，很多中国知识人对它的推崇未必减弱了。

希腊人的短板

在政治方面，希腊人有明显的短板。稍稍比较一下中国人、印度人、阿拉伯人甚至当今西方人，便不难发现，希腊人在政治上的表现非常糟糕，竟未能建立一个持久的国家，故而未能以国家的形式存续至今。问题是：为什么希腊人在政治方面表现不佳？稍稍作一个考察和思考，就会发现这是希腊人的窝里斗、穷兵黩武习性和贪婪心使然。而从根本上讲，这些秉性又是由希腊人所处的地理自然环境决定的。

将波斯人赶走后，雅典这个被认为是最开明、最自由的城邦，这个"全希腊的解放者"，竟在自己人当中搞起了强权政治——他们剥削、压迫乃至摧毁同文同种的盟邦，这一点并不是秘密。与此同时，传统强国斯巴达是不能容忍一个新兴大国来威胁自己地位的。它纠集一大帮小兄弟，发动了一场古代"世界大战"，即伯罗奔尼撒战争。尽管斯巴达表面上取得了胜利，但这场战争对希腊世界而言却是一场大灾难。[1]在伯罗奔尼撒战争之后的政治秩序中，霸主斯巴达同样不得人心，成为众矢之的。一个由科林斯、底比斯、雅典等组成的反斯巴达同盟浮出水面。矛盾很快演化成科林斯战争。这时，与斯巴达处于对战状态已久的波斯趁机卷入，出钱资助反斯巴达同盟。斯巴达渐感不支，向波斯求和。结果是波斯人坐收渔利，甚至用皇帝的口吻宣布和平，还将之前早已独立的多个小亚细亚的希腊城邦和塞浦路斯岛重新并入波斯版图，希腊人在希波

---

[1] 对于伯罗奔尼撒战争中被打败的原提洛同盟诸加盟城邦的内政，斯巴达是要干涉的。事实上，斯巴达在这些城邦中推行所谓寡头政治（其实，这也是一种民主性的集体决策的政制，公民参政的程度可能高于现代议会制民主，只因三十人的长老会权力非常大，公民大会权力较小，而被古典政治理论家视为"寡头制"；但在任何一个现代议会式民主国家，普通公民除了几年一度投票选出地方、国家层面的议员和行政首脑，不也是什么政治权力也没有？），比雅典推行民主制的做法有过之而无不及，而在伯罗奔尼撒战争中斯巴达却指责雅典搞强权政治，以此为由动员其他城邦参战，共同对付雅典。另一方面，斯巴达的传统盟友底比斯、麦加拉等也因战后斯巴达在利益分配上不公而与之翻脸。因此，战后形成的反斯巴达同盟不仅有雅典、科林斯这些老对手，也有底比斯、麦加拉等由朋友变为敌人的城邦。

战争中流血牺牲所取得的成果丧失殆尽。

机缘巧合使马其顿国王亚历山大制服了诸多希腊城邦,结束了几百年来希腊人似无穷尽的自相残杀,第一次建立起了一种覆盖全希腊的霸权。实现这种表面上的"统一"后,亚历山大利用希腊世界广泛存在的黩武主义和入侵东方发战争财的贪欲,组成了一支规模可观的马其顿—希腊联军,旋即开始了对东方的大规模入侵。由于此时的波斯帝国早已衰朽不堪,马其顿—希腊联军很快将其摧毁,但灭亡波斯并非其入侵东方的唯一目标。之后,马其顿—希腊军事联合体仍然东侵不止,兵锋远至今巴基斯坦一带。这只能用黩武主义来解释。

有了共同的侵略目标并不意味着希腊人在马其顿人的刺激下,已实现了政治统一。地理自然环境所导致的分裂主义秉性是不可能清除的。在不再有敌人可打的情况下,在自己人当中重新开打,便不可避免。这是一种不可遏止的冲动,犹如苍蝇非得逐臭不可。这就是为什么亚历山大一死,内战立即爆发,十几个派系杀得昏天黑地,不亦乐乎,甚至尘埃落定后仍继续上演"三国演义"达两百年以上。为什么希腊人只知战争,不知和平?他们无比聪明,灿烂的科学和艺术成就便是证明,但他们完全缺乏和平的智慧,永远沉醉在战争艺术和军事征服中。

问题是,创造了璀璨文化的希腊人为什么会窝里斗?为什么在政治上表现得如此差劲?

"希腊"的由来

要回答这个问题,还得先看看"希腊"的来历。从地理上看,希腊虽然散布在环地中海世界的很多地方，但终究是它的一部分，而西亚地中海世界是一个富于创造力的大世界。之所以说极富创造力，是因为在那里前后诞生了多个文明。如果说黄河流域、印度河流域的文明都只是一枝独秀，西亚地中海世界的情形却是你方唱罢我登场，热闹非凡。这里不仅有埃及和两河流域这两个最古老、影响也最大的文明，还有克里特和赫梯这两个几乎同样古老的文明。尽管这些文明之间差别甚大，却有一个共同点：都是原生文明。尤其让人惊叹的是，所有这些文明密集地出现在一块并非广阔的区域，其面积小于秦汉时的华夏。

埃及和两河流域的文化贡献自不待言。较少为人所知的是，早在公元前3000年左右，克里特便进入铜器时代；早在公元前2000年左右，赫梯人即发明了冶铁技术。这些成就都是在希腊兴起前一两千年取得的。另外，早在公元前6世纪初，伊朗便出现了琐罗亚斯德教，其末日审判、天堂、地狱、撒旦、魔鬼、天使等概念深刻影响了西亚地中海世界的所有新兴宗教，包括犹太教、基督教，甚至包括后来在阿拉伯半岛兴起的伊斯兰教。

不难想见，在这样一个并不是非常广阔的区域，各个文明不断生长，体量不断增长，到一定时候，彼此之间必然发生交流、碰撞乃至冲突。事实上，埃及、亚述、伽勒底和波斯帝国相继兴起，前后更替。在这些跨洲大帝国中，先前大体上仍然独立运转的民族或小国现在被紧锁在一起，被纳入一个熔融化合的大坩埚，区域间的交往和互动获得了一种前所未有的深度和广度。在这种文明融合的过程中，旧文明消亡了，新文明诞生了。文明融合的一个重要产物便是希腊（另一个产物是希伯来）。

诸多证据表明，在被叫作"希腊"的文明出现之前，克里特岛上存在过一个克里特文明,也叫米诺斯文明。它起源于埃及和小亚细亚,从公元前2850年起,一直持续到前1450年左右,是希腊地区乃至整个欧洲最早的文明。此文明以精致的王宫建筑和精美的壁画及陶器等工艺品著称。

很可能由于外来民族的入侵,克里特文明消失了。而入侵克里特的民族创造了迈锡尼文明。"迈锡尼"一词得自同名的考古发掘点,位于伯罗奔尼撒半岛西南部。在西方古典学界,"迈锡尼"现已被普遍用来指称公元前1600至前1000年期间希腊地区的青铜文明。这个文明一个最突出的特点是,在台地上修建的坚固堡垒,以及用大块石头严丝合缝拼砌而成的坚固城墙。考古现场还发现了一批藏有大量随葬品的井式坟墓。随葬品中,有垂饰的项链、金制容器、银制容器、柄上嵌有金属饰品的青铜武器,以及绘制精美的陶瓶。值得注意的是,《荷马史诗》所讲的故事,就发生在迈锡尼文明后期。所以,迈锡尼文明虽不是"正宗"希腊文明,却与它关系紧密。

但晚至公元前9世纪,被叫作"希腊"的地区依然处在所谓"黑暗时代"。随着经济的缓慢发展,这里逐渐走出"黑暗"。在公元前8—前6世纪,希腊各地发生了所谓"东方化革命"。这指的是,落后的希腊全面引进东方的先进文化,从宗教、神话、政治、艺术、文学、哲学、科学、技术(包括字母和书写技术)到衣饰、家具,甚至日常禁忌,几乎无一不引进。这时,东方各地的人们不断来到希腊,或做生意,或打仗,或游历,或定居。在这一过程中,先进的技术、宗教、哲学、艺术和文学因此传播到希腊。当然,希腊人也不断前往小亚细亚、埃及或巴勒斯坦等地做生意或游学,后来更有大量希腊人来这里当雇佣兵。晚至公元前6—前5世纪,仍有不少希腊名人来埃及留学。事实上,梭伦、泰勒斯、柏拉图、欧多克索斯、毕达哥拉斯、吕库古和希罗多德等人都曾留学埃及，师从那里的学问家，即寺庙祭司。

东方文明来到希腊的一种重要的方式是战争。早在公元前8世纪初，当希腊人刚刚走出"黑暗时代"，他们便在小亚细亚与亚述人有过交锋，并且取得了胜利（至少从流传下来的希腊文献看是如此）。从文化传播的角度看，这意味着，希腊人不仅能够从来到希腊的东方人那里吸纳东方文明养料，也能前往亚洲和埃及，直接汲取那里的文明养分。正是在这一时期，今人熟知的希腊文明成形了。公元前490年和公元前480至前479年，在两次希波战争中，以斯巴达和雅典为首的希腊联军打败了波斯军队。在文明演进的大棋局上，希腊人姗姗来迟，却终究登上了前台。至此，希腊已俨然成为西亚地中海世界的一个强权。

希腊的成就何以可能？

怎么强调也不过分的是，希腊之所以能够取得上述成就，一个根本原因在于它是一个次生文明，一个建立在原生文明基础上的文明。没有埃及、两河流域原生文明的丰厚养料，就不可能有希腊文明。反观中华和印度世界，这里兴起的都是原生文明，大体上并没有什么更古老的文明为其提供养分。而在西亚地中海世界，在希腊崛起之前，已有不止一个原生文明为其积蓄养料，为其披荆斩棘，铺路架桥。无论如何，多个旧文明的沃土已经存在，新文明便从中萌生，并不断汲取养分。可以说，希腊是文明交融的产物，是多个东方文明扩散到希腊后兴起的一种新文化形态，也是一个以此文化形态为基本特征的共同体。

第二章 希腊（上）

事实上，公元前7至前6世纪，希腊经历了一场"东方化革命"，即大规模舶来东方文明的成果。毕达哥拉斯、柏拉图等人在埃及留学过，师从那里的寺庙祭司。雅典改革家梭伦、斯巴达改革家吕库古等希腊政治家及"变法"者也留学过埃及，师从那里有见识、有知识的寺庙祭司。希腊神庙虽巍峨壮丽，可起初，依然野蛮蒙昧的希腊人根本不知道神庙是什么。神庙建筑的样式和风格、祭拜仪式的细节、神庙人员的配备和管理，甚至神庙概念本身，统统是从埃及和西亚舶来的。没有这种文化输入，很难想象希腊的哲学、宗教、神庙建筑和艺术会发展至何种水平。相比之下，同时期的印度和中国文明大体上并不具备这种优势。文化输入在很大程度上解释了希腊文明为什么显得更精致。

其次，希腊地貌高度散裂，自然条件也相当艰苦。希腊核心区由希腊半岛和周边大量岛屿构成。岛屿与陆地之间、岛屿与岛屿之间天然地被大海隔断；希腊半岛多为崇山峻岭，平地少而且小，平地与平地之间又为崎岖的山谷分隔开来，交通十分不便；因降雨量偏小，这里不仅农业产量低下，支撑不了大量人口，或者说希腊人必得尽可能挖掘自身潜力才能生存；河流小且少，水流量小到不能通航，显然也不利于地区间的交流。很明显，这样的地理自然格局不利于政治统一，是希腊分裂为数百个主权独立的城邦，以及希腊人自相残杀、穷兵黩武和贪婪的根本原因。可是另一方面，各希腊城邦在保持独立的同时，相互之间及与外部世界之间又能通过海道、陆路保持较为密切的往来。这与新几内亚之类的地方形成了鲜明的对比，这里不仅多为山地和高原，而且海拔太高，地形地貌太过险峻，地区间的交流非常有限，因而长久处于原始状态。总而言之，在希腊不同地区之间，物质和信息能相对频繁地流动，大量人口能摆脱土地的束缚，云游四方，见多识广，不断接受新事物、新思想和新技术的刺激，有利于培养开阔的眼界和敏捷的思维。一句话，希腊的地理条件虽不利于政治统一，却能活跃思维，有利于文化创新。

第三，谈希腊文明，很大程度上就是谈雅典文化，而古代雅典的繁荣，建立在对爱琴海地区两百来个希腊城邦的军事霸权和经济掠夺的基础之上。没有雄厚的物质基础，就不可能有卓越的文化创造。雅典稍稍有名气的建筑都是提洛同盟[1]成立以后才修建的。雅典仗着压倒性的军事优势，将大量的盟金挪为己用，盟金实际上已变为"贡金"，盟邦实际上已沦为臣邦。雅典是一个不折不扣的霸权国家，统治和剥削着加盟的诸多希腊小邦，它们的任何"不忠"乃至反叛都会受到严惩。可以说，提洛同盟是一个以雅典为黑老大的帝国。

第四，地中海式气候温和干爽，既不严寒，也无酷热，除了冬季降雨较多，一年中其他时间都适合长时间的户外活动。事实上，希腊人一天中有很多时间待在户外，进行各种各样、高频度的人际交流。这从苏格拉底总是在露天市场与人论道、柏拉图的"对话"大多发生在户外等是不难看出的。再加上大量希腊人不受土地束缚，从事商贸和航海活动，见多识广，故而有交流欲望的人们总有新信息、新想法得以交流。可以说，这里的信息交流密度堪比工业化及之后的时代。

第五，尽管总体而言希腊人在财产拥有、宗教信仰、人身权利

---

[1] 公元前479年波斯人被逐出希腊，第二年，爱琴海东部地区的希腊人为了抗击波斯人侵略，成立了一个盟会，地点设在提洛岛的同盟，现代人称之为"提洛同盟"。加入提洛同盟的，主要有雅典、小亚细亚西岸、爱琴海诸岛屿以及赫勒斯滂海峡的希腊城邦。

等方面并不是那么自由,但因民主政治,公民不仅必须有自己的政治立场,还必须公开表达自己的立场,法律甚至惩罚骑墙的公民。这意味着,虽然有时会出现压制言论的情形,但大体说来,言论自由能够得到保障,否则便无法解释阿里斯托芬对雅典要人(除了政治人,还有苏格拉底)的嬉笑怒骂甚至恶毒攻击。即使某些哲学家因言获罪,但以当时落后的社会管控技术,对个人的思想控制终归较为有限。这种相对的自由对于活跃思想、繁荣艺术非常重要。

第六,在希腊氏族民主转型成为激进民主的过程中以及在此之后较长一段时间,希腊出现了一种活跃的思想氛围,发生了所谓"古代启蒙",这对哲学、科学、历史学、文学和艺术等的繁荣非常有利,尤其给哲学的繁荣创造了良好条件。哲学和科学的兴起,除了需要有书写技术这一关键条件外,还得有一种相对自由、活跃的智识氛围。在这种氛围中,希腊人能够在人民大会、议事会和民众法庭等公开场合自由发言,甚至就特定问题展开激烈的辩论。这必然对整个社会风气产生影响。久而久之,他们养成了一种穷根究底的论辩风气和思维习惯,甚至表现出一种对抽象概念的偏爱。这对于科学、哲学思维的深化至关重要,也在很大程度上解释了为什么跟其他文明相比,希腊的哲学更精致,希腊的科学更发达。

总之,希腊人之所以比其他古代民族胜出一筹,是因为拥有多方面的有利条件。

希腊政制

希腊人进入希腊半岛和爱琴海地区后,逐渐形成了所谓"城邦",即以一个城镇为中心、以周边土地为依托的小型城市国家。

城邦规模从数百人到二三十万人不等，达到两三万人便是大邦，如果像斯巴达和雅典那样有二三十万人，更是超级大邦。及至公元前6世纪，希腊城邦政治制度已大致演化成形。以下简单介绍一下斯巴达和雅典的政制。

斯巴达有两个国王，但权力十分有限，主要负责军事和祭祀方面的事务。斯巴达之所以设两个国王，而非一个，主要是为了让二人相互牵制，不至于一人大权独揽，而对所有人构成威胁。在国王之下是元老会，由2位国王和28位据称60岁以上的贵族组成，为城邦真正掌握实权的机构。元老会之下是公民大会，由全体公民即本族成年男性组成，形式上可以对元老会的议案表示同意或反对，但顺从元老会意志，没有实权。此外，随着对外战争日益频繁，在以上机构外还设有监察院，即由5人组成的委员会，从理论上讲从全体公民中选举产生，目的是监督握有实权的贵族和国王，所以权力相当大。尽管斯巴达政制被视为"寡头"制而非民主制，但很显然，这是一种权力受到制约的制度，完全可在某种程度上将其视为一种民主制。

斯巴达的婴儿出生时一律要接受国家的体检，身体太弱或有缺陷的，由元老会决定是否丢弃。男孩7岁前由双亲负责抚养和教育，7岁以后则编入团队进行军事训练。女孩7岁后仍然留在家中，但也得进行体格训练。斯巴达实行土地国有制而非私有制，但公有土地并非由公民耕种，而由国家奴隶"黑劳士"即希洛人耕种，国家向其收取粮食。这样，作为统治者的斯巴达公民就能专心致志于军事训练，心无旁骛地对内镇压"黑劳士"的反抗，对外开展军事行动。很大程度上正是因为这种制度，斯巴达人善于打仗，有着攻无不克、战无不胜的美誉。

在形式上，雅典政制与斯巴达看似有较大的差异，实际上却无根本的不同。公元前6世纪初，著名政治家梭伦当选为"执政兼仲裁"即最高执政官之后，推行了一揽子改革计划。在政治方面，设立四百人议事会，允许非贵族出身的富裕公民参加，即不再以出身而是以财产数量来决定人们是否有参与政治的权利。梭伦把公民划分为多个等级，虽然只有富裕公民才能参加四百人议事会，但各个等级的公民都可参加公民大会。梭伦还设立了民众法庭，这在职能上相当于今天的最高法院，且任何公民都能充当陪审官和法官，都有权起诉任何人，有权判处任何人死刑。在经济上，梭伦废除了债务奴隶制；号召人们种植葡萄、橄榄等经济作物，大力发展工商业；承认私有财产继承自由。通常认为，梭伦改革奠定了雅典民主的基础。

至公元前6世纪末，政治家克里斯提尼发起了新一轮政治改革。内容包括将四百人议事会扩大为五百人议事会；对公民不再区分等级，只要是公民，就都能参与议事会、公民大会和民众法庭的活动，且拥有投票权；打破小集团意识，培养公民的城邦观念，让他们以雅典城及其所在的阿提卡而不是先前所在的部族、地域或阶层为自己的家国；创建了陶片放逐法，让民众能够通过投票将任何有权势、有声望的公民放逐长达十年，防止他们影响力过大。克里斯提尼时代及之后，雅典实行了一种过于激进的民主，很多现代人对之推崇备至，而不反思其利弊。

希波战争、伯罗奔尼撒战争、西西里远征

正当希腊蓬勃发展之际，西亚的波斯帝国崛起了。公元前

547年初，波斯帝国消灭了小亚细亚强国吕底亚，同年进攻小亚细亚西海岸的伊奥尼亚希腊诸邦。公元前499年，米利都等小亚细亚城邦在雅典的支持下发动起义，焚烧了波斯地方首府萨迪斯城。波斯国王大流士一世率军镇压，之后以雅典挑唆小亚细亚希腊人反叛波斯为由，大举进攻雅典。公元前490年，波斯大军入侵雅典周边地区，但在马拉松战役中被雅典人击败。希腊赢得第一次希波战争的胜利。

公元前480年，波斯国王薛西斯一世再次率大军进攻希腊。以斯巴达为首的希腊陆军在温泉关打败波斯陆军。雅典城虽然被攻破，被焚毁，但希腊海军在萨拉米海战中击溃了波斯海军。公元前479年，波斯王薛西斯一世派大将统率大军再度进攻希腊南部，但希腊方面在普拉提亚战役中再次得胜。同年，雅典海军对波斯发起反攻，攻进小亚细亚。公元前449年，希波战争以双方签订《卡里阿斯和约》作为结束。公元前421年，双方再次缔结和约。需要注意的是，波斯帝国的军队并不是全由波斯人组成，而是有大量其他民族参与，包括希腊半岛北部绝大多数城邦。所以希波战争在一定程度上也是希腊人打希腊人的战争，"希波战争"的提法并非完全准确。

希波战争结束时，雅典崛起成为爱琴海地区的霸主，希腊世界除斯巴达以外的又一个超级大国。修昔底德认为，崛起中的大国势必与守成的大国发生冲突，这就是近年来国际政治领域所谓"修昔底德陷阱"提法的由来。这里崛起中的大国是雅典，守成的大国是斯巴达。希波战争刚一结束，雅典便在公元前478年成立了提洛同盟，而斯巴达主导的伯罗奔尼撒同盟历来有之。公元前431年，斯巴达的盟邦底比斯进攻雅典的盟邦普拉提亚，正式引爆了伯罗奔尼撒战争。这实际上是一场古代"世界大战",一直持续到公元前404年,共27年,其规模之大,杀戮之残酷,影响之深远,在古地中海世界无出其右,因此特别值得注意。

公元前415年,伯罗奔尼撒战争仍在进行之中,雅典组织了一支几万人的巨大舰队远征西西里的城邦叙拉古,结果惨败,大多数人战死或被处死,两名统帅被俘后被处死,剩下七千余人遭俘虏后被虐待至死,只有几百人逃回雅典。公元前405年,雅典海军在斯巴达海军的打击下全军覆没,雅典结束了其全盛时期,沦为一个二流国家。虽然斯巴达在形式上成为全希腊的霸主,但其胜利其实是一场惨胜,因它本身也遭受了很大损失,从此开始走下坡路。因此,伯罗奔尼撒战争一般被视为希腊文明由盛而衰的分水岭。

正如"春秋无义战"那样,伯罗奔尼撒战争也不是什么"义战"。这是一场发生在斯巴达同盟与雅典同盟之间的战争。其间,雅典和斯巴达都对各自"叛邦"实行过灭族性的惩罚,即处死所有男人,将妇女和儿童卖为奴隶。从雅典方面来看,最恶名昭彰的是对弥罗斯人实施灭族及对密提林人的大屠杀。

但希腊人的残酷早在战争开始之时便有淋漓尽致的表现。在战争爆发之初,在雅典同盟中居主流地位的科西拉民主派对与斯巴达结盟的反对派进行了惨烈的大屠杀。在《伯罗奔尼撒战争史》中,修昔底德对所谓"科西拉革命"中民主派对反对派的杀戮做了以下描述:当科西拉人知道雅典舰队即将到达而敌人已经逃跑了的时候……命令那些他们已经配备了水手的船舰开进亥拉伊克港中;在航行途中,他们杀掉所有他们能够找到的敌人。那些被他们说服而上了船舰的人,在上陆时也都被他们杀死了。他们又跑到希拉女神庙中去,说服了大约五十个在庙中祈祷的人去受审判;审判结果是，这些人都被处死刑。其余的祈祷者看见这种情况，大部分拒绝受审，在神庙中互相杀死了；有些在树上吊颈，有些用其他办法自杀。攸利密顿带着他的六十条船舰停留在那里的七天中，科西拉人继续屠杀自己的公民中他们认为是敌人的人。被他们杀害的人都被指控以阴谋推翻民主政治的罪名；但事实上，有些人是因为个人的私仇而被杀害的，或者因为债务关系而被杀害的。有各种不同的死法。正如在这种情况下所常常发生的那样，人们往往趋于各种极端，甚至比这还要糟糕。有父亲杀死儿子的，有把人从神庙中拖出，或者就在神坛上屠杀的；有些人实际上是被围墙封在道尼修斯神庙中，因而死在神庙里面的。

作为雅典的宿敌，斯巴达并不比雅典仁慈。斯巴达人虽然享有节制、谨慎的名声，但在坚持利益即正义、强权即公理这一点上，却与雅典人不分伯仲。仅仅为了取悦盟邦底比斯（后来成为死敌），斯巴达人竟大肆杀戮已经投降的普拉提亚人，凡是在战争中没有帮助过斯巴达人的普拉提亚人均被处死。斯巴达人甚至像后来罗马人彻底毁灭迦太基城一样，将普拉提亚城完全夷为平地。同样臭名昭著的是，斯巴达人对其城邦奴隶希洛人实施定期剪除，一旦发现看上去有点精悍或有反叛倾向的希洛人，便将其秘密处死。

伯罗奔尼撒战争结束时，雅典基于强权与其他希腊城邦所结同盟随之瓦解，而现在已成为霸主的斯巴达人生性保守，在处理邦际关系方面甚至比雅典人还无能。更糟糕的是，一些斯巴达人对其他城邦的财富怀有巨大的贪欲。在战争初期，斯巴达以"自由"的名义或者说以反对雅典霸权为号召，动员其他城邦参战，抗击雅典人，但战胜雅典后，自己搞起霸权主义来却毫不手软，因而其胜利带给其他城邦的"自由"，是任意欺负它们的自由。

同样值得注意的是，在伯罗奔尼撒战争期间，雅典和斯巴达均向曾被希腊人打败过的波斯人乞求援助。如果说斯巴达在战争中最后胜出，这在很大程度上是因为它在出卖希腊人的利益上比雅典更决绝。可是希腊社会为此付出了沉重代价，不得不把小亚细亚重要的希腊城邦拱手让与波斯人，而他们先前为之流血奋战的恰恰就是这些城邦。当年雅典和斯巴达联手保卫的希腊人的土地，现在由于内斗而被拱手奉还给当时的波斯皇帝。

同样是在伯罗奔尼撒战争期间，雅典人还做了一件恶事。公元前415年，雅典人民大会在经过充分讨论后，投票通过了一项重大决议：远征西西里岛上与斯巴达关系密切的叙拉古。当时，伯罗奔尼撒战争仍处于胶着状态，一些盟邦的叛乱尚未被平息，大多数雅典人甚至不了解西西里岛到底有多大、岛上居民到底有多少，更不知道即将发生的这场战争跟伯罗奔尼撒战争本身的规模相当。在这种情况下，没有站得住脚的理由，雅典悍然发动了一场几万人规模的跨海远征，企图吞并叙拉古及邻近城邦，占领土地，夺取财富。结果全军覆没，数万雅典人战死或被俘后被杀或虐待至死，统帅尼西阿斯和德摩斯提尼被叙拉古人处死。

当这场战争于公元前413年结束时，雅典元气大伤，在伯罗奔尼撒战争中的败局已定。不仅如此，雅典从此走向衰亡，再也没能真正复兴。随着雅典的败落，整个希腊文明也不可逆转地走向衰亡。从这个角度看，完全可以把西西里远征视为希腊历史的转折点。

帝国为何甫立已崩？

希腊人在文化和科学方面虽然成就卓著，在政治方面却并不成功。由于种种原因，长期以来被视为半野蛮的马其顿征服了希腊本部。之后，马其顿的年轻国王亚历山大把一盘散沙、混战不已、多败俱伤的城邦暂时联合起来，组成马其顿—希腊联军，发动了入侵东方的战争。尽管联军在一两年内就打垮了波斯帝国，建立了横跨欧亚非三洲、巨大的马其顿—希腊帝国，可是亚历山大一去世，这个帝国便立即坍塌，亚历山大手下各将和总督纷纷拥兵自立，为争夺帝国遗产展开了你死我活的争斗。

问题是，为什么会出现这种局面？原因是多方面的。如在过于辽阔的亚洲土地上，城邦之间、地区之间联系松散，时间一久就必然发生利害冲突。同样需要注意的是，希腊人根深蒂固的窝里斗习性，并不会因东征并建立大帝国而自动消失。当然，各主要区域间的地理阻隔也是一个极其重要的原因。其次，从宏观地理格局看，马其顿—希腊帝国所在的西亚地中海世界本来就分为西亚和地中海两大区域，即两者在地理上本来就是断裂的。

缺乏一个天然核心区，很大程度上也解释了为什么亚历山大帝国刚刚诞生，便已崩溃。从理论上讲，任何一个大型共同体要想长久存续，都得拥有至少一个人力、物力丰富的基地或核心区，而且这个核心区域在地理上应位处中心。缺少这么一个核心区域，帝国的社会政治整合便将很有限，最终便不可持续。

波斯人之所以能够建立一个地跨三大洲的大帝国，并将其维系两百多年，很大程度上是因为领有两河流域——一个人力、物力资源丰富且位处地理中心的天然核心区。罗马人之所以能够将其帝国维持六百来年，很大程度上是因为拥有亚平宁半岛，这同样是一个人力、物力资源丰富且位处地中海中心位置的天然核心区。中国人之所以很早便实现了政治统一，根本原因在于拥有黄河中下游平原这个人力、物力资源极为丰富且位处地理中心的核心区。

相比之下,希腊半岛无论从所能提供的有限人力、物力资源而言,还是从偏于一隅的地理位置而言,都不足以充当马其顿—希腊帝国的核心区。从根本上讲,这就是为何亚历山大一去世,各地希腊人便立即拥立各自的将军或总督,相互争斗起来。十几年后尘埃落定时,希腊世界已是一番三国鼎立——马其顿—希腊、塞琉古西亚和托勒密埃及——的景象。

这也是为什么三国当中统治西亚和中亚、幅员最广的塞琉古帝国,在建立后仅半个世纪即公元前247年左右,先前臣服的波斯地区便摆脱了马其顿—希腊的统治,建立了帕提亚帝国[1],而在此前的公元前255年,同为希腊人的塞琉古帝国总督狄奥多特一世趁帝国国势衰弱、无暇东顾时宣布独立,建立了巴克特里亚王国(中国史称大夏,位于今阿富汗北部、塔吉克南部和乌兹别克西南部)。

历史表明,要在西亚地中海世界——甚至仅仅在西亚至现阿富汗一带的中亚——建立一个统一国家,难度远远大于华夏世界。在亚历山大东征之后以及整个罗马帝国时期,希腊文明覆盖区域虽大于同时期的华夏世界,希腊人建立稳定政权的区域却明显不如后者。波斯湾至印度西北部这一广阔地区,虽然一度被希腊

---

[1] 帕提亚帝国(公元前247年至公元226年),位于伊朗高原,又名阿尔萨息王朝,即中国古史上所谓"安息",为来自西亚草原的游牧民族于公元前247年所建,开国君主为阿尔萨息。近500年后,于公元226年被本土波斯人建立的萨珊王朝取代。全盛期的安息帝国疆域西抵幼发拉底河,东至阿姆河,坐落在罗马帝国与秦汉帝国之间的贸易路线即"丝绸之路"上,为极其重要的商贸中转地。帕提亚被视为当时亚欧四强国之一,与中国秦汉王朝、罗马、贵霜帝国并列。

人征服，但这种局面持续时间很短，其核心区域即希腊人及其文化占主导的区域，大体上并没有超出传统希腊的范围，即希腊半岛、爱琴海岛屿、西西里岛东部和北部、意大利南部、小亚细亚沿岸。

凡此种种表明，要在地中海世界——遑论范围更广的西亚地中海区域和中亚区域——进行军事征服并非难事，希腊人做到了，后来罗马人也做到了，可是要在这里建立并维系一个稳定的帝国，却非常困难。这就与印度河和黄河流域的文明形成了鲜明对比。这两个区域都有适合农耕的大型陆地板块。正是由于这种有利的地理自然格局，这两个文明从诞生起便出现了一种政治统一趋势（尤其是中国），而且越到后来，统一的势头便越强劲。

如果说城邦制度不利于政治整合，是高度分裂的地理格局使然，那么使华夏命运截然不同于希腊的一个根本原因，正在于它先天享有一个适合农耕的超大陆地板块。不仅黄河中下游本身就是一个大型陆地板块，而且往南黄河流域与淮河、长江流域天然交汇，往北是黄河流域的天然延伸区域即海河流域，往西有渭水流域和汉中平原，往西南更有汉水流域和四川盆地，同样重要的是，各区域之间并不存在不可逾越的地理障碍。

事实上，华夏世界无论哪个方向都有广阔的伸展余地。而东边和南边的大海、西南的云贵高原和喜马拉雅山脉、西边的戈壁沙漠恰恰又为华夏世界提供了天然屏障，使之在数千年时间里能不受干扰地独立发展。这不仅为政治整合提供了可以凭靠的地理条件，也赋予华夏民族的成长以广袤的空间。在这片辽阔的土地上，大部分地区气候虽富于挑战性但都适合农业发展，即便在生产力低下的古代，进行较为密集的农耕活动也不成问题。

不光彩的民主

希腊民主一直广受关注。很多人以为，希腊民主不仅在古代，而且在现代都是典范。很多人甚至认为，现代民主源于希腊民主。这并非事实。被西方人以及五四以来很多中国知识阶层所美化的希腊民主，很大程度上只是一个假象，甚至很不光彩。

首先，即使少数公民的确享有堪比现代的民主，在当时的条件下，这也不可能不以剥削广大奴隶、外邦人和妇女为代价。对奴隶来说，连生命权都被操在奴隶主手里，哪有民主可言？哪有政治权利可言？从城邦内部的结构来看，所谓民主因只是公民（即本族成年男性）拥有，妇女、外邦人和奴隶不拥有任何政治权利，而大受影响。甚至在公民内部，也存在很不民主的现象：在相当长一段时间，选举权这一最重要的政治权利竟取决于公民财产多寡甚至血统纯净与否。从邦际关系方面看，就更不存在现代意义上的民主。希波战争后是雅典的帝国主义，伯罗奔尼撒战争后又是斯巴达的强权主义，这距离民主何止以道里计。

有论者说：大多数希腊城邦的生活一开始便因将人们分成一等和二等公民而不健全，前者生活在城市和邻近的可耕地上，而后者是被征服的高地人的后裔，生活在城市周边地区。这种社群内部的分裂是后来诸多社会冲突的原因。需要注意的是，奴隶制所导致的不民主与现代世界仍然存在的不民主现象之间有一个很大的不同：前者往往是基于种族差别的。事实上，希腊奴隶大多是战争中被俘的异族人及其后代，尽管也存在着债务奴隶和买卖、转让所得的奴隶。大体上讲，只是少数公民享有充分政治权利的希腊民主并非像现代民主中所常见的那样，靠的是对本族下层民众的剥削，而更多靠的是对奴隶、外邦人和妇女的压制。这一格局对于希腊社会政治整合进程是不利的，只能加剧本已存在的严重离心倾向。

但，这还只是城邦内部的不民主。希波战争以后雅典推行的帝国主义政策，以及伯罗奔尼撒战争以后斯巴达的霸权主义行径，也意味着邦际关系方面的不民主。公元前5世纪早期，斯巴达本族人大约只有一万六千人，却以如此少量的人口统治着二十来万"黑劳士"即希洛人。希洛人是斯巴达人的国家奴隶。他们被强迫用自己的农业产品向斯巴达公民缴纳实物贡赋。这一剥削结构不仅使斯巴达人得以摆脱农业劳动，把全部时间和精力用于军事训练和战争，成为古代世界一部效率极高、令人生畏的战争机器，也使他们有条件在少数公民中实行一定程度的民主（尽管斯巴达式的民主在古代被视为"寡头政治"）。但希洛人的人口多出斯巴达人十几倍，这就使得后者不得不花费大量的人力、物力来控制他们。问题是，斯巴达本族人口数量本来就很有限，再加上不断对外征战，人力不足便是必然的。

因此斯巴达人对希洛人采取一种野蛮、卑鄙的政策便不难理解了：他们组成一个名为"克里普蒂亚"的青年别动队，不定期地到希洛人中间巡查，一旦发现稍稍精悍一点或可能有反叛倾向的希洛人，便将其秘密处死，以确保斯巴达人的统治不受威胁。因此可以说，斯巴达的民主是嗜血的，没有了奴隶，便会像吸不到血的吸血鬼那样萎缩干瘪。另据一项推测，在公元前4世纪上半叶斯巴达的人口构成中，斯巴达本族总人数约为二万五千人，希洛人约为三十万人，臣属部族佩里奥西人约为七万五千人。即便在二万五千名左右的斯巴达本族人中，也仅有数量不多的成年男性即公民拥有选举权。公元前4世纪末,有选举权的男性公民竟降至仅一千人左右。

从剥削、压榨奴隶以供养民主的记录来看,雅典人比斯巴达人更是有过之而无不及。雅典人不仅拥有大量的异族奴隶,而且实际上把大量希腊人也变为了奴隶。汤因比认为,公元前478年以后的雅典实际上已经把提洛同盟变成了雅典帝国,加盟城邦所交纳的盟金实际上已成为向雅典人交纳的贡金,盟邦的人们实际上已经沦为雅典人的希腊奴隶。提洛同盟成立之初,各加盟城邦表面上看地位平等,各有一票表决权,同盟重大事务原则上需由全盟会议决定。可是,即便在这时,最终决定权也完全操在雅典手中,因为雅典军事实力大大超过其他盟邦。雅典海军在提洛同盟中尤其占有绝对优势,其军舰数量超过其他盟邦舰队的总和。因此,绝大多数小邦不得不追随雅典,个别规模稍大一点的城邦也无力抗衡。提洛同盟原来是由各加盟城邦按照自愿原则组合而成的,可是到后来,退盟竟被视为叛变,会招来雅典的严厉惩罚,而这很可能是近乎灭族的屠杀。事实上,某些城邦的加盟本来就是雅典武力胁迫的结果,所谓"同盟"很快就沦为雅典对加盟各邦进行经济剥削和政治压迫的工具,而加盟各邦所提供的盟金,大部分被雅典用来在阿提卡地区大兴土木。从公元前454年起,同盟金库干脆被移至雅典,同盟会议也不再召开。

公元前461年,雅典通过了一项激进的民主化法律,该法律与斯巴达的有关法律相同。至此雅典民主与剥削压榨国家奴隶的斯巴达民主几乎完全相同。不同之处在于,供养雅典民主的,除了有传统上为整个古代世界所接受的异族奴隶外,现在又打破陈规,增加了希腊本族奴隶。同文同种的希腊奴隶人数甚至远超占统治地位的少数雅典公民。从公元前449年雅典人与波斯人的媾和等事件不难看出，雅典企图称霸希腊的勃勃野心与其有限的人力、物力资源很不相称。即便如此，雅典人竟投票通过一项法律条款，剥夺了双亲中有一方不在雅典出生的公民的选举权（大约在同一时期，雅典人以渎神之罪起诉了哲学家阿那克萨哥拉，逼他逃离这座自由的城市；公元前399年，雅典人更投票处死了苏格拉底）。

18世纪的英国历史学家爱德华·吉本在《罗马帝国衰亡史》中也认为，这种排他性极强的政治结构是雅典未能保持繁荣、很快走向灭亡的一个极重要的原因。相比之下，当希腊人汲汲于剥夺本族人的政治权利时，罗马人不仅早早就将公民权授予种族和文化上与他们相近的意大利人，后来更是逐步放开，授予海外行省的异族人。这比希腊人聪明多了。中国人干脆无论什么种族、部族或民族，只要服饰礼仪正确，便不再是非我族类。

不难想象，窝里斗的习性、奴隶制，以及公民内部和城邦之间并非民主的政治结构对希腊世界的社会政治整合进程非常有害，而没有这种整合或整合程度不够，政治统一便不可能实现，大范围的社会凝聚力便无从谈起，希腊文明便难逃消亡的命运。

思考讨论题

1. 有人说古希腊文明纯属捏造，你认同这个说法吗？
2. 古希腊政治统一难以实现，除了自然环境的原因，还有其他原因吗？
3. 你如何看待古希腊的民主？

第三章　希腊（下）

第三章 希腊（下）

希腊人在科学和艺术方面有极高的天赋，但也有结构性的短板，即好斗和掠夺的秉性、黩武主义和帝国主义的价值观。在数百年中，城邦之间不断上演一出出合纵连横、结盟退盟的闹剧。古希腊的"世界大战"即伯罗奔尼撒战争不仅使雅典和斯巴达不可逆转地走向败落，更使希腊文明不可逆转地走向衰亡。即使已走上了一条不可逆转的衰落之路，数百个希腊城邦依然沉醉于你死我活的内斗，硬是又折腾了七八十年，最后竟让半野蛮的马其顿人做了霸主，再后来又被罗马人征服。希腊人的习性是如何养成的呢？

希腊的地理自然环境

同其他伟大的古代民族——如古代苏美尔人、埃及人、印度人、中国人等——相比，古希腊人无疑拥有非常高的天赋。可是作为一个种族，古希腊人却早早地退出了历史舞台。就是说，希腊文明只是以文化要素如特定形态的艺术、建筑、宗教、哲学、文学等传播到后世，而未能以民族和国家的形式延续至今。这如何解释呢？应该到希腊人异常好斗的性格中去寻找原因。但是，这种异常好斗的性格又是如何形成的呢？

首先得看看希腊的自然环境。与大河流域的古代文明不同，希腊从来就不是一个陆地整块，而是分为多个独立的区域和城邦，如阿提卡、伯罗奔尼撒、色萨利这三大地区及相应诸城邦、小亚细亚沿岸诸城邦、爱琴海诸多岛屿上的城邦、西西里和意大利南部各城邦，还有黑海和北非沿岸等地的多个殖民地或希腊人聚落。这种格局是缺乏大平原的特殊地理环境使然，或者说是无处不在的大海、不能通航的河流、陡峭的山峦峡谷使希腊四分五裂。

相同的地理条件造就了相同的民族秉性，或一种共同的"希腊"生活方式。在这种特殊的地理环境中，即便希腊人利用地中海世界原本就已存在的航海技术，成为一个善于航海的民族，即使把各地区分隔开来的山峦之间总是有一些隘口，各城邦或地区之间的空间断裂也是极难克服的。正因这种散裂的地缘格局，希腊人的城邦崇拜情结非常深厚，甚至当历史发展将建立统一国家的任务提上议事日程时，各地希腊人仍未能表现出任何统一的意愿，更不具有实现统一的能力。亚历山大去世后，统一了仅仅十来年的希腊又立即陷入分裂，便说明了这一点。

希腊人好斗的原因还不仅仅在于高度分裂的地理格局和多山多峡谷的地形地貌。并不优越的气候也是一个关键性因素。希腊土壤贫瘠，降雨量偏小，可耕地稀少。雅典年平均降雨量不足400毫米。如此有限的降水量虽然能养活一些人口，却不足以支撑大规模的农业。更糟糕的是，地中海式气候又使本来有限的降雨集中在冬季，而不是在农作物生长的春季和夏季。即便在雨水较多的季节，降雨也很不均匀，甚至可能是暴雨连绵；此外，不同年份之间降雨量的差别也非常大。在某些年份，历来享有希腊"粮仓"美誉的色萨利平原的降雨量可能低至55毫米。在这种气候下，希腊各地的农业收成不可能是稳定且有保障的。

地理自然环境与希腊人的性格

自然环境在很大程度上解释了为什么早期希腊人对外部世界怀有一种恐惧的心理，为什么希腊社会发达的诸神崇拜会持续那么久，为什么苏格拉底和柏拉图等"进步"的哲学家也会谈神论鬼，

第三章　希腊（下）

其哲学跟鬼神脱不开干系。相比之下，同时期孔子式"不语怪力乱神"的精神却对华夏君子、士乃至普通人产生深刻的影响。"不语怪力乱神"精神之所以可能，是因为在当时的华夏世界，求神问卜的做法越来越被摈弃，理性看待大自然的态度越来越盛行。也正是在这种文化氛围中，华夏世界很早就出现了通过提升个人的品德修养（如"吾日三省吾身""修身齐家治国平天下"等）来追求幸福和成功的道德实践。

也不难想象，并不优越的气候使希腊世界的生活资源总是处于稀缺状态。这形成了一种恶性循环，使得本来就分裂、内斗的希腊人变得更加好斗，使他们即使外敌当前，也会窝里斗不断。事实上，勾结敌人——阶级敌人、城邦的敌人、希腊域外的"蛮人"——打自己的文化同胞，在希腊世界从来就是司空见惯，不足为奇。

从黑暗时代（公元前1200年至前800年，也称荷马时代、英雄时代）到古风时代（公元前750年至前6世纪末），古希腊人一直未能摆脱氏族社会的野蛮和蒙昧，甚至到了古典时代（公元前500年至前4世纪中叶）很大程度上仍然如此。如果换一个角度看问题，不难发现，也正是因为古希腊人在相当长时间内野性未泯，才保有旺盛的生命活力；古希腊人在古典时代以降之所以有卓越的表现，很大程度上正是由于这种生命活力。这种生命活力主要表现在希腊人的核心价值观上：渴望优胜、追求优胜，以优胜为人生最高目的。其他古代民族当然也渴望优胜、追求优胜，但似乎没有哪个民族达到了古希腊人的那种高度。

但希腊人这种渴望优胜、追求优胜的人生观毕竟是一种争与斗——战争、争斗、竞争、好勇斗狠——的价值观，甚至是一种为了战胜对手或敌人而无所不用其极的价值观。正是这种价值观的盛行，在很大程度上解释了希腊人永不停息、永不厌倦的窝里斗，解释了雅典人对弥罗斯人的灭族行为，也解释了雅典人对密提林人、斯巴达人对普拉提亚人的大屠杀，以及科西拉民主派对反对派的大屠杀。希腊人争强好胜的性格如此臭名昭著，以至于现代英语中流行这么一句谚语："当希腊人遇到希腊人，其争必烈。"[1] 从实际情况来看，这句谚语适用于古典时代的所有希腊人，而无论他们被视为"民主派""寡头派"还是"贵族派"，都是如此。

同样能够说明问题的，是希腊语中有 agon 词根的一组词。agon 有战斗、斗争、争吵和竞争等词义。相同词根的词还有 agonia（名词，有竞赛、恐惧、争夺战斗胜利等义）、agoniao（动词，有斗争、竞赛、不安、害怕等义）、agoniasma（名词，有竞赛、斗争、成就、荣誉等义）、agaonistes（名词，有竞争者、竞赛者、争论者等义）。希腊文明的卓越和辉煌，完全可以用这种把竞争、竞赛、战斗、斗争置于中心地位的生活态度来解释。

但这组词也在很大程度上表明，古希腊仍未脱掉野蛮气，人道主义品质未能达到同一时期中国和印度的水平，甚至可能还不如西亚的叙利亚社会。这里暂不论希腊公民对奴隶、妇女和外邦人的剥削，也暂不论公民内部强势集团对弱势群体或个人的压制，光是大邦强邦对小邦弱邦的剥削、掠夺和屠杀，就有讲不完的故事，尽管与希腊相比，佛陀、阿育王时期的印度和春秋战国时期的中国也发生过类似的事。

总而言之，虽然以战争、争斗、竞争、争霸为最高价值的生命形态本身给希腊文明带来了巨大的活力，但也使得这个文明显得凶狠、残忍。

---

[1] 此句谚语也可译为"两雄相遇，其争必烈"。

古希腊的"三国"时代

希腊人的内斗秉性从马其顿崛起后的事态发展也不难看出。公元前338年至前323年,马其顿王国的兴起给了希腊一次绝好的整合机会。亚历山大借着马其顿王国的强大军力,将希腊人暂时联合起来,组成一支马其顿—希腊联军,开始入侵东方的波斯帝国。这时波斯帝国早已衰落,因此马其顿—希腊联军可谓锐不可当,节节胜利,很快便打垮了波斯人。众多普通希腊人也随军迁徙殖民到东方,从而大大缓解了希腊本土的人口压力。希腊人似乎鸿运当头。可虽然有大举东侵之事,虽然出了一个善于打仗和统战的亚历山大,但是希腊并没有因此获得政治统一。

在接下来的"希腊化"时代,希腊人仍然窝里斗不断,丝毫不珍惜历史给予他们的宝贵机会。波斯帝国的庞大遗产既然已落入他们手中,亚历山大一死,为了争夺最高权位,哪有不立即大打出手的道理?希腊人之间的战争因掠获的巨量财富而规模空前,尘埃落定时,褴褛中的帝国已经四分五裂。在亚历山大手下多个部将的角逐中,三国鼎立的格局逐渐浮出水面——托勒密占领了埃及,塞琉古统治了叙利亚地区,安提柯则成为希腊半岛的君主。就这样,从公元前431年伯罗奔尼撒战争开始,到公元前146年希腊被罗马征服,希腊世界的内战仅在公元前338年至前323年之间暂停了15年。希腊人对于自己人打自己人永不厌倦。

甚至在后亚历山大时代,希腊人也仍然是人人以自我为中心、个个野心勃勃。除了统帅死后他们立即为王位继承大打出手,最后将亚历山大帝国瓜分殆尽外,在亚历山大东征之后,一波又一波的希腊人在今阿富汗一带和印度西北部地区建立了多个小王国。这些小王国的希腊人一方面不得不与异族进行殊死的战争，一方面仍不改窝里斗的习性，为控制兴都库什山脉的小块土地打得死去活来，根本想不到团结起来，共同对敌。与希腊人形成鲜明对照的是罗马人。至少在共和国时期和帝国前期，罗马人的团结精神明显强于希腊人，这就是他们在政治上能取得较大成功，进而在更大的规模上将希腊文明发扬光大的原因。

尽管亚历山大的帝国诞生不久便解体了，但在十几个继承者的争霸战争的硝烟中，毕竟崛起了几个新的王国或帝国，即托勒密王朝、塞琉古王朝和马其顿王朝。

这里不妨作一点比较。在公元前338年喀罗尼亚战役[1]之前，希腊城邦之间战争不断，直到马其顿从希腊边缘的山地崛起，将它们一一制服。亚历山大去世以后，希腊世界再次陷入混战，甚至最终立稳脚跟的三个王国同样征战不息，直到罗马人从西边过来将它们一一征服。这跟汉末至晋的情形颇为相似。汉末天下大乱，军阀混战，从中崛起了曹魏、刘汉、孙吴三大国，相互之间战争不断，此即"三国"时代。华夏以西地区也曾有过一个"三国"时代，而且持续时间更长。托勒密、塞琉古和马其顿相互之间及其与东方民族、罗马之间的战争长达两三百年，明显长于华夏三国的九十年（190至280年）和希腊城邦间混战的一百来年（公元前450至前338年）。

与先前的城邦相比，这三个西亚地中海国家体量巨大，都是超

---

[1] 喀罗尼亚战役发生在公元前338年彼奥蒂亚地区的喀罗尼亚，是马其顿称霸希腊的一次决定性战役。马其顿与色萨利、伊庇鲁斯、埃托利亚、北福基斯等城邦结盟，击败了雅典和底比斯联军。此次战役奠定了马其顿在整个希腊世界的霸权。

级大国。马其顿王国大致相当于东进之前的希腊，托勒密王国大致相当于埃及，塞琉古王国则主要统治西亚西部。公元前3世纪中叶以前，塞琉古王国还占领着两河流域、伊朗、中亚等地，几乎全盘继承了波斯帝国的亚洲部分，只因帕提亚王国的崛起和巴克特里亚王国的独立，疆域才大大压缩。这些王国的统治者很清楚，一个国家要长治久安，必得有社会文化凝聚力。没有最起码的社会文化凝聚力，一个多民族、多文化的国家内部较高程度的政治整合就不可能实现。

黩武主义的价值观

必须要问的一个问题是：希腊人为什么在人力明显不足的情况下，把战线拉得这么长，以至于征服广袤的东方后，反而在很大程度上被东方人同化，最后被异族征服？他们为什么缺乏长远眼光？这得看看他们的性格（尽管从根本上讲，性格由自然环境所决定）。希腊人黩武主义的禀性、追求军事荣誉的虚妄价值观，以及隐藏在这种价值观背后的对财富的贪欲，都可以用来解释他们的行为。

亚历山大摧毁了挑头与其对抗的希腊城邦底比斯后，建立起了真正的覆盖全希腊的霸权。这是先前的强国斯巴达和雅典所梦寐以求却根本不可能实现的愿望。大体上统一希腊后，为了缓和各城邦的反抗情绪，亚历山大利用希腊人当中早已存在的入侵东方、夺取东方财富的欲望和共识，组成了一支庞大的马其顿—希腊联军，旋即开始了对波斯帝国的侵略。在他指挥下，联军不仅占领了波斯首都，摧毁了波斯帝国，而且在此之后继续东侵。在远至印度的多次征战中，亚历山大屡屡以少胜多，打了很多胜仗。

可是这一切并不能证明，希腊世界（遑论所谓的"亚历山大帝国"）已实现了真正的政治统一。分裂的暗流在涌动。乍看起来，希腊人的胜利意味着希腊进入了一个繁荣期，但这可能只是启动了希腊社会的一个自我毁灭的过程，一些西方历史学家便是这样看的。用军事手段来满足对财富的贪欲，最终必大伤元气。事实上，希腊人并没有表现出任何可称为"和平艺术"的智慧。相比之下，同一时期华夏世界已出现了墨家"兼爱""非攻"式的和平主义哲学。希腊人沉醉在如何改进那"唯一的战争艺术"之中，不能自拔。

假如希腊人的征服欲不那么强，军事野心不那么大，他们完全可以在已经取得的经济、政治、文化整合（即使较为有限）的基础上，稳步加强社会政治整合。如果此时希腊世界流行的是一些非黩武主义的价值观，那么希腊人是既有时间也有人力、物力来这么做的。同样地，希腊人既有时间也有资源来首先"希腊化"北方的蛮族（而非"希腊化"那些早已高度文明、不久前还是其老师的东方民族），使之逐渐成为希腊社会的一部分，而非其躯体上的肿瘤。但他们也没有这样做，而是选择了渡过达达尼尔海峡，远征富庶的东方。

相比之下，战国时期的秦国虽然已相当强大，却并没有因为某种虚妄的价值观而无谓地消耗兵力，而是变法图强，不断提高国力，同时用军事和外交手段不断削弱竞争对手的实力。这一切历时两三百年。像中原国家一样，秦国最初虽然被视为戎狄，但后来已充分华夏化，甚至也面临辨"夷夏"而且同化非华夏部族的问题。事实上，数百年来，秦国一直努力制服、同化周边少数民族。可以说，秦始皇统一华夏，有着坚实的经济、文化、政治基础。

第三章 希腊（下）

这是十几代人艰苦经营的结果，可谓瓜熟蒂落，水到渠成。尽管秦人因管理一个超大帝国经验不足，过分倚赖严刑峻法，很快便在农民起义和军阀混战中被推翻，但汉朝从中总结教训，在秦朝基础上建立了一个超大帝国，用儒家思想治国，将其维系了四百来年。当然，汉朝以后中国也时常分分合合，但大一统越到后来越成熟，至元明清时代已不再有大的分裂。

反观希腊，公元前338年，亚历山大之父腓力在位期间，马其顿在喀罗尼亚战役中打败雅典—底比斯联军后，顷刻之间便成为希腊霸主。这种崛起实在太过突然。在区区几十年时间里，马其顿便从一个半野蛮的山国一跃成为希腊头号强国。主要原因在于，各城邦在伯罗奔尼撒战争中大打出手，元气大伤，之后仍窝里斗不停，已是强弩之末。因此不妨说，马其顿的崛起主要不是靠奋发图强，励精图治，也不是靠战法革新（罗马军团征服东地中海之前，马其顿方阵一直是最有效的战法），而更多地靠坐收渔利。

当然，马其顿崛起的原因也可以到城邦制度中去寻找。马其顿人虽然属于希腊族，讲希腊语，却因地处北部的边缘山区，至腓力时代，仍然是希腊人眼中的半野蛮人，甚至还没有一个像样的城市。但是，也正因为如此，马其顿人没有成为南边城邦体制的牺牲品，倒是从中受益。这是因为城邦及相应制度虽然有利于文化的创造，在国际关系上却意味着个人主义、山头主义、无政府主义。城邦之间的长期冲突和征战，并没有产生好的政治成果，总是多败俱伤。雅典、斯巴达、底比斯、科林斯这几个主要城邦你方唱罢我登场，斗得你死我活，不亦乐乎。这就给了马其顿崛起以绝好的机会。

先天地理格局固然不可改变，其所造成的影响却并非不能克服。

在这方面，同样在西亚地中海世界求发展的罗马人就做得很好，甚至比希腊人好得多。与共和国前期罗马人的社群主义和强大凝聚力形成对照的是，在异族的挑战面前，希腊人不到最后紧急关头，是绝不会联合起来的。这种联合多么勉强，可想而知。事实上，不能将唯我独尊的各方势力整合起来以形成更大的政治共同体，是希腊世界最突出的特征，也是最严重的短板。正是因了这一缘故，希腊人在尚未能取得突出的政治整合成绩时，便被赶下了历史舞台。

亚历山大之后形成的那三个马其顿—希腊王国虽然也有过不小的疆域，在较小范围内也创造过相对的和平，甚至希腊与叙利亚文明的杂合便从中开始，但也难逃匆匆出局的命运。应当承认，亚历山大帝国及之后"三国"时期诸马其顿—希腊王国并非不可被视为希腊人具有政治整合能力的证明，但总体而言，他们先天性地缺乏凝聚力。因此这些国家的作用，更多地只是为后起的帝国或宗教（早期基督教）做铺垫。对西亚地中海世界的整合来说，这些王国只宜视为一个必要的中间阶段，或者说一个正在酝酿着的更大共同体的先声。

雅典帝国主义

早在伯罗奔尼撒战争开始之前，雅典便于公元前450年胁迫盟国，发动了一场大规模的埃及远征，结果是大败而归。令人费解的是，当远征埃及的战事仍在进行之中时，雅典又于公元前457至前456年派出大量舰船，攻击并劫掠了不远处的埃伊纳岛。几乎与此同时，雅典又对彼奥提亚的欧诺菲塔进行了侵犯。公元前455年，雅典将军托尔米德劫掠了居特拉和伯罗奔尼撒半岛沿岸地

第三章 希腊（下）

带，蹂躏了克法勒尼亚岛上的希腊人城邦，占领了瑙帕克托斯。公元前447年，雅典人入侵喀罗尼亚，但是被打败，从此丧失了在彼奥提亚和希腊中部其他地区的影响力。可这次较大的失败并没有妨碍雅典人在几年后即公元前440年，又发动了对盟邦萨摩斯（位于萨摩斯岛）的战争。

问题是，为什么雅典人如此穷兵黩武、四处发动战争？若不是基于贸易与货币的经济繁荣使他们的自我急剧膨胀，觉得没什么人能够制约他们的强权主义，还能是什么？当然也可以说，经济繁荣使雅典人的贪欲急剧膨胀，企图以战争攫取更多土地和财富，来满足日益膨胀的贪欲。研究证明，恰恰在公元前5世纪中叶，雅典接连颁布了三个"麦加拉法令"，对主要在希腊半岛南部与北部之间从事贸易的麦加拉人进行了断其生计的经济封锁，一次比一次残酷。三个"麦加拉法令"是引发伯罗奔尼撒战争的直接原因。

为了维系庞大的海上帝国，雅典必须维持一支巨大的海军舰队。即便在和平时期，每年在适合航行的季节即大约八个月时间里，雅典也会同时有六十条战舰在海上活动。这需要一万零二百名桨手、四百八十名军官、六百名导航员。这意味着，四分之一的雅典公民每年有三分之二的时间生活在战舰上。此外，雅典每年还抽签选出两千人驻扎在各盟邦即臣邦。这还只是平时的情况。在雅典的海港里，总是有四百多条战舰时刻整装待发。这意味着，有战事时，战舰上的雅典人会更多。有时，战争规模相当大，需动员二百五十条战舰执行任务，或者说需要另外五千名水手。即便把所有公民都动员起来，也找不到如此多的水手，因此雅典只能在盟邦中招兵买马。尽管雅典帝国八面通吃，但也为此付出了极其惨重的代价。有证据表明，即便不在灾难性的年份，如在西西里惨败的公元前 414 至前 413 年，雅典人口的死亡率也几乎两倍于出生率。如此这般，国"祚"怎能持久？

在伯罗奔尼撒战争期间，雅典人的凶恶并不是只局限于西西里远征。出于赤裸裸的利益考虑，雅典于公元前 427 年召开公民大会，投票决定对莱斯博斯群岛的"叛邦"密提林进行灭族性的大屠杀。派去执行屠杀任务的舰队出发一天后，某些雅典人又认为这么做不妥当，于是又投票撤销了先前的决议，通过了一项新决议：削减屠杀计划，即只处死对叛变负有直接责任的成年男子。尽管最后被处死的密提林人比原计划少，但大屠杀并不因此就不是大屠杀了。事实上，这在当时希腊世界是一个骇人听闻的惨烈事件。

应注意的是，密提林在当时是一个与雅典结盟的较大的城邦，海军实力尤为可观，这应该是他们未被灭族而只遭屠杀的根本原因。如果雅典人的实力超出其他城邦太多，他们也就懒得算计，径直扮演起霸王角色来。公元前 416 年，雅典人发现小邦弥罗斯不愿归顺他们，而是企图在自己与斯巴达人之间保持中立，遂决定对弥罗斯人进行种族灭绝。在实施灭族行动前，雅典人对弥罗斯人又是恐吓，又是嘲弄，最后硬是将整个城邦完全消灭。他们万万没有想到，仅仅两年之后，自己的命运比弥罗斯人还要惨：他们分批派往西西里的三万远征军将被叙拉古人的联军全歼，绝大多数被俘的雅典将士被处死或被虐待至死。

修昔底德在《伯罗奔尼撒战争史》中，对雅典赤裸裸的强权主义作了详细的描述。面对前来"谈判"的雅典使团，弥罗斯人自知凶多吉少，知道在强权即真理的逻辑面前，他们无牌可出。雅典使团蛮横地要求弥罗斯人正视"事实"，即雅典的绝对军事优势，无条件投降。但弥罗斯人宁死不降。接下来，雅典人的傲慢和穷凶极恶更加暴露无遗："我们是统驭海上者，你们是岛民，而且是比别的岛民更为弱小的岛民，所以尤其重要的是不要让你们逃脱……谈到你们关于斯巴达的看法，你们以为，它为着保持荣誉的关系，会来援救你们，我们祝贺你们头脑的简单，我们不妒忌你们的愚笨……"

不投降，后果可想而知。谈判既无结果，雅典很快派兵围城；因城内有人叛变，弥罗斯不得已而投降。最后，凡是适于军龄的被俘男子均被处死；妇女和孩童被悉数卖为奴隶。虽然现代国际正义的观念并不等于国际正义的现实，或者说观念与现实之间仍有一条鸿沟，但可以肯定，雅典人的国际正义观与现代国际正义观完全相反。

大邦对小邦的掠夺

希腊人的窝里斗不仅表现在城邦之间永不停息的战争上，也表现在大邦对小邦的压制上。伯罗奔尼撒战争以雅典的失败告终。但在此后的国际关系中，斯巴达跟从前的雅典一样，同样也对弱小城邦实行压制和剥削政策。值得注意的另一个事实是，大约在公元前460至前450年间，一个名叫卡利阿斯的富人与波斯皇帝谈成了一项和平条约，名曰"卡利阿斯条约"。自此一直到公元前413年，雅典人与波斯人之间没有发生过战争。按理说，有了和平条约，提洛同盟便无存在的理由，而应解散，可雅典出于自身利益的考虑，更仗着超级大国的实力，硬是不解散提洛同盟。那克索斯和塔索斯这两个岛邦早就想要退盟，但因受到雅典武力威胁而被迫待在盟内。萨莫斯在公元前440年甚至发动了旨在退盟的反叛，但是也被雅典武装镇压下去。公元前424年，雅典对也企图退盟的密提林人实施的大屠杀，是更有名的例子。

尽管雅典、斯巴达在邦际关系方面大搞霸权主义，但这并非意味着，希腊人绝对不能团结起来。当波斯人大举入侵希腊本土时，希腊城邦尽管一拖再拖，但在最后关头仍实现了实质性的联合。然而，希腊城邦终究是小国寡民，缺乏大国气象，所以这种联合是短暂的。在刚刚驱逐了波斯人之后的公元前478年，希腊立即分裂成势不两立的两大集团：先前即存在的以斯巴达为首的伯罗奔尼撒同盟和新近成立的以雅典为首的提洛同盟。19年后即公元前459年，仍然处在与波斯交战状态下的雅典率提洛同盟向斯巴达在西西里和意大利的盟邦开战。公元前446年，雅典与斯巴达签订了三十年和平协议，但15年后即公元前431年便爆发了伯罗奔尼撒战争。

在马其顿人迅速崛起的时代，雄辩家伊索克拉底和德摩斯蒂尼将城邦的"自由"（不受外邦或外族奴役）提升到一个空前的高度，号召所有希腊城邦联合起来，保卫"自由"，反抗马其顿人的统治和奴役。看上去，雅典人似乎真心要平等地对待其他城邦了。但事实上，这可能只是马其顿人兵临城下时雅典的一种权宜之计。何以见得？在此前约一个半世纪里，并不存在这种巨大的威胁，甚至存在着斯巴达这一强大的制衡因素，或者说存在着联合其他城邦以抗衡斯巴达的政治需要，可雅典人何曾给弱小城邦以"自由"了？即便斯巴达的威胁丝毫不见缓解，弥罗斯式的弱邦也根本不能享有与雅典人同等的自由，而只能被他们灭族。可以想见，现代意义上的国家主权观念对希腊人来说完全是不可想象的。

从黑暗时代到古典时代，希腊城邦虽然仍普遍保留着氏族民主，甚至在古代条件下把氏族民主推展到激进民主的登峰造极的高度，但在对外关系上却一点不民主，而是掠夺成性，大搞霸权主义。在这方面雅典是佼佼者,而提洛同盟既是其霸权主义的工具,又是其掠夺对象。在此意义上,提洛同盟名为"同盟",实为"雅典帝国"。如果雅典凭武力不断掠夺盟邦的资源,那么这些城邦究竟是盟邦还是雅典的国家奴隶?下面来看看雅典是如何掠夺盟邦的。

埃及远征失败以后,雅典以安全为由,把同盟的总部从提洛岛迁往雅典。从此时起,盟邦可不派出战舰和人员参与雅典的军事行动,而用缴纳盟金或贡金的方式代替从前的军役。贡金数额之巨大,从以下事实不难看出:公元前431年总数为600塔伦特,而当年雅典财政总收入不过400塔伦特左右。至公元前425年,盟邦年贡金升至1 400塔伦特。它们之所以不得不交这些钱,并不是因为战争拖长或战局变化造成了开支增加,而是因为伯里克利等政客为了讨好民众,带头搞奢侈的宴饮,以及兴建神像、神殿等所造成的靡费。公元前431年,盟邦的累计贡金额已达6 000塔伦特。雅典历年来从盟邦身上榨取的贡金更高达9 700塔伦特。

雅典对盟邦的掠夺当然不止坐吃贡金。退盟未成的城邦——如密提林——所缴纳的"赔偿费"或罚款也为数不菲。这其实是一种变相的贡金。这些钱雅典人都用来做什么?显然不是用来抗击波斯侵略者。既然和平条约使提洛同盟和波斯帝国之间已经无仗可打,巨额罚款和正常缴纳的贡金便被用于修建、装饰帕特农神庙和阿提卡地区的其他公共建筑。[1]这种做法,连雅典人也看不过去。伯里

---

[1] 黑格尔对雅典的"自由精神"赞赏有加,并竭力淡化其对盟邦的掠夺行径,但也不得不承认,盟邦缴纳的"资助"或者"馈赠"使雅典"集中了极大的权力",而这笔钱的很大一部分被"消耗在巨大的建筑工程上"。参黑格尔:《历史哲学》,王造时译,上海:上海书店出版社,1999年,第274页。

克利的一个反对者就说："人民多丢脸，多挨骂！全希腊人的公款，竟被从提洛岛弄了来，为雅典一邦据为己有……自己被迫献出的军费，竟被用来把我们的城市粉饰得金碧辉煌，活像一个摆阔气的女人似的。"如果雅典人自己也能看清这一点，其他城邦——尤其是被掠夺、被奴役的城邦——的人们就更不用说了。

从盟邦掠夺得来的钱财不仅被用来大兴土木，也被用来"补贴"激进民主。事实上，在相当大的程度上，公元前5世纪的激进民主是靠掠夺的财富来滋养的。对盟邦的剥削给雅典带来了一大笔额外的财政收入，这使得激进民主的高昂成本对于雅典人——尤其是富裕阶层——来说变得可以接受。假如没有这笔掠夺得来的巨额财富，雅典的财政负担势必大大增加，向参与公民大会和民众法庭活动的穷人派发津贴的做法也很难持久，被迫捐钱补助穷人的富裕阶层对这种政治安排的抵制便会激烈得多。假如没有从外部掠夺得来的资源，富人的税负必然会加重，雅典政局也将因之动荡不息，最终雅典民主的面貌便将大为不同。即便按一些论者的说法，公元前404年雅典帝国崩溃后平民参政的规模不是缩小，而是扩大了，而且正是在此后，参与公民大会和民众法庭活动的普通公民领取津贴的做法才得以制度化，但激进民主的许多制度也确实是在提洛同盟存续期或雅典帝国活跃期得以形成和巩固的。

大约从公元前5世纪中叶起，国家开始向参加公民大会的人派发津贴，富人的税负因而减轻，穷人参政的积极性大为高涨，雅典民主政治秩序得以顺利运转。另外，雅典人让盟邦采用自己的度量衡，甚至将自己的铸币强加给它们。这意味着，雅典只需承担铸造钱币的微小成本，便能从盟邦榨取大量的人力和物力资源。雅典甚至要求盟邦将重要案件移到雅典来审理，这不止是在干涉它们的内政，甚至可以说是变相剥夺了它们的主权。在提倡民族平等、民族国林立的当今世界，这种行径是完全不可接受的。[1]雅典压榨、剥削盟邦的另一种方式，是让大量雅典人移居到盟邦，并派官员进驻当地，将盟邦土地划为份地让这些移民耕种。雅典人这么做有一个堂而皇之的理由，即保卫盟邦的安全，但真正的目的却是占用甚至变相占领盟邦土地，以减轻雅典本邦的人口压力。在伯里克利当政的年代，雅典派遣了一千名移民前往克索涅索斯，五百名前往那克索斯岛，二百五十名前往安德洛斯岛，一千名前往色雷斯与比萨尔泰人杂居，另外还向意大利派去了一批殖民者。

凡此种种表明，雅典在邦际关系方面根本就不是一个民主国家，而是一个掠夺成性的帝国主义国家。雅典不仅拥有通常意义上的奴隶，而且拥有盟国或臣邦这种供其压榨、剥削的国家奴隶。这两种奴隶有一个共同点：都在暴力强迫下向主人交出自己的劳动成果或劳役。二者区别在于，通常所谓奴隶是个体或家庭，其劳动果实被作为个体或家庭的奴隶主以暴力的方式占有，而作为盟邦或臣邦的奴隶却有着国家的形式，其劳动和劳动果被作为国家的奴隶主——此即动辄对之实施灭族或大屠杀式惩罚的雅典——以暴力的

---

[1] 有西方学者（如 A.H.M. 约翰）认为，雅典帝国消亡以后，民主制度在公元前4世纪依旧在运行，这是事实。只是先前从盟邦那里掠夺得来补贴民主的资源，现在不得不从雅典人自己身上来榨取了。这意味着什么呢？意味着富裕阶层的经济负担将加重，平民参政的机会将减少，运行已久的激进民主将难以为继，或者说激进民主的"质量"将大为下降。这在一定程度上解释了为什么雅典人在公元前4世纪废除了陶片驱逐法。另外，当雅典人于公元前378/377年建立"第二雅典帝国"或"第二同盟"（相对于"第一雅典帝国""第一同盟"即提洛同盟而言）时，他们吸取了提洛同盟的教训，对加入同盟的城邦（莱斯波斯群岛诸岛、开俄斯、拜占庭等）实行相对宽厚的政策，没有派雅典人殖民这些城邦，也没有派官员进驻，更没有强迫它们缴纳保护费。

方式占有。尤其需要注意的是，作为臣邦的国家奴隶或奴隶国家，其与雅典人完全同文同种，而人数远超雅典公民。

亚历山大东进后的文化融合

马其顿—希腊联军接管了波斯帝国后，亚历山大立即面临着一种前所未有的局面，即不同民族、不同宗教、不同文化需要在一个共同体之内共生共存。这个共同体由千差万别的部族和民族构成，不仅以统治者与被统治者的角色划界，也以种族、信仰、文化和习俗的差异划界，如果没有起码的社会文化整合，矛盾冲突在所难免。面对现实，亚历山大采取了一个聪明的策略：尊重被征服民族，甚至身体力行娶波斯人为妻，也让手下部将们与波斯贵族通婚，为此还举行过盛大的集体婚礼。亚历山大的继承者一定程度上也这么做了。但是，真正意义上的文化融合（使希腊文化在一定程度上成为被征服者自己的文化，同时也使被征服者的文化成为征服者的文化），却需要数十年甚至数百年才可能实现。在汉语中，希腊人东进后的文化融合现象往往被叫作"希腊化"。这个命名不准确，好像只有东方民族接受希腊人的文化，而不存在反向的情况。但事实并非如此。所谓"希腊化"实际上是被征服者与征服者文化的融合，甚至是征服者在更大程度上接受被征服者的文化，为后者所化，即"化希腊"。

托勒密埃及的希腊人也很有意思。他们并不认为希腊文化更优越，干脆直接采用了埃及人原有的宗教崇拜形式。这有一种调和希腊人与埃及人宗教信仰的效果。具体做法是，把埃及的奥西里斯神和阿匹斯神的名字综合起来，得出一个"塞拉比斯"的神名。埃及的神灵既然在"塞拉比斯"名下获得了一种希腊化的外表,多少就会起到一些缓和埃及人怨恨情绪的作用。而且"塞拉比斯"不仅是埃及的希腊人的崇拜对象,还成为别处希腊人的崇拜对象。这究竟是"希腊化",还是"化希腊"?统治西亚的塞琉古国王安条克四世也有过类似的做法。在被征服的东方土地上,他用行政手段把原来的一个本地主神等同于新的国家神,即宙斯·奥莱尼奥斯,以期在形形色色的臣民中培养对统治者的顺服态度。很难说,这两个国王取得了真正的成功。当安条克四世企图用新的国家神来取代犹太人的耶和华,以期实现某种程度的信仰一体化时,他显然遭到了失败。这引发了哈斯芒运动,即犹太人武装反抗希腊人的运动。尽管如此,希腊统治者有意识地调和不同宗教、文化的努力值得注意。无论出于何种动机,这都意味着文明的杂合。

文明杂合意味着新文明要素的诞生。这得有一个重要条件,即不同宗教和文化在单一的政治共同体内和平共处,交融和合。好在三个帝国之间尽管战争不断,但其所辖区域大体上是和平的。正是在这种情况下,希腊与希伯来文化、宗教开始了交融。在后来罗马治下的和平中,基督教便从这种文明杂和中产生。这不仅是一个全新的宗教,更代表一个全新的文明。但和平并非从天而降,是通过努力才获得的。事实上,亚历山大及其继承者都知道,不同民族、宗教和文化之间若没有妥协调和、相互适应和交融,社会整合便无从谈起,政治认同和忠诚就会成为问题。如此这般,便不可能长治久安。

当然,新宗教、新文明的诞生并非完全倚赖希腊人的主观努力。被统治者的主观努力同样重要,甚至更加重要。希腊人东侵后,无数犹太人背井离乡,走向"世界",所到之处逐渐形成了一些新的犹太文化中心,其中最著名者为叙利亚的安提阿、小亚细亚沿岸的以弗所、希腊半岛的科林斯、埃及的亚历山大城等。这些城市的主流语言当然是希腊语。现在,犹太人必须在希腊语、希腊文化占主导地位的城市中谋生活。久而久之,他们必然疏远母语和母语文化,第二、三代犹太人甚至根本不会讲母语,甚至不知道祖先的信仰是什么。长此以往,犹太宗教、犹太文化乃至犹太人不就会灭绝吗?

于是,犹太精英中出现了一种强烈的危机感。他们决心保卫祖先的信仰文化。很快,译经活动蓬勃开展起来。译经活动本身就是宗教、文化的融合。这种活动为基督教的兴起、新文明的诞生做了关键性准备。在公元前300年至前200年期间,传说中亚历山大城的"七十子"把希伯来文《圣经》翻译成了希腊文,著名的"七十子文本"由此诞生。[1] 公元1世纪,这个译本已流传于巴勒斯坦,成为原初基督教的《旧约》文本,后来成为西欧基督教(包括天主教、新教)的权威文本,当然也成为东正教会(包括拜占庭和俄罗斯等地区的东正教会)通行的权威的《旧约》文本。

求神问卜的希腊人

一百年以来,在西强东弱的大形势和新文化运动的影响下,很多中国知识分子认为:古希腊人是一个非常理性的民族,甚至会为了真理不惜牺牲宝贵的生命——就像苏格拉底那样。这里存在很大

---

[1] "七十子文本"指希伯来文《圣经》最早的希腊文译本。其中摩西五经部分由传说中亚历山大城的72位犹太学者翻译,后来统称全译本为"七十子文本"。

第三章 希腊（下）

的误解。研究表明，希腊人固然有理性的一面，甚至有非功利地追求知识的一面，但求神问卜的迷信和其他古代民族相比，并不逊色，甚至可能有过之而无不及。

研究表明，斯巴达人绝对不会在月圆之前出征，即使出征，也会不厌其烦地杀牲祭祀，以观可否开战。如果出现不祥之兆，他们会马上取消原本制订完善的计划。雅典人怎样呢？须知，在希腊世界，雅典的工商业最发达，那里人们的思想最开明，产生过很多哲学家。可是有西方思想家（如库朗热）却这样评价雅典人："无论在性格和思想方面，都与罗马人和斯巴达人相去甚远，但在畏惧诸神方面，他们之间却没有什么不同之处。雅典军队在每月初七之前不出战。每当海军出征时，他们必要重新给帕拉斯神像贴金。"事实上，整个雅典城区庙宇遍布，其中有城邦神的神庙，有部落神或城区神的神庙，还有属于家庭的神庙。每个雅典家庭都会拜灶神，同时还祭拜只属于自家的神。雅典各类神祇的香火相当旺盛，以至于古典世界的头号哲学家，在后人心目中非常理性、开明的柏拉图也会骄傲地宣称：如果要说祭神的次数之多，迎神赛会之瞩目、之神圣，谁比得上我们雅典！

对于死者，雅典人跟其他古代甚至现代民族没有什么不同，是要定期举行祭祀的。他们的每块田地里都有"神圣的坟"。雅典的法律规定，雅典人每年都得向祖先献上新谷。这是因为凡是古人的定制都是神圣的，或者说记载古礼的书上所讲是不能背离的。一个祭司如果在祭祀过程中自以为是，发挥过度，会被处以死刑。就这样，一个又一个今人看来不可理喻的礼节，被一代又一代希腊人遵循并传续下去。例如在一年中某一天，雅典人必得为一个叫阿里昂的女性举行祭祀，只因为她死于难产，所以祭祀时人们必须仿效产妇的挣扎和呼号。

雅典人最热心的宗教，莫过于祖先崇拜和英雄崇拜。希腊人的传说或神话中，有许多半人半神，他们也被叫作"hero"。在整个希腊世界，稍有名气的部族和家族，其祖先一定是神，而且要定期或不定期地以种种方式（如祭拜仪式）重申他们的神圣起源。不仅如此，希腊世界的人是可以变成神的。这不是象征意义上的神化，而是实实在在地被认作神。如果某人因其英勇和机智打败了敌人，挽救了城邦，或者某人在奥林匹克赛会上得了冠军，他所在的城邦将立即宣布他是神，不仅给他塑一尊大理石像，还要为他提供够吃一辈子的物质奖励，如粮食和橄榄油。由人而神的转变随时可能发生，而且人变神的例子数不胜数。

除此之外，雅典人收获时要祭神，初雨时要祭神，初晴时也要祭神，饥荒时要祭神，大病初愈时要祭神，瘟疫退去时也要祭神。除了在很多情况下必须祭神以外，希腊社会还有很多忌日。在忌日，不可以举行婚礼、召开会议或举行审判活动，甚至连大家聚在一起制订一个计划也不行。在泛雅典娜节日（注意，雅典娜不仅是雅典人的城邦神，也是其他许多希腊城邦所共同祭拜的神，因此有"泛雅典娜节"一说），希腊人会抬着蒙面的雅典娜神像沿街巡游，全城公民不分年龄和贵贱都必须从行。

雅典人的迷信必反映于雅典的街景。你如果有幸行走于当时的雅典街头，随处都能看到巫人、祭司、占卜者和释梦者。这是因为雅典人和其他希腊城邦的人们一样，真诚地相信预象。在他们看来，耳鸣是不祥之兆，必须立即停下手上正在进行的工作；上船出海前必须占卜问吉凶；结婚之前必须进行鸟占，即将鸟作牺牲品，剖其腹、观其内脏以获取预兆；举行公民大会时，如果有人说天空

第三章 希腊（下）

中显示着凶象，人们便会立即散会；如果祭祀过程中有什么坏消息传来，必须立即停止仪式，或放弃已进行了一阵子的祭仪，从头开始，把仪式再上演一次。另外，雅典人也相信符咒，一个人生病了，会在脖子上戴一个护符保佑平安。

不难想见，迷信会造成灾难性后果。在伯罗奔尼撒战争期间，雅典人在是否出兵远征西西里岛、夺取叙拉古一事上迟疑不决，犹豫再三。这时，他们当然得求神问卜。当时极有影响的温和派代表尼西阿斯在公民大会上发言说，他家巫人看到的预象不吉，不利征战。同样极有影响的主战派代表亚西比德却说，他家巫人看到的预象是利战的。于是，雅典民众无所适从。这时，忽然有人从埃及回来了（在古西亚地中海世界，埃及长期以来是文化最为发达之地，希腊文化从埃及文化借鉴颇多，如数学、雕塑、绘画；连神庙概念、祭拜仪式甚至城邦名也是从埃及舶来的，如"底比斯"，也译作"忒拜"），说他们请示过当时雅典已有不少人信仰的埃及太阳神阿蒙，阿蒙神曰"雅典人将克叙拉古人"。于是，公民们立马又热情高涨，重新投票，决定开战。尼西阿斯不同意这个决定，但必须少数服从多数，违心地出任远征军的统帅，最后结果却是雅典大败。

在希腊军队中，照例养着大量巫人、占人、专门用作牺牲的动物和照看它们的人员。为什么还得有专门照看牺牲的人员呢？这是因为在每场战事的每个环节，希腊人都必须求神问卜，而求神问卜就必须用牺牲。尽管阿蒙神谕是吉兆，虔诚的尼西阿斯却根据自家巫人的占卜说，他对远征军的前景并不抱希望。在他看来，那么多灾难异象明明白白地预示着失败——有乌鸦弄坏了一座帕拉斯神像；有人在祭坛上受伤了；出发那天又恰恰是忌日。后来雅典人果然久攻叙拉古不克，再后来战局反转，叙拉古人反守为攻，雅典人大败，伤亡惨重，不得不撤军。正准备撤退时，海面尚未被叙拉古人封锁。但这时恰恰发生了月食，尼西阿斯又急令随军卜人占卜，卜人说预象不吉，三九二十七天后方宜撤军。于是，虔敬的尼西阿斯按兵不动，每日杀牲祭神以息神怒。最后结局如何？雅典远征军全军覆没，大多数雅典人战死，五六千名雅典人被俘虏，其中三千多人被立即处死。剩下的被关在一个不透气的大采石坑里，只给极少量的水和食物，最后大多数人就这样被虐待至死。为了防止雅典人东山再起，叙拉古人还把远征军最高统帅尼西阿斯和德摩斯梯尼立即处死。自此，雅典元气大伤，其在伯罗奔尼撒战争中从主动转为被动，丧失了在爱琴海地区的霸权地位。

  问题是，希腊人为什么迷信？总体而言，希腊人的认知不可能不受制于当时低下的经济社会发展水平，也就是说，他们的认识水平与同时代其他民族大体上处于同一个层次。古希腊人并不像五四运动以来中国人所想象的那么理性，甚至可以说非常迷信。即便在被视为高度理性的希腊哲学中，也不难发现大量"怪力乱神"的内容。在柏拉图的著述中，一方面有大量可称为"哲学"的东西，有精细的理论思维，这影响了后来希腊罗马文明乃至中世纪以后欧洲文明的总体演进，另一方面却又充斥着神秘主义的成分，甚至有大量完全可称为神学的东西。他的老师苏格拉底更是如此。在柏拉图的诸多"对话"中，主角苏格拉底总是宣称自己心中有个"精灵"不断对他讲话，发出启示或指令，他则唯命是从。更何况他还开口宙斯、闭口阿波罗，这神那神的，难道不也是一个神学家？

思考讨论题

1. 除地理自然环境外,希腊人窝里斗习性还有其他可能的原因吗?

2. 如何看待雅典的帝国主义、霸权主义?

3. 如何看待希腊发达的神话、迷信与科学、哲学并存的现象?

第四章 罗马(上)

第四章 罗马（上）

从公元前6世纪末起，意大利半岛崛起了一个叫作"罗马"的国家。罗马是一个最初人口不过几万人的蕞尔小邦，竟在三四百年时间中发展成为一个地跨欧、亚、非三大洲的超大帝国，而且将其维持了六百来年。在此之前，希腊人、迦太基人和埃及人看似也曾表现出了这种势头，只是远不如罗马人成功。罗马人对欧美文明作出了重要的贡献，基督教、罗马法和共和政制不仅深刻影响了欧美各国，更影响了全世界。这一切究竟是如何成为可能的？而且令人不解的是，罗马帝国未能存续至今，早在476年便灭亡了。这又是怎么一回事？

罗马人的成就

大约在公元前9世纪至前8世纪，在意大利半岛中部西海岸附近，一个叫作"罗马"的蕞尔小邦兴起了。在发展壮大的过程中，它用军事政治手段和外交手腕逐渐降服了周边的部族乃至整个意大利，进而打败了迦太基帝国，征服了希腊地区的马其顿帝国、西亚的塞琉古王朝和埃及的托勒密王朝，称霸整个地中海世界。最后，它控制了北非沿岸、西班牙和现法国全境、不列颠很大一部分、莱茵河上游地区和多瑙河下游地区（即今罗马尼亚），在环地中海世界与现西欧和中欧地区，形成一个疆域空前的大帝国。事实上，从公元前2世纪初至公元4世纪，罗马人一直是环地中海世界——南欧西欧（现法国、德国东部和不列颠部分地区）、北非、巴勒斯坦、约旦、叙利亚、两河流域、小亚细亚、黑海沿岸这一广大地区——的主角。罗马帝国所享"祚寿"也不短，如果以公元前201年即第二次布匿战争结束为起点，西罗马帝国存在了六百来年，即从公元前3世纪末至公元5世纪；如果把拜占庭帝国视为罗马中世纪和东方的延续，则罗马帝国持续的时间更长，约一千六百年。

从统一国家的疆域、人口、经济规模和文化成就来看，同一时期能与之匹敌的，只有秦汉帝国。众所周知，罗马人在政治方面成绩优异。他们在协调千差万别的政治势力方面所表现出来的灵活性和技巧性，直到今天也仍能给人以启示。事实上，罗马在地中海世界建立并维系一个超大国家方面非常成功，与先于他们的希腊人相比尤其如此。将君主制、贵族制和民主制混合起来的罗马共和制不仅使他们建立并维系了一个超大国家，也在较大程度上影响了近代以来西方政制的演进——美国建国时期的政体设计就曾取法于罗马共和制。在帝国初期萌芽、在帝国后期蔚然成势的基督教赋予后起的文明以信仰或精神的底色。没有基督教，便没有我们今天所知道的欧美文明。在法律方面，罗马人也作出了重大贡献。没有罗马人的贡献，一个法制化、现代化的欧洲要顺利运转是不可能的。罗马法不仅传播到中世纪和近代欧洲，更通过欧美国家等的中介作用传播到全世界，现在已成为21世纪人类文明不可或缺的有机组成部分。不仅如此，质朴、实干、谨慎、富于韧性的罗马人还修建了遍布整个帝国的宽广大道、宏伟的竞技场、坚固的城墙、应对城市人口激增的引水工程、精美的神庙，以及众多竞技场、剧院和公共浴场等，在地中海沿岸广大地区和现法国、德国、西班牙和英国很多地方留下了大量遗迹，直到今天仍令人惊叹。

罗马人在宗教方面的贡献尤其重要。可以说，罗马人留给欧洲乃至南北美洲、澳大利亚的一份最重要的遗产是基督教。正是在元首制（或者说帝制）时代的相对和平中，融和了犹太信仰和希腊罗马文化、哲学思想的基督教悄然兴起。尽管在最初两三百年，罗马对基督教的官方政策是压制和迫害，但帝国所提供的大范围的和平环境以及遍布整个环地中海世界的基础设施，即道路桥梁、水道码头、公共建筑等，是基督教的普世主义诉求得以成立、基督教本身得以发展壮大所必须具备的社会、文化和物质条件。基督教是中世纪乃至现代欧美文明的一个核心成分。从精神上看，其基本价值观为西方文明的同一性提供了核心规定性，正如儒家价值观为东亚文明、伊斯兰教价值观为伊斯兰文明、印度教价值观为印度文明提供了核心规定性那样。

罗马人为何能取得成功？

罗马人为什么能取得如此大的成就？尽管从文化上讲，罗马人是希腊人的学生，继承了希腊文化方方面面的成果，但借着集体主义精神，借着吃苦耐劳、质朴实干、谨慎坚韧的品质，罗马人以大得多的规模把希腊文化发扬光大，将其提升和扩展到了一个全新的高度和广度。没有罗马人的功绩，作为整体的希腊罗马文明会逊色得多。与更为个人主义的希腊人相比，总体而言，罗马人的集体主义精神明显更强，故而在经营超大国家方面，比希腊人的成绩好得多。希腊人的个人主义可谓根深蒂固，不可救药。罗马史家特奥多尔·蒙森如是说：希腊人"为个人而牺牲全体，为一个城镇而牺牲一个国家，为一个市民而牺牲一座城镇"；恰成对照的是，罗马人"严令其子敬畏父亲，公民敬畏君主……谁要是与众不同，便不视为良民；国家至高无上，扩张国土乃是唯一不受轻蔑嘲笑的崇高理想"。在很大程度上，正是借着这种集体主义精神，罗马人在地中海世界建立并长时间维系了一个超大国家。实际上，罗马人是有史以来唯一把广阔的环地中海世界大致统一起来并维系好几个世纪的民族。他们甚至没有真正意义上的后继者。

罗马帝国的规模和政体虽然没能得到真正的继承，但罗马人毕竟维系了一个享"祚"好几百年的超大国家，这在环地中海世界是空前绝后的。罗马人之所以能取得这种成就，除了质朴、实干、谨慎和富于韧性的民族性格，很大程度上也是因为他们在社会政治实践中发展出了一种有效的法律文化，形成了一种能够合理调节家族、财产和人际关系的治理体系。如前所述，罗马法对后来的西欧乃至全球文明产生了深远影响。没有发达的法制，罗马国家不可能实现社会政治整合，后来继承了罗马遗产的西欧就不可能发展出法制化的现代资本主义制度。在不断扩张和征服中，公民权的理念产生了。基于法律逐渐扩大到所有非罗马民族的公民权，是罗马人的一个发明。既然任何民族中的任何自由人都能成为享有罗马人所享有种种权利的公民，将罗马公民权视为现代公民权的先声就并非空穴来风。

还得考虑到地理自然条件。也许，这才是罗马人取得成功的最根本原因（详下）。在共和国（公元前509年至前27年）初期，罗马国家的成长壮大主要靠的是他们与拉丁部族邻居很早就实现的政治一体化这一优势上。这是一种先天性的地理自然优势，是希腊（以及地中海世界其他地方）所不具有的，那里，一盘散沙的城邦广布在北非、西西里、意大利南端、希腊半岛至黑海沿岸一大片不相连接的土地上，尽管有相同的文化和宗教，甚至发展出了较强的文化实力，却终究因分裂的地理格局、不利的地形地貌和自然条件，而难以进行有效的社会政治整合。反观罗马，其在疆域和人口规模的经营方面如此成功，以至于后人常常将其与秦汉帝国相提并论。不妨说个人主义的希腊人擅长思辨,集体主义的罗马人长于行动,故而在政治实践和实际事务领域,罗马人的成就明显超过了希腊人。

前文已提到,罗马人在整合其他民族方面所表现出来的创造性和灵活性,直到今天仍给人以启示。但,与其说罗马人在处理民族关系上有博大的胸怀、开放的心灵,毋宁说他们识时务、有远见,很清楚地认识到,只有对其他部族、民族或城邦让步妥协,允许其自治,方能成事。罗马针对身份认同极强、宗教感极强的犹太民族的政策,就很能说明这一点(尽管这并不意味着对犹太人的起义无动于衷)。有学者说:"罗马耐心解决犹太人问题,对他们做了很多让步。宗教事务和民事司法权掌握在犹太地方议会手中,由犹太祭司长担任会长。犹太人铸造自己的钱币,且币面没有罗马元首形象。他们被免于服兵役。驻扎耶路撒冷的,只有少量罗马士兵,而且罗马军队把军旗留在恺撒利亚(与把军旗置于犹太人圣殿所在地耶路撒冷以宣示对犹太人的主权相比,把军旗留在罗马总督所在地恺撒利亚,是一种明智的'统战'举措)。罗马所要求于犹太人的只是纳贡、同邻近民族和平共处、与其土地上的外邦人主要是叙利亚的希腊人和平相处。"

罗马人虽然在政治、法律、宗教以及工程技术等方面取得了很大成就,古代环地中海世界任何国家都可望而不可即,却也为此付出了高昂的代价。在文化艺术方面,罗马人就几乎没有建树。有研究者说:"在其道德警察的严厉纪律之下,人类性格中的一切特点都被消灭;牺牲了希腊生活中那种可爱的丰富多彩、令人怡然自得的闲适,以及内心的自由。"但对于希腊文化的璀璨和高妙,罗马人是欣赏的,甚至对之推崇备至,大力继承发扬之。事实上,不仅罗马神话几乎是对希腊神话的全盘"山寨",而且在文学、雄辩术、建筑、雕刻、绘画和音乐等方方面面,征服者罗马人都是被征服者希腊人的忠实学生和模仿者。罗马精英以受过希腊教育、讲希腊语为荣,而西塞罗、卢克莱修之类的文人和哈德良之类的政治家更是有名的希腊迷。今天,欧美各国主要博物馆都有大量"希腊"雕塑作品展出,其中很大一部分实际上是仰慕希腊艺术的罗马人所创造的复制品。

优越的地理自然条件

要找罗马人取得成功的根本原因,还得从地理格局和自然环境入手。

不妨先比较一下希腊与罗马的气候。希腊半岛及周边地区的气候,是典型的地中海式气候,总体降水量小,降水分布也很不均匀,夏季干燥少雨,暴热天气连连,而在植物生长不活跃的冬季,却又多雨湿润甚至暴雨。在不同年份和地区,降水量也有极大的差别,雅典所在的阿提卡地区降水量可达 400 毫米,而有"粮仓"之誉的色萨利平原,年均降水量则低至 55 毫米。意大利降雨量比希腊地区高得多,不同地区虽有一定的差异,但年均降水量在 500 至 1 000 毫米之间,罗马一带的年均降水量在 800 毫米以上,明显高于希腊地区。在古代条件下,较多的降水量意味着较高的农业产出,而较多的农业产出又意味着较丰富的人力、物力资源。

希腊不仅气候不如罗马,希腊半岛也缺乏适合农耕的大块平原,而更多的是狭小贫瘠的小块谷地。相比之下,罗马所在的意大利明显更优越。这里四分之三的地区虽然是丘陵,但山脚通常是平坦的土地，而且四季气候温润，十分有利于农业生产。罗马的发祥地是台伯河下游的拉丁姆平原，总体而言这里气候温润，土地肥腴。尽管罗马城所在地区本身的土壤并不十分肥沃，而且时常河流泛滥，使得河岸周边变成沼泽地，但大体上仍能进行农业活动，所以很早就有人类在此长期或者不定期居住，逐渐形成了一些聚落。更值得注意的是，罗马北边不远处，有南欧最大的平原——波河平原，面积达4.5万平方公里，为意大利总面积的六分之一。自罗马向南，又有富饶的坎帕尼亚平原，虽小于波河平原，但面积仍相当可观。在古代条件下，这些平原上都能进行大规模农耕，因而罗马一旦渡过幼年期，便自然将其视为结盟和扩张对象。这些地区一旦成为罗马国家的一部分，其所能提供的人力物力资源必然大大超过罗马城本身及其所在的拉丁姆平原。

除了气候优越、有适合农耕的大块土地，罗马还有一个优势：从这里向整个意大利扩张势力，有着先天的地理便利。首先，罗马原本就是富饶的拉丁姆平原的一部分，罗马人与周边拉丁部族又是近亲，都讲拉丁语，所以在其兴起之前及乍兴之时，相对容易与他们结成紧密的政治盟友。事实上，罗马人与其他拉丁部族早早就结成了政治同盟，甚至早早就实现了政治融合。正是在拉丁部族社会政治一体化的基础上，才谈得上整个意大利的社会政治一体化，而这种一体化所采取的最合理、最可行的形式，便是以罗马人—拉丁人为中坚，进一步与其他部族形成同盟关系。

罗马所处地理位置的优越性，也在于其所发祥的台伯河下游渡口地区与地中海的直线距离既不是太近，也不是太远，大约26公里，沿河航行约33公里。在历史早期，这样的距离恰到好处——远则足以防范海盗，近则因距海不远，出海航行也很方便。此外，台伯河本身也值得注意。它虽短于意大利与法国交界处科蒂安山脉的波河，却是意大利最长的河流，由北而南横贯半岛很大一片区域，十分有利于初兴时的罗马往外扩展。

还值得注意的是，罗马在意大利半岛是一个交通枢纽。从远古时代起，台伯河便是拉丁民族防范北邻入侵的天然屏障，而罗马城紧靠河岸，不仅有利于坚守，而且沿河两岸直至河口都在其控制范围内。事实上，在贯通意大利为数不多的道路中，最方便的一条道路经过罗马。这条道路穿越西部人口稠密区，成为意大利的主要交通干线。沿台伯河谷地向内地上行，一些易于通行的山口使得同一条道路不断延伸到（意大利）中部地区，而罗马人要控制这些交通要道，进而扩张到整个意大利，是非常方便的。

以上讲的只是对意大利半岛进行整合的有利条件。同样重要的是，相对于整个地中海世界，意大利本身也处在一个于整合有利的优越位置。意大利并没有成为东西地中海水域之间的障碍，恰恰相反，在两者之间提供了一条地理纽带，东西水域的航船都在这里出入。事实上，狭长的意大利半岛不仅自北而南突伸到地中海中，还刚好位于矩形地中海的中间点，既不是太偏东，也不是太偏西。相比之下，同在地中海的希腊半岛位置太过偏东、埃及局限在东南一隅、迦太基则囿于北非沙漠的边缘（仅沿海少量土地可进行农耕）、西班牙更是远在西端。这一点，打开地图便一目了然。

不仅如此，意大利长筒靴形状的版图为居民提供了一条仅次于希腊的欧洲最长海岸线。有论者说，意大利"每59平方英里土地就有1英里长的海岸线，而西班牙，145平方英里才有1英里长的海岸线"。这意味着，这里的居民不仅是农人，也是能追风逐浪至整个地中海的航海人。早在公元前3世纪，在跟航海民族迦太基人的角逐中，先前主要在陆地上活动的罗马人在短时间内就发展起了强大的海军，与迦太基海军在西西里、科西嘉、北非打了多次大型海战。至奥古斯都时代，罗马更建立起了常备海军，以保证地区之间交通和商业运输安全。这时，地中海已成为罗马帝国的一个"内湖"，没有任何民族能够使罗马人畏惧。

很清楚，对于意大利半岛的政治统一和文明整合而言，早期罗马拥有至关重要的先天条件，而且意大利半岛及周边也具有地中海世界其他区域所不具有的至关重要的先天优势：一是丰富的人力物力资源；二是优越的地理位置。

也可以这样讲，对于地中海世界的政治和文化整合而言，罗马所在的意大利半岛恰恰是一个资源丰富、位置适中的天然核心区。这个核心区的重要性，怎么估计也不过分。正是借此，罗马帝国才得以逐步降服乃至整合意大利，后来势力更扩展到整个地中海世界，逐一打败了占有西西里和北非等地的迦太基帝国、希腊半岛的马其顿王国、斯巴达王国以及西亚的塞琉古帝国。最后，罗马更是从托勒密希腊人手中夺取了埃及，自此凭借畅通的海道和庞大的船队，罗马帝国又多出一个额外的资源基地，拥有额外的人力物力资源。

作为环地中海世界的主导民族，罗马人拥有意大利这个大型基地（意大利本身恰恰又处于优越的位置），对于其在整个地中海世界进行征服、统治、管理，进行一种哪怕不可能真正具有深度，但能持久的社会政治整合，也十分有利。这很大程度上解释了为什么在经营超大国家方面，罗马人明显强过埃及人、迦太基人和希腊人。在一定程度上，这也解释了为什么比之波斯帝国、亚述帝国，甚至后起的阿拉伯帝国，罗马帝国也明显更成功，"国祚"明显更长。

但是也必须看到，罗马虽然有控制整个地中海世界并实现一定程度的政治整合的优越条件，却缺乏一个像印度河—恒河流域或黄河—长江流域那样的大型陆地板块，而这恰恰是使一个共同体得以开出文明规模、持续发展壮大的先决条件。缺乏这种先决条件，真正有深度而且持久的政治整合、真正意义上的文明规模就是天方夜谭。这就是为什么罗马人固然有多方面的成就，如颇为成功的共和政制及早期元首制、强大的军力、发达的法制、四通八达的"罗马大道"和高架引水渠等大型工程设施，以及对历史进程产生了深刻影响的基督教等，所有这一切却并没能使罗马国家长治久安，享"祚"绵长，甚至没能使其政体模式得到传承。5世纪距今已有一千五百多年，环地中海世界竟没能再现罗马式的统一。

罗马帝国的政治整合

现在要问的问题是：为什么虽然跟波斯人相比，罗马人更成功，跟希腊人相比，更是成功得多，却未能像秦汉国家那样，将其政治实体乃至政治模式延续到后世（中世纪初的加洛林王国与罗马了无干系，且太小太弱；后来的"神圣罗马帝国"更是徒有其名，二者都不是罗马帝国真正的"继承者"）？为什么就疆域而言，囊括了环地中海世界大部分地区的罗马虽可与秦汉帝国等量齐观，但就将自身政治形态传之久远而言，却并不在一个数量级上？

应当看到，对于地中海世界的整合而言，尤其是对于建设一个统一、持久、稳固的地中海世界国家而言，罗马尽管拥有之前的波斯和希腊帝国所不拥有的优越条件，但这只是相对的，甚至可以说十分有限。在古代条件下，意大利固然是一个适合农耕的较大的陆地板块，但无论如何，也没法跟同样适合农耕的黄河—长江流域和印度河—恒河流域的超大平原相比较。不难想见，在这些地势平坦、降雨量充足的超大平原上，较为长久地维系一个大体上统一的超大国家要容易得多。

罗马人所面临的困难还不止这些。在帝国乍兴之时，罗马人不断受到高卢西南部和意大利北部山区凯尔特人的骚扰和袭击，罗马城还一度被攻破和占领。罗马人也受到意大利半岛南端和西西里岛的希腊部族，以及同样居住在那里的迦太基人（以北非为大本营）的严重威胁。降服了他们，尤其是艰难地打胜了第二次布匿战争后，罗马人又发现自己已卷入与希腊半岛上的马其顿王国、埃托利亚联盟、西亚的塞琉古王国，以及埃及的托勒密王国等势力的博弈之中。事实上，早在罗马人跟迦太基人、意大利南部的希腊人角逐时，这些国家相互间的争斗便一直没有停止过。正是应马其顿威胁下的希腊城邦的请求，罗马人才涉足巴尔干半岛，将其势力扩张到马其顿—希腊世界。

这种情形不应只用罗马人的黩武主义心态来解释，也应当看到，地中海世界经过长期经济发展和人口增长后，至罗马帝国兴起时，生产力水平已明显提高，各地区之间已有可观的经济和人员交流，区域整合的历史任务已被提上议事日程。事实上，无论在环地中海世界还是华夏世界，古代条件下，任何形式的区域一体化虽然必得有人口—经济增长的深厚基础，但都必然会采取这样一种路径，即通过战争带来一定程度的政治整合，再通过政治整合实现一定程度甚至较大程度的经济、文化和社会整合。

实际上，至共和国后期，罗马人已经巩固了其意大利基地，而且很快将势力扩大到地中海其他地区。这时，他们不仅已在两次战争中打败了迦太基帝国，还打败了另一个强敌马其顿王国，以及长期与马其顿不和的希腊城邦，之后更打败了塞琉古王国，将其收入帝国囊中。与此同时，意大利北部和西北部边境的凯尔特人已没有从前那么大的威胁，故而整个地中海世界已经在罗马的掌控下。这时，在对内关系或者说在意大利半岛上，罗马虽然仍维持着共和政体，但在对外关系上，因大量部族归顺，已是一个疆域辽阔、地地道道的帝国。如何管理这个超大帝国，有效控制新征服地区，成为罗马人的大课题。

此时的罗马人已有两三百年整合意大利半岛的经验，似乎能从容应对这个新局面，也的确表现出了希腊人所从未表现出的政治才能。他们按各部族、民族对罗马的态度及其经济战略地位将它们分为多个类型，或者说罗马人有多种"同盟者"和臣属：

一是享有罗马公民权，与罗马关系最为紧密的拉丁自治市，如拉丁人和埃尔尼克人；

二是内部自治但不享有罗马公民权的拉丁族殖民地，这些地方从一建立起便具有同盟者的身份；

三是有自治权但不享有罗马公民权的非拉丁城市，它们虽不属于拉丁族，但因紧靠罗马而仍被赋予较为平等的地位；

四是因帮助过罗马而成为罗马人的同盟者，它们也正因与罗马人结盟而大大扩张了自己的势力，如马西尼撒、优美涅斯和阿塔罗斯；

五是自愿与罗马缔结条约，承认罗马宗主权故而被允许内部自治，但在外部事务上顺从罗马政治体，必须按约向罗马提供军费、军队和战舰等，如埃及、比提尼亚、卡帕多齐亚以及大多数希腊城市便是这样的同盟者；

六是因曾坚决抵抗罗马，战败后向罗马无条件投降，故被剥夺自治权，由罗马派驻官员行使主权的臣属。

与希腊人相似的难题

尽管与波斯人、希腊人建立的地中海西亚帝国相比，罗马帝国在文化一体化方面成绩颇佳，罗马人的物质成就也为帝国的文化一体化创造了更有利的条件，但它并未达到古代华夏世界的那种政治统一程度。从某种意义上讲，形成这种局面的根本原因并不在于某种性格缺陷，而在于非主观努力所能改变的先天地理格局。在很大程度上，这种先天地理格局也正是希腊人开始管理其统一国家时面临的情形——无论以希腊还是以罗马为核心的国家，希腊文明或希腊罗马文明如果往东扩张，必然会在黎凡特或叙利亚地区及以东与另外两个强大的轴心期文明相遇，即叙利亚和伊朗，分别为犹太民族和阿黑美尼德伊朗人、帕提亚伊朗人以及萨珊伊朗人所代表。

单单从伊朗方面看，波斯人建立的地跨亚非欧三大洲的波斯帝国，以及7世纪后波斯人的继承者——伊朗—阿拉伯穆斯林——在大致相同的区域建立的诸伊斯兰帝国，也同样必须应对希腊人、罗马人所面临的问题，即处理好不同民族之间的关系，实现基本的社会整合与政治统一。即使在波斯帝国的核心区即两河流域，甚至将这一核心区扩大到包括叙利亚在内，其所能实现的文化一体化（无论在波斯帝国建立之前还是之后）都小于中国。虽然波斯人、希腊人和罗马人建立起帝国之后，出于加强社会整合的目的，都曾采取种种措施促进文化一体化，但收效并不明显。

仅在叙利亚地区，就存在过三个轴心期文明：叙利亚、伊朗和希腊罗马文明，此外还有虽然不属于"轴心期"，却同样重要且历史更悠久的苏美尔—阿卡德、埃及和安纳托利亚文明。它们比肩而立，各自疆域犬牙交错、彼此相接，但在精神气质上大相径庭。文明相遇和冲突的结果，并不是简单地形成一种军事政治上的征服与被征服关系，甚至不像中国历史上一再发生的那样，被征服者最终为征服者同化或驱逐，而是三个同时处于衰落期的轴心期文明在各自宗教和哲学（叙利亚地区的犹太教、伊朗的琐罗亚斯德教、希腊罗马世界的希腊哲学）的刺激下，发生了转型和更新。对这一情形也可作另一种解释：无论环地中海世界由哪个民族充当历史主角，由于长期以来不同文化、宗教在不同地区的独立发展，地缘政治的对立和冲突是不可避免的。无论做什么解释，文明间的对峙和冲突势必钳制、削弱各自的总体能力，以至于最终没有一个民族能发展壮大到拥有超大的规模，尽管这种格局对于它们的转型、更新乃至产生全新的文明是有利的。

历史表明，在这一时期，以地中海为基地的文明如果要巩固和扩张，东进终将不果，只有西进才有出路。东方虽然富庶，却是多个文明的摇篮，从古到今由多个强大的国家长期据有，对敌对势力的抵制是有力而顽强的。相比之下，同一时期的西欧、中欧和不列颠却并不存在高度发达的文明，或者说这些地区仍是尚未开发的处女地。既因地理缘故，也因波斯帝国衰落，从公元前5世纪起，以本土希腊人为主的马其顿—希腊联军在对外扩张中，采取了东进的路向。罗马人在征服马其顿王国、塞琉古王国后，也采取了东进的方略。尽管亚历山大征服了小亚细亚、北非、两河流域、伊朗乃至印度西北很大一片地区，但他未能在这一广袤的区域建立起真正稳固的统治。对于其多个继承者以及后来的罗马人而言,能够在地中海东部、两河流域、埃及和北非沿岸这一更局促的区域维持统治,便心满意足。就连要达到这一目标,马其顿—希腊人和罗马人都不得不对被征服民族作多方面的妥协。即便如此,希腊罗马文明的种族载体即希腊人罗马人最终还是退出了历史舞台,尽管他们在与被征服民族的互动、融合中传播了希腊罗马文明,为人类文明的总体发展作出了重要贡献。

正由于上述原因,虽然西亚、埃及等地的被征服民族一定程度上接受了希腊文化,即"希腊化",但这在很大程度上也是被征服民族的"化希腊"。也就是说,征服与被征服的关系不仅是将希腊文化植入被征服地区,为当地人民所接纳,也是征服者接受被征服者的文化,尤其是其宗教。后来罗马人在东方的处境,本质上与亚历山大东征后希腊人的处境相同。因此与其说希腊人、罗马人有一种博大的胸怀、开放的心灵,毋宁说他们在与异质的,甚至精神上更强大的文明的相遇中,不得不采取一种妥协的策略。也可以说,罗马人对被征服者采取的相对宽容的政策与其说出于意识形态的考虑,如尊重民族文化以合乎道义或民族平等原则(与现代观念若合符节),倒不如说是出于现实的考虑。因为只有这样,帝国才能以最少的资源实现基本的政治整合,甚至实现一种表面上的政治统一。

但有一点很清楚:在对待被征服民族上,罗马人比希腊人更聪明、更宽容,或者说更懂得"统战"即"民族团结"的重要性。在这点上,罗马人跟波斯人更相似。不过,罗马人相对宽容的民族政策也表明,罗马帝国不仅未能取得大约同一时期中华国家那样的文化统一性,还得在文化上与一个异质文明展开竞争。这就是叙利亚文明。这个已延续十几个世纪的文明比时正处于衰弱期，但其核心成分——犹太信仰文化，即通常所谓犹太教——却充满了活力。从叙利亚文明、犹太信仰文化中孕育，结合了琐罗亚斯德教要素的基督教，更将使希腊罗马文明发生质变，为六七百年后欧洲文明的兴起做准备。

除了叙利亚文明，罗马人还得同另一个轴心期文明即伊朗文明竞争。事实上，在公元前5世纪至公元3世纪这800年里，希腊罗马文明与伊朗文明间的冲突呈一种拉锯战态势，此起彼伏，此长彼消，既无绝对的胜利者，也无绝对的失败者。尽管这两个文明最终打了个平手，但它们充满张力的互动却促成了西亚一个全新文明的诞生，此即伊斯兰文明。严格地讲，伊斯兰文明是从叙利亚（甚至可以说从整个西亚北非文明）中开出的，或者说，它在更大程度上继承了叙利亚文明，尽管波斯人、希腊人、罗马人对它的诞生都作出了重要贡献。就希腊罗马、伊朗和叙利亚文明都被从叙利亚文明中开出的新文明——伊斯兰、西方基督教和东正教文明——取代而言，它们都可以被视为文明间"音乐椅"游戏的出局者。很大程度上也正是因为这种文明间的斗争，使得环地中海地区长期以来不能形成一个真正统一的历史文化共同体。这就使本来有可能真正统一该区域的希腊罗马文明的成就大打折扣，尽管无论按古代还是现代标准，希腊人、罗马人取得的成绩都令人瞩目。

撇开文明间关系不谈，仅就地理形势而言，地中海和西亚这两大区域本身就是分离断裂的，并不利于统一国家的形成和扩展。在古代世界乃至前近代时期，所谓"东方"与"西方"的对峙除了具有文明冲突的内涵以外，也具有强烈的地缘政治博弈的性质。尽管总的来说，波斯帝国因自身衰落而在与希腊人的竞争中渐渐处于下风，亚历山大东进后更是被马其顿—希腊所灭，但是希腊人对东方的统治怎么说也算不上成功，在文化—宗教这一极重要的领域，希腊人甚至不得不接受被征服者的基本理念。

希腊人的继承者罗马人同样不成功。一方面，罗马帝国被源于叙利亚的基督教从内部侵蚀；另一方面，它又不得不与新兴的帕提亚帝国作战。同样能说明文明间冲突具有地缘政治博弈性质的是，古典时代终结以后，东西方关系仍龃龉不断，只不过斗争现在是在西方的基督徒与东方的穆斯林（当然，穆斯林也占有西班牙和西西里）之间进行。甚至十字军在东征途中将矛头转向拜占庭基督徒兄弟，也有着地缘政治博弈的底色。无论从文明间关系还是从地缘政治竞争的角度看，罗马帝国都并非处于有利位置。只要把它与中国情形作一个比较，这一点便至为清楚。天然分裂的地理形势、复杂的宗教和文化格局，使得罗马不可能获得中华世界那种巨大且持久的文明规模和总体能力。再加上叙利亚宗教的进入和蛮族入侵等因素，希腊罗马文明即使由质朴实干的罗马人来继承，也注定不能以国家甚或族群的形态存续下去，而只能以文化要素如哲学、法律、文学、艺术和建筑等样式播布后世。

高于希腊人的智慧

在民族和国际关系（当然不同于现代意义上的国际关系）问题的处理上，罗马人也比希腊人强得多。他们不像希腊人那么褊狭，那么汲汲于维护希腊性的纯正。在爱德华·吉本看来，罗马人是"目光远大"的，他们"轻虚荣而重抱负，将不论发现于何处，不论是来自奴隶或外族人,来自敌人或野蛮人的高尚品德和优点,全部据为己有,乃是一种更明智也更光荣的行为"。[1]在国际关系问题的处理上,这种虚心学习他者长处的精神也有所反映。罗马人在对待非罗马意大利城市方面,以及后来在对待行省方面,总的说来执行了一种宽厚而开明的政策,尽管这样做并非出于民族平等原则,而主要是出于现实政治的考虑。无论如何,这与希腊人的做法形成了鲜明的对比。希腊人在处理城邦际问题方面,普遍执行排他性政策。斯巴达人统治希洛人,更使用了非常野蛮而卑劣的手段。这种种族排他性也能从雅典公民比例的变化上看出。雅典在最繁荣的伯里克利时期,公民人数竟从3万人降至2.1万人,而依常理,一国强盛时也应该是人丁兴旺之际。据公元前6世纪的一次人口调查,罗马公民人数不过8.3万人,而到"同盟者战争"[2]开始时,仅仅是可以走上战场为国效命的人数,已增长到不下6.3万人。这与希腊形成了鲜明的对比。

甚至可以说,从一开始,罗马在控制与统治被征服者(在古代环地中海地区,这往往是一个城邦)方面,便表现出了比雅典、斯巴达、马其顿等民族明显更强的能力。罗马按各地在征服过程中的表现及其经济战略地位,将它们分为不同的类型(详上)。这种分而治之的方略对于防止各地在反罗马的总目标下联合起来,非常有利。因此,比之希腊人,罗马人似乎从一开始便已解决了地中海地

---

[1] 吉本在历史细节的把握和处理上虽可能显得过时,但其宏观判断仍不乏洞见。
[2] 这是罗马与其"同盟者"之间发生的一场战争。公元前90至前89年,之前以种种形式与罗马结盟的意大利部族或城邦因长期以来不能享有与罗马人同等的政治经济权利,发起了一场旨在争取与罗马人政治经济平等的战争,这就是"同盟者战争"。

区城邦式共和国在扩张过程所遇到的几乎所有难题。事实上，在地中海世界城邦林立的环境下，无论是雅典、斯巴达，还是科林斯，都未能根本解决内部统一这一政治难题。马其顿人即便建立了大帝国，也同先前的希腊人一样未能根本解决这个问题。亚历山大前所未有地在希腊世界建立了霸权，但他在马其顿—希腊人的内部团结尚未夯实，或者说内部统一的基础还未巩固之际，便发动了对东方的战争，故虽然建立了一个庞大的帝国，甚至其三个继承者国家规模也不小，这些政权却要么是短命的，要么长期处于一种无生气的状态，直至罗马人最后到来，将它们一一征服。相比之下，尽管罗马对意大利的更有效的统治后来遇到了一些同盟者的挑战，但终究还是得以维持，而同盟者们虽被罗马人击败，但他们所努力争取的平等权利，也因罗马人在战争中需要非罗马公民的支持而不得不扩大公民权的范围，从而使公民权历史性地得到了肯定。

至此，意大利终于实现了政治统一，从前相互之间只有缔盟关系的罗马人和意大利人终于形成了一个单一民族。对此，吉本有一段虽显夸张却也不乏事实根据的颂辞："从阿尔卑斯山山脚下直到卡拉布里亚最边远地区的一切土生土长的意大利人全是罗马的公民。他们的部分差异已被人忘怀，他们在不知不觉中已因语言、习俗和社会制度相同而联合成一个大的民族，其重要性已和一个强大的帝国不相上下。这个共和国正以自己的宽厚政策为荣，也常常得到她的养子的效忠和侍奉。如果她把罗马人的殊荣始终限于只让罗马城内的古老家族享有，那这不朽的名声势必会在许多方面失去其最耀眼的光辉。"回头看，尽管罗马人在对待被征服地区的人民方面并非仁慈的天使，但起初为了有效统治意大利而实行的分而治之的不平等民族政策，却是走向政治统一和形成单一民族的必要步骤。

罗马共和国扩张到意大利半岛之外后，如何控制新征服地区便成为一个新的课题。这时罗马人已在驾驭意大利人的过程中积累了成功的经验，似乎可以从容地应对这一新局面。可是后来的情况却表明，对意大利以外地区的控制和统治比对意大利的征服要困难得多。一些难题甚至是非主观努力所能解决的，如西亚古老文明的政治军事能力都很强，都一直在顽强地抵抗着罗马人。这些古老文明的文化和精神力量就更不是罗马人所能匹敌了。罗马人虽能暂时用种种手段控制这些地区的人民，但从长远看，由于文明间差异太大，要实现意大利半岛那样的文化一体化，是根本不可能的。正是由于被征服的东方民族有古老的文明，也由于它们在地理上距罗马甚远，罗马往往不得不采取间接统治的方略，即让被征服地区在承认罗马宗主权的前提下实行自治。对罗马来说，最要紧的，仍是防止各被征服地区联合起来与其对抗。分而治之的政策当然要采用，但鸟尽弓藏、兔死狗烹的策略也不会被放弃，因此那些曾经为罗马效力的自由城市很快便发现，起初虽然会得到名义上的同盟者之奖赏，但不久便在不知不觉中失去了自由，陷入被奴役的境地。

罗马占领西西里后，对被征服地区一律按臣属类型设省统治，并委派总督。及至公元前130年左右，罗马已设置了9个行省，即西西里、撒丁尼亚（包括科西嘉）、山南高卢、西班牙、阿非利加、伊利里亚、马其顿、阿卡亚、亚细亚。行省每年都得向罗马交税，这是罗马人掠夺被征服民族的体制化形式。行省的设置表明，在与被征服者打交道方面，罗马比希腊更聪明。可是这并非意味着，罗马人愿意充当被征服者的奶牛。恰恰相反，罗马是地地道道的掠夺者、剥削者。军事征服后，接踵而至的便是罗马人对被征服地区的抢掠洗劫；不能带走的财富如土地、矿山、港口等全被收归国有，由罗马人经营、转让或出租。这种行径与马其顿—希腊对亚洲的掠夺并没有什么两样（近代初期西方殖民者在非洲、美洲和亚洲的行径，竟与当年希腊人、罗马人如出一辙）。

因此，吉本所作的"那种曾保证意大利的平静和顺从的较为健康的治理原则，也逐渐扩展到了新征服的遥远地区"一类断语虽有一定的根据，却并非全然符合事实。至少在较早时期，罗马公民权是不可能被慷慨赏赐给那些并非忠顺的民族的。吉本所发"通过引进殖民地和使那些最忠顺、最有成就的省份加入自由罗马中来这两种策略，一个罗马民族便逐渐在各省形成了"之类的虚美之辞，尽管并非完全是胡说八道（如驻防在外地的罗马或意大利士兵及其后裔往往自然而然促成了罗马殖民地的形式；这些人取得罗马公民权也比非罗马人容易，比非意大利人更是容易得多；他们实际上构成了吉本所谓"罗马民族"的主体），却并不说明罗马人在与所有非意大利民族打交道方面，都是"目光远大"的。尽管他们遇到了古老的东方文明难以驾驭这一客观难题，但在主观方面，却并非不能做得更好。

然而，事实上罗马人从未改变其对财富和权力的贪婪本性。这不仅能从他们对被征服地区的抢掠洗劫和大规模没收无法带走的财富上看出，也能从犹太人对罗马统治的不断抵抗、66至70年期间被罗马残酷镇压等间接看出。罗马人也始终未能真正驯化北方蛮族，最终却反过来为他们所淹没。两河以东的帕提亚人对罗马人来说更是一个实力强劲的对手；这两个民族在博弈中互有胜负，罗马人甚至常常被帕提亚人打得大败。凡此种种说明，罗马人对意大利以外被征服地区实行相对宽厚政策，乃不得已，效果终究是有限的。实际上，许多被征服民族并没有对所谓"罗马和平"甘之如饴，相反，对征服者心怀仇恨。卡里多尼亚酋长卡尔加科斯在与罗马将军阿格里科拉对阵前，嘲讽罗马人说："罗马人制造了沙漠，却称之为和平。"耶路撒冷被罗马摧毁后，犹太人对罗马人的深仇大恨在公元前1世纪至公元2世纪的犹太文献中也随处可见，《启示录》中更是有集中的描写。

尽管罗马人对待不驯服的民族是残酷的，但必须承认，罗马在处理与被征服民族的关系上的确比希腊人聪明，否则无法解释他们何以能够长久地维系一个庞大帝国。他们虽然未能使西亚一些重要民族如犹太人、帕提亚伊朗人和其他诸多蛮族"归顺"，但毕竟把地中海周边地区成功地整合到罗马国家中。他们将公民权赋予被征服民族的政策尽管并非始终都得以贯彻执行，也有过迟疑甚至中断的时期，但至212年，毕竟所有被征服地区的人民都被授予或者说被强加了罗马公民身份。但及至此时，罗马帝国已走上一条无可逆转的衰落之路。476年，西罗马帝国终于倾覆在蛮族手中。

帝国衰败的征兆

一个总是令人困惑的问题是，罗马帝国为什么这么早就消亡了？原因是多方面的。政治经济不平等，便是一个重要原因。公民权的扩大尽管带来了政治身份的相对平等，却不能弥补固有的社会、经济不平等。罗马史学界的一个普遍看法是，罗马之所以能有效地进行领土扩张，是因为它几无例外地与被征服民族的上层分子相勾结，压制剥削下层民众。随着公民权范围的不断扩大，富人与穷人之间的鸿沟也不断加宽；资源分配上的不公及所造成的社会分裂往往还以法律的形式固定下来。为了取得被征服地区上层分子的合作，罗马对那里的社会公正采取一种漠然的态度。为此，它迟早得付出代价。

从行政管理方面看，罗马的成就当然比希腊人大得多，但其文官系统却并非十分有效。因领土扩张得太快，要直接统治广大被征服地区，罗马行政管理人员数量远远不足。起初，罗马每年选出一小批非职业性官员，但因任期太短（如派驻行省的总督任期只有一年），即使官员数量有所增长，也满足不了不断扩张所带来的行政管理需求的增长。因此，罗马不得不让私人团体协助提供军需品和收税，而这种私人团体即使不干中饱私囊的勾当，行政效率也不可能高到哪里去。由于行政人员数量有限，对于构成罗马帝国细胞的各地城市，奥古斯都没有也不可能实行直接的地方行政管理，而只能委派少许官员监督，这就是罗马国家的地方自治市传统。这种政策延续了相当长一段时间。只有当地方自治政府陷入混乱时，中央政府才不得不干预。事实上，在地理格局、民族和文化冲突、地区间的发展不均衡等多种因素的作用下，罗马帝国不得不实行较大程度的地方自治。对于一个统一国家的稳定乃至长治久安来说，这毕竟不是有效的办法。相比之下，中国汉代的郡县制和文官系统虽然不完美，却仍是当时世界上最有效的政制和文官系统；汉武帝虽也有好大喜功、滥用民力等过失，但汉朝政权仍是当时世界上行政效率最高的政权。

在创造一种有效的皇位继承制方面，罗马比中国就差得更多了。在古代条件下，不可能实行现代联邦式共和制，要维系一个庞大的政治体，唯一可行的政体便是君主制。可君主制要稳定运作，就得有一套行之有效的最高权位继承制度。至少从理论上讲，中国人早在春秋战国时代便已基本上解决了这一难题。相比之下，1世纪的罗马帝国刚开始应对这一课题，便已处在不可逆转的衰落中。继位问题所引发的血腥争夺，以及随之出现的混乱、兵灾和人民的苦难是不难想象的。因此毫不奇怪，史学家吉本两害相权取其轻，替世袭君主制大唱赞歌："这种无可争议的出身特权，在得到时间和舆论的认可后，可以说已成为人世间最简单明了、最不致挑起争端的一种特权了。这种得到普遍承认的权利可以消除许多无端制造纷争的期待，同时一种明确的安全感也使在位的君王免去了许多残暴行径。"

以华夏标准来衡量，不能不说罗马帝国最高权位的继承非常荒谬。在所谓"四帝年"即公元69年，四位元首（帝制时代的元首往往被不那么准确地称作"皇帝"）——加尔巴、奥托、维特里乌斯和维斯帕西安努斯——在内战的烽烟中你方唱罢我登场，为夺取元首权位而大打出手，血腥厮杀。既然最高权位合法性的确立未能形成一套有效的体制，在其维持和继承方面存在大量不确定因素便是必然。很多元首为了保住权位，不惜纵容禁卫军骄横无礼、胡作非为，这就难免酿出禁卫军长官操弄朝政的毒酒。元首与元老院的权力斗争也由来已久，至公元2世纪后期，元首与元老院的权力斗争达到了白热化的程度，后者常常与禁卫军以及其他重要人物（如元首的妻子或情人）勾结起来，介入最高权位的争夺。既然受到元首的姑息纵容，禁卫军变得越来越腐败贪婪，对赏赐的胃口也越来越大，无理要求稍稍得不到满足，便策动哗变，杀旧立新，因而废立篡弑之事频频发生。禁卫军制度始于奥古斯都。他觉得自己的统治没有深厚根基，所以必须多多依靠军队，法令至多只起一些装点门面的作用，于是组建一支禁卫军驻扎在罗马近郊以保卫其人身安全。后来,其他元首用禁卫军来吓唬不合作的元老,也用他们来防止叛乱,尽可能将其消灭于萌芽状态。

可是,对于想方设法保持自己权位的元首来说,豢养这支权力极大的禁卫军不啻是饮鸩止渴。吉本说:"长期处在这种由一座富饶城市提供的安逸、奢侈的生活之中,自身具有莫大权力的意识培养了他们的骄横;渐渐使他们不可能不感到君王的生死、元老院的权威、公众的财富、帝国的安危实际上全都掌握在他们自己手中。"禁卫军的行为有时非常荒谬可笑。例如公元193年,在残暴杀害了元首佩蒂那克斯后,他们竟然在罗马城里公开拍卖起了元首权位;竞买权位的人当中,居然有元首的岳父、罗马市总督苏尔皮西阿努斯。元首位置后来被极富有的元老迪迪乌斯·朱利安努斯以6 250德拉克马的高价买到手,可此人几乎还没有坐上权力的宝座,便被潘诺尼亚军团拥立的塞普提米乌斯·塞维鲁推翻,旋即被处死。这种疯狂的闹剧对于帝国的稳定显然是非常有害的。吉本就说,"罗马禁卫军的失控之疯狂行为是罗马帝国衰败的最初征兆和动力"。

帝国的消亡

可是吉本的判断并非十分准确。帝国衰败的征兆早在一百年前即图拉真和哈德良等"贤君"统治时期便已显露,因此不妨说禁卫军的"疯狂行为"既是衰败的征兆,也是衰败的结果。图拉真军功卓著,几经苦战征服了达西亚,之后又在帕提亚战争中打了一系列胜仗,可即便他也未能真正推进罗马的东部边界,即使扩张到了里海和波斯湾海岸一带,也不得不很快后撤。哈德良继位后,不得不采取现实主义方略,承认图拉真并未真正征服的地区如两河流域实际享有的自治权。甚至早在奥古斯都时期，罗马的衰落便已初显端倪。公元6年至9年亚德里亚海与多瑙河之间的潘诺尼亚人的起义、公元9年日耳曼人之全歼莱茵河与易北河之间三个罗马军团，就彻底挫败了罗马人把边界从莱茵河推进到易北河的计划。

更大的问题是，相对于巨大的帝国疆域，其人力资源明显不足。尽管罗马人不断扩大公民权的范围，帝国人口的文化心理统一性和社会政治凝聚力终究有限。使众多蛮族和西亚民族在文化上"归顺"罗马，毕竟不像征服意大利那么容易。实际上，在奥古斯都时期，帝国核心地带意大利的人口出生率便已在下降，且不可逆转。甚至早在公元纪年开始前的两个世纪，罗马人口不足的征象便很明显了。据学界研究，汉尼拔战争后，罗马社会陷入道德衰颓的状态，开始面临人口不足的问题。恰成对照的是，几乎与此同时，犹太人、埃及人、日耳曼人等民族的出生率却在稳步上升。连年不断的战争、杀婴之风的盛行、日益猖獗的奢侈糜烂等，这一切都是确凿无疑的衰败迹象。凡此种种表明，罗马帝国的文明规模有限。相比之下，中华世界早在春秋战国时期甚至更早之前便已达到了较高的文化统一性，并能在比意大利大得多的适合农耕的黄河、海河、淮河和长江流域——或者说四个大河流域连成一片的超大陆地板块上——持续扩大，并以此为基地向北、南、西三个方向进一步推进。在巨大疆域规模的基础上，较高的文化统一性所能提供的人力物力资源明显比罗马雄厚。这也意味着，华夏共同体的文明规模和总体能力高于同时期的罗马帝国。

哲学家元首马可·奥勒留当政时期的167年，卡西乌斯征伐帕提亚的部队从东方返回罗马后，随即爆发了一场破坏性极大的瘟疫，继而又发生了严重饥荒，人员大量死亡。据当时人们的观

第四章 罗马(上)

察,瘟疫在意大利特别严重,那里人员死亡特别多。这必然进一步减缩罗马的人力资源。帕提亚战争的第二个后果是,因大量军队被抽调到东方,北方边境的防卫被大大削弱。同样大约在167年,还发生了蛮族从多瑙河彼岸大规模突破罗马边界事件。为此,两个元首(即奥勒留本人与一个"共治者"、其义弟卢修斯)率军亲征,费了九牛二虎之力才把局势稳定下来,但蛮族的有生力量基本完好无损。170年,罗马军队不得不再次渡过多瑙河,发动又一次进剿蛮族的战役。罗马人这回就不那么幸运了,而是遭到惨败。结果是蛮族侵入意大利,突破多瑙河下游防线,长驱直入希腊半岛。

在这种情况下,也因帝国人力本来就严重不足,罗马人不得已采取了一项影响深远的新国策,即开放边境,邀请全副武装的蛮族在无人耕种之地定居,只需对罗马帝国保持名义上的忠诚。这是一种引狼入室的政策,看似与中国历史上所谓的"羁縻"相似,本质上却是一种不得已而为之、从长远看显然是致命的政策。国门一打开便无法关上,蛮族的渗透持续不断,势不可挡。如果他们能被同化,即在文化上逐渐与罗马社会一体化倒也罢了,可实际情况并非如此。现如今,人口早已处于负增长状态的罗马根本不可能完成这一任务。帝国剩下的日子屈指可数。

元首们为保权位而放任坐大的行省军队也一直在积极地为帝国的倾覆作贡献。3世纪以降,行省军事长官常常被下属拥立为元首,故常常出现数君并峙、行省独立的情形。其实早在3世纪初,希腊罗马文明的疆界几乎就已完全是由蛮族在防守了;一两个世纪后,已不是罗马人在同化蛮族人,而刚好相反,是蛮族在大规模同化罗马人。476年,日耳曼雇佣军首领奥多亚克实在不能再忍受"末代皇帝"罗穆路斯之名不符实、尸位素餐，干脆把他废掉。罗马帝国的帷幕终于落下。

思考讨论题

　　1. 在对待被征服民族方面，究竟是何原因使罗马人比希腊人高明？

　　2. 在古代条件下，共和制有何利弊？

　　3. 为何罗马人在法律方面贡献巨大，却未能长治久安？

第五章　罗马（下）

第五章 罗马（下）

罗马在共和制后期扩张成为一个环地中海世界的大帝国，之后兴盛了约两百年。但从192年起，在近三百年中，危机不断，败象丛生，除了戴克里先时代有过短暂的"中兴"，可以说是一路衰败。究竟是什么原因导致了罗马帝国的消亡？原因是多方面的，其中极重要的一个是，罗马人没能及时发展出一种有效的政治制度以实现真正的政治稳定和统一。历史学家特奥多尔·蒙森说："罗马人的不幸就在于君主制实行得太晚，而且是在民族的物力和智力耗竭以后。"从历史长远的角度看，罗马人虽然比希腊人高明，却仍是"不幸"的。

引　言

本章的叙述建立在一个基本认知上：在近现代之前近五千年的人类治理史上，基于血缘的君主制是一种相对不那么"坏"的制度，而因种种原因，罗马人建立起其类似于君主制的制度在时间上太晚，这种君主制各方面的问题也太多，这正是罗马帝国早早衰亡的一个根本原因。与古代其他政体形式如民主制、僭主制、贵族制、寡头制，以及把这种种政制混合起来的共和制相比，在君主制下，权力继承基于血缘，故而更替之时相对较少产生争议，社会付出的代价相对较小，政权的过渡更有可能平稳顺利，较少杀戮。也正是因此缘故，同其他政制相比，世袭君主制更有可能保障一个社会的政治经济秩序，更有可能带来大范围的和平、稳定，人民因而更可能较少经历困厄苦难，国家因而更可能实现长治久安。

正是在世袭形态的君主制下，欧亚大陆人民普遍实现了经济社会的持续发展。正是在有着宗教信仰、契约精神、法制传统这种种内涵的世袭君主制下，16世纪以来的西欧不仅发生了科学革命、工业革命和可观的人口增长，更实现了从传统政体向君主立宪、民主共和之现代政体的转型。即使在一开始就不实行君主制的美国，清教徒移民也带来了在世袭君主制度下培养起来的信仰、纪律性、契约意识和规则意识，或者说带来了实行世袭君主制的英国的宗教基因、制度基因、社会文化基因乃至当时欧洲最先进的思想理念。这对于美国顺利成长的重要性，怎么估计也不过分。明白了这一点，就不难明白为什么历史学家爱德华·吉本会如此积极地看待世袭君主制："这种无可争议的出身特权，在得到时间和舆论的认可后，可以说已成为人世间最简单明了、最不致挑起争端的一种特权了。这种得到普遍承认的权利可以消除许多无端制造纷争的期待，同时一种明确的安全感也使在位的君王免去了许多残暴行径。"

罗马共和制

大约在公元前1000年时，在意大利中部靠近西海岸的浅丘地带，一个叫"罗马"的地方已经有人类定居。大约在公元前9至前8世纪，分散的村庄逐渐走向联合，至公元前7世纪末，已经演变为一个城邦。据流传至今的史料，最早的"纯粹"罗马人是拉丁人的一支，但此时罗马的人口除了拉丁人，还包括萨宾人、伊特鲁里亚人和希腊人。这意味着，从一开始罗马就是一个混合民族的城邦。早期罗马受希腊和近东文明的影响，但受伊特鲁里亚文明（兴盛于公元前8到前5世纪的意大利中部）影响显然更深，而伊特鲁里亚文明本身也受到了希腊文明的影响。因地理位置优越,罗马的手工业和商业得到了迅速发展,不仅在此基础上建立起了一个国家,而且一路顺风顺水(当然也经历过不少波折),逐渐统一了整个意大利半岛,进而建立起一个横跨欧亚非三洲的大帝国。

早期罗马也被称为王政时代的罗马,实行一种叫作"王政"的政治制度,时间是公元前753年至前509年。这时罗马还保留着氏族社会的诸多特点,但也在逐渐向国家过渡。所谓王政是一种很不稳定的君主制,与稳定的世袭君主制有很大差别。王政时代的罗马默默无闻,总共有过七位"国王",其中一位叫塞尔维乌斯的国王进行过重要改革。他像雅典的改革家那样,以地域部落取代血缘部落;按财产数量把公民分成五个等级,无财产者被视为等外公民或第六等级;每个等级出若干百人队即投票(及作战)单位,共有193个百人队;百人队会议即公民大会,对共同体的重大事务做出表决。这就为后来的共和制铺平了道路。公元前509年,在一场贵族政变中,国王"傲慢者"塔克文被推翻。此后,大部分内政和军事权力由两名执政官掌握;在后来五百年里的绝大多数情况下,他们都是一年一选,由百人队会议投票产生,这就是共和制。共和制是一种元老院、执政官和部族会议三权分立的混合政制,罗马人将其称为 Res Publica,即公家之事,在公元前86年苏拉独裁以及其他大军阀如庞培、克拉苏、恺撒兴起之前,大体上可以说是公天下。这就是"共和国"这个名称的由来。相比之下,古代中国的政体却一直被认为是家天下,尽管大多数情况下皇帝实际上是身不由己,不过是一个傀儡,甚至连身家性命都被掌控在他人手中。

为什么说罗马共和制是一种"混合"政制？在这种制度下，君主制、贵族寡头制和民主制三种要素混合起来，相互制约，相互平衡。共和制下，最高领导人不叫"王"，而叫"执政官"。执政官也并非一人，而是两人，一年一度由人民大会选举产生。在战场上，他们掌握军事指挥权。除此之外，他们还有召集人民大会、向其他官员（平民保官除外）下达命令的权力。很明显，执政官是共和政制中的君主制要素。共和政制中的贵族寡头制要素则是元老院。从形式上看，元老院成员并非民选，也不拥有最高权力，但它有着传统赋予的重要权力，如任命或撤换军事统帅、宣战、媾和、结盟、财政以及建立殖民地、分配土地等实际权力。因吸收卸任民选官员成为其成员，元老院在很大程度上也可以被视为一种民选性质的立法、外交、军事和财务机构。共和政制下的民主要素是人民大会。人民大会分为三种，即库里亚大会[1]、百人团大会[2]和特里布斯大

---

[1] 库里亚大会是罗马最古老的人民大会形式，代表最早的3个罗马部落，起源于罗慕路斯时期。大会由"王"（Rex）召集，按3个部落划分，3个部落各有10个库里亚（或可视为氏族），所以总共有30个库里亚参与会议。每个库里亚都有一票表决权。但由于百人团大会越来越强势，库里亚大会的作用越来越小，很快形同虚设。

[2] 百人团大会由193个百人团构成。塞尔维乌斯政治改革以后，与军队体制相对应，罗马人民按财产多寡被划分为5个等级，其中第一等级是80个百人团，包括40个青年百人团和40个老年百人团；其后第二至四等级各有20个百人团，各包括10个青年百人团，10个老年百人团；再后第五等级有30个百人团，包括15个青年百人团与15个老年百人团。但是除了这5个等级，在第一等级之前，还有18个骑士百人团。在公元前287年《霍尔滕西法》实施之前，一切具有宪法效力的法律都必须由百人团大会通过。除此以外，百人团大会还选出一切高级长官即执政官、行政长官、监察官，为缔结和约的最终决定机构，有权宣布战争，有权审判一切有关剥夺被告的全部公民权的刑事案件。

会或部落大会（后来也叫作平民大会）[1]。包括执政官在内的所有官员均由人民大会选举产生。尽管通常认为此三种要素相互制约、相互平衡，但是由于执政官和其他民选官员在利益上跟元老院一致，所以不同政治力量之间的博弈主要发生在元老院与人民大会之间。

罗马的扩张

罗马刚刚建国时，看上去与其他意大利城邦没什么两样。罗马与其他部族或者城邦一样，抢劫攻击其他部族、城邦，也被它们抢劫或攻击。在公元前 4 世纪末以前，罗马人主要忙于应付敌对部族——如拉丁人、伊特鲁里亚人、维爱人等——的侵扰，虽然也击败过入侵的敌人，如拉丁同盟的一些城邦及伊特鲁里亚人，罗马城在公元前 390 年前后甚至被其他部族如高卢人占领过。从公元前 4 世纪末起，罗马人开始了明显的对外扩张，派出多个军团大举进攻罗马以南 200 公里的主要竞争对手萨莫奈人。经过前后三次萨莫奈战争（公元前 343 年至前 290 年间），虽屡遭惨败——如公元前 321 年在考狄昂峡谷被早已埋伏于此的萨莫奈人包围，为使数万罗马人活命而被迫投降——但仍取得了最后胜利。当公元前 3 世纪初

---

[1] 特里布斯大会原文为 Comitia Tributa。其中 Tributa 一词的意思是"部落的"，所以 Comitia Tributa 也可译作"部落大会"。其最初的形式是部落会议，平民和贵族都参与；所做的决议仅对平民有效。经过长期斗争，公元前 449 年通过了《瓦列留与赫拉求法》，规定特里布斯大会所做的一切决定对整个共同体都应具有约束力。公元前 339 年，通过了《普布留和菲洛尼法》，规定平民大会（将贵族排除在外的人民群众的会议）所产生的决议对所有罗马公民都应具有约束力。公元前 286 年，通过了《霍尔滕西法》，规定平民通过的一切决议对全体罗马公民都具有约束力。至此，特里布斯大会取得了充分完全的立法权。

萨莫奈战争结束时，罗马已占领了几乎整个意大利，只有南端希腊城邦除外；又经过十来年战争，才最终征服了意大利南端所有希腊城邦，统一了亚平宁半岛，成为地中海西部的大国。

统一意大利，并不等于天下太平。罗马人刚结束了意大利的战事，便为争夺地中海沿岸霸权而开始了与海外对手的战争，此即罗马与迦太基之间的三次布匿战争（公元前264年至前146年），其中第二次布匿战争（公元前218年至前201年）最有名、持续时间也最长。罗马最终胜出，但迦太基统帅汉尼拔以杰出的表现而彪炳千秋，赢得了罗马人和后来欧美人的尊敬。在发生于公元前216年的著名的坎尼（位于意大利半岛东南海岸）战役中，汉尼拔利用精锐骑兵和地形地貌、气候条件，出奇制胜，以少胜多，以3万兵力击败了罗马9万大军，一天内斩杀7万罗马人，包括1名执政官、1名前执政官、三分之二的军官，其中有80名元老级人物，俘虏了1万多罗马人。此役使罗马精锐尽失，元气大伤，盟邦背叛，国运险恶。罗马人在惊惧惶恐中度过之后的十来年，龟缩在城中不敢应战，后来精心选将，并采取渐进战术，才最终打败了迦太基人。今天，坎尼战役仍为全世界军事院校必须了解的以少胜多的经典战役。

第二次布匿战争开始后不久，罗马又卷入了与东边马其顿王国的战争。在公元前215年至前148年间，罗马先后发动了四次马其顿战争，第一次虽然遭到惨败，但最后仍打败了马其顿，控制了其在希腊地区的土地。在马其顿战争仍然如火如荼之时，又发生了叙利亚战争或称安条克战争（公元前192年至前188年），即罗马及其盟友帕加马、罗德岛与塞琉古王朝国王安条克三世在希腊半岛、爱琴海和安纳托利亚即小亚细亚的军事冲突。最终结果是，罗马方面胜出，安条克三世被迫签订《阿帕米亚和约》。根据和约，安条克三世完全放弃其在欧洲及托鲁斯山脉以西亚洲的全部土地，交出所有大象，并支付 15 000 塔兰特银币。作为长期支持罗马的回报，帕加马和罗德岛获得了塞琉古王朝在小亚细亚的全部领土。罗马在希腊、爱琴海和小亚细亚的霸权得到了明确的承认，现已是环地中海世界的唯一强国。

格拉古改革

对外战争不仅使奢靡之风弥漫，更使整个意大利发生了深刻的社会变迁：大量阵亡士兵和破产农民的土地被贵族兼并，自由民数量剧减，而大量战争财富和奴隶流入又进一步摧毁了传统小农经济，平民无以为生，贫富差距悬殊，中下层阶级与贵族的社会矛盾日益尖锐。战争夺去了很多农民兵的性命，生还者中又有不少人染上了无法治愈的疟疾，从而使许多地方成为无人区。事实上，早在第二次布匿战争的前 15 年中，汉尼拔的劫掠和征用便使一些地区的小农彻底破产。在之后对巴尔干和东方的战争中，同样的原因继续使大量小农破产，即因负债而丧失其土地，而因奴隶劳动的使用，他们在大土地所有者那里又找不到工作，因而不得不往城市迁移，成为流民。流民又因穷愁潦倒而不断滋事闹事，从而可能成为"暴民"。

凡此种种，使罗马社会处于崩溃的边缘。这就是平民与贵族的结构性矛盾以及格拉古兄弟应势崛起的历史背景。其实，早在格拉古改革之前、第三次布匿战争结束后不久，代表上层阶级利益的"贵族党"与维护和争取下层阶级利益的"平民党"就形成两股势力，二者虽无严密的组织，更无政纲，算不上现代意义上的政党，却清晰可辨。有学者认为，他们分别代表一种腐败的寡头政治和一种尚未发展而萌芽已遭腐蚀的民主政治。

贵族出身的格拉古兄弟借多次当选保民官和执政官，发起了一场持续多年、声势浩大的社会改革运动，后来被叫作"格拉古改革"。公元前133年，提比留·格拉古就任保民官以后，提出了一揽子土地改革议案，规定每个公民拥有的公地不得超过500犹格（放牧者牛不超过100头，或羊不超过500头），最大的两个成年儿子可各拥有250犹格，即每户土地被限定在1 000犹格（约250公顷）之内，超过部分由国家按时价收购，再划成每块30犹格的份地，分配给贫穷农户。经过激烈斗争，法案在人民大会上获得通过。这就动了元老贵族即大土地所有者的奶酪。他们千方百计阻止法案的实施，甚至在提比留竞选下一年（公元前132年）保民官时，蓄意挑起械斗，悍然将提比留与其300名支持者杀害。

10年后的公元前123和公元前122年，提比留的弟弟盖约·格拉古两次出任保民官。通过种种"临时规程"和其他操作，他对元老贵族实施了打击。他重提提比留的土地法，又提出了赈济城市贫民的粮食法和授予骑士司法权的审判法等法案。盖约还提出其他一些法案，如国家向平民廉价供应粮食、改组审理行省官员违法案的法庭、在迦太基故址设立殖民地、授予意大利人罗马公民权等。所提法案中有些获得通过，但在迦太基建殖民地和授予意大利人以罗马公民权等问题上遭到了强烈反对。这一切严重损害了元老贵族的利益。公元前121年，改革派与执政当局就是否取消在迦太基建立优诺尼亚殖民地的提案进行谈判，双方发生激烈争吵，谈判破裂，执政官下令对改革派发起进攻。在随后的大规模械斗中，改革派

3 000人遭杀害，盖约本人自杀，元老贵族看似大获全胜。

格拉古兄弟改革中的重要法案虽然保留了下来，但改革本身在当时终归是失败了。元老贵族兼并土地之风不仅没有收敛，反而更猖獗。他们既然要维护自己的既得利益，很自然地也要求保全既有的共和政制。与此相反，非贵族阶级的骑士和广大平民则要求打破元老贵族的权力垄断，主张通过改革来分配公有土地，减免平民债务，通过海外战争扩大帝国疆域，发展海外经济，并兼顾行省的利益。故而从根本看，在屋大维成为元首之前的一百来年里，贵族派与平民派、共和制与的冲突就源于这种结构性矛盾。无论怎么看，罗马称霸后因疆域范围急剧扩大，内部利益关系不可能不发生深刻变化；正是在这种变化中，罗马社会形成了一种元老贵族与骑士、新公民、平民、海外行省之间的结构性矛盾，即出现了一种贵族派与平民派、上层阶级与中下层民众为重新分配权力而激烈博弈的全新格局。

马 略 改 革

在公元前111年爆发的朱古达战争[1]中，贵族派所倚峙的诸多高级指挥官（均为贵族出身）的腐败无能暴露无遗。公元前110年，双方战事又起，罗马方面仍无进展。执政官昆图斯·麦特

---

[1] 朱古达战争指罗马与北非努米底亚王国的战争。公元前133年，争夺努米底亚王位的王室成员朱古达杀害了一些罗马和意大利商人，此即朱古达战争的起因。公元前111年，元老院向已成为国王的朱古达宣战，朱古达战争爆发。但此时贪腐之风盛行，远征努米底亚的将领一再被朱古达收买，作战不力，屡吃败仗。但在马略于公元前107年当选为执政官，偕副将苏拉进军非洲后，罗马最终赢得了战争。

鲁斯接掌前线指挥权后，大力整饬军纪，提拔将才，战事才略有转机，但仍然看不见胜利的希望。前方战事久拖不决，后方人心不安，而北方边境两个日耳曼部落所构成的日益严重的威胁，更加剧了罗马人的焦灼情绪。骑士阶层因其海外商业利益受损而最为不满，他们与平民联手，推举麦特鲁斯的副将、骑士出身的盖约·马略出任执政官兼军事统帅。

"平民党"马略出身于罗马东部的阿皮努姆公民社区。作为骑士和包税人，他凭借多年积累的财富赢得了极大的影响力，于公元前107年当选执政官。这里需特别注意的是，任命马略为执政官兼军事统帅的决定，是中下层民众通过人民大会而做出的，根本不是元老贵族的意思。后者虽竭力反对，但在人民大会上声音太小，完全被压倒；而人民大会在当时毕竟仍代表着罗马共和国的最高权力（尽管逐渐被边缘化）。该事件是个风向标，标志着中下阶层的正式崛起，成为一支与元老贵族势力乃至旧式共和制相抗衡的强大力量。该事件也预示着，在未来一百多年里，从王政时代持续至今的元老贵族集体统治将逐渐被一种新的政制所取代，而这种新政制及其代表即一个又一个强人将越来越集中权力。该事件还预示着，罗马社会将进入一个漫长而血腥的内战期。

鉴于兵源匮乏，马略进行了一场影响深远的军事改革，即建立一支职业化军队。他不顾先前服役的财产资格限制（其实早在第二次布匿战争期间，财产门槛已经降低了），大量招募没有财产的无业游民入伍。与此同时，马略进行了其他重要改革，如明确规定16年的服役期限，使士兵复员能所期有望，从而降低了征兵难度；再如规定军人按级别和兵种发放军饷，复员军人由国家分给一份土地。不难想见，服役期限、军饷和复员优待等措施极大调动了应征入伍者的积极性。相比之下，在此之前，无业游民根本不可能指望从元老院的贵族那里得到任何好处。恰恰相反，他们一直是后者怀疑和防范的动乱因素。经改革整顿，军队由农民兵变成职业兵，战斗力明显提升。马略一到非洲，战事立即有了起色，再加上副将苏拉的有力襄助，罗马终于赢得了战争。朱古达战争结束后，马略在与森布里人和条顿人的战役中又大获全胜，彻底解除了日耳曼部落的威胁。

马略的军事改革取得了复兴罗马军队的明显效果，结束了几百年来耕战结合、兵农合一的制度，使风雨飘摇中的罗马再振雄风。但士兵现多来自无业游民阶级，军营即家，当兵成为其唯一的职业选择，军饷、战利品和复员土地成为其唯一的人生目的，将军成为其唯一的依靠，于是报效祖国的传统观念变形为报效将军个人，军队沦为将领们的私人部队，即农民兵转变成为统帅的"家丁"，罗马因此走上长期内战与共和制衰微的不归路。

苏 拉 集 权

若要对共和制向元首制的转型作一个梳理，科奈留斯·苏拉是一个绕不开的人物。而苏拉的崛起又是马略军事改革的一个直接结果。在历史对外扩张战争中，大量阵亡士兵和破产农民的土地被贵族侵占，自由民急剧减少；而大量战争财富和奴隶流入罗马社会，进一步摧毁传统小农经济，使很多平民无以为生，贫富差距悬殊，社会矛盾日益尖锐；与此同时，因大量战争财富涌入罗马社会，奢靡之风盛行，世道人心不古，布匿战争后仅一百来年，罗马人的尚武精神尽丧，这就是格拉古改革（详上）的历史背景。既然建立在奉献和牺牲精神上的传统公民兵制难以为继,既然曾顽强骁勇的罗马人现在一触即溃,马略之类强人做执政官时着手进行募兵制改革（详上）便理所当然。所谓募兵制,实质上是一种将军豢养士兵、士兵仰赖将军的制度,虽大体上解决了罗马人称霸后不能打仗的问题,却产生了一个始料未及的后果：现士兵只听命于统帅,而非像从前那样听命于罗马社会和国家。

为什么会出现这种局面？究其原因,可以说这是实行募兵制的一个必然后果。若能再深入一点看问题,则不难发现,这是从共和制向某种准君主制转型所必然经历的痛苦蜕变。出身没落贵族的苏拉早在担任马略的副将时,便已在朱古达战争中设计生擒朱古达,为罗马立了大功；在同盟者战争中,更是功劳卓著,现已是一个极具实力的统帅。苏拉趁势参加竞选,当上了公元前88年的执政官。此时元老院正面临平民派的巨大压力,于是选中苏拉为代理人。同年,东方爆发了密特里达提战争——小亚细亚黑海沿岸的本都国王密特里达提六世趁同盟者战争正酣,出兵占领了罗马的小亚细亚行省,旋即进军希腊,以反对罗马统治为号召,联合希腊人屠杀了大量罗马官吏、商人和高利贷者,被杀者多达8万。

不久,同盟者战争结束,元老院抽签决定派苏拉东征。但骑士、新公民、城市平民和马略老兵等以为东征有利可图,不能便宜了苏拉之辈,强烈坚持由马略出征。于是,本已存在的元老贵族派与平民派的斗争演变为苏拉派与马略派的斗争。苏拉因元老院力挺,最终获得指挥权,率军向东方开拔。可他刚一离开罗马,马略便派保民官卢福斯在公民大会上提议授权马略东征,并获得通过。苏拉闻讯后非但不交出兵权,反而说服部下跟从他,率6个军团回师罗马,一场亘古未见的公民打公民的战争就此爆发。马略派战败，四处逃散。苏拉占领罗马后，大搞恐怖统治，杀害了卢福斯及大批政敌，宣布马略等12人为"公敌"，废除马略派通过的所有法令。他们指责保民官专横跋扈，必须削减其权力。他们规定任何议案未经过元老院批准，不得提交公民大会表决。

镇压了马略派以后，苏拉于公元前87年再次率大军东征，围攻并血洗了雅典，战胜了本都王国与希腊联军，挫败了密特里达提的西征企图。然而此时罗马形势急转直下，马略从北非返回意大利，沿途招募军队，联手当年的执政官秦纳占领了罗马。进城后，马略派宣布撤销苏拉颁布的所有法律，对苏拉派进行了残酷报复，以公敌宣告的方式大搞恐怖统治，关闭城门，持续多日杀人，贵族派显要人物一概被处死，财产被没收；不少元老被杀，头颅被挂在广场示众，尸体被拖曳过市，一些人甚至被掘墓鞭尸。公元前86年，马略和秦纳双双当选为执政官。这是马略第7次任执政官，但就任十几天后便在天怒人怨中病逝，秦纳独掌大权。他实行了一系列有利于中下阶层即骑士、平民和新公民的措施，如取消部分债务、增加粮食分配、实行币制改革等。秦纳死后，政权仍在马略派手中。

后院既已起火，苏拉岂有不匆匆结束海外战争转战国内之理？公元前83年，他杀回意大利。克拉苏和庞培等一众贵族青年立即投奔他，失势的元老贵族纷纷组成"还乡团"支持他。马略派在小马略等人的领导下组织抵抗，并与萨莫奈人结成联盟，却被苏拉击败。这次内战虽为时不长，却异常惨烈，阵亡者达10万人以上。苏拉派进入罗马后，以比马略派大得多的规模搞恐怖统治。他们大肆杀戮政敌，接连3日搞公敌宣告，被处死和没收财产者明显超过之前，共约5 000人，包括40名元老和1 600名骑士，被杀元老的头颅被堆积在弗罗广场的入口处示众，他们甚至把一名战功卓著的马略派将军的坟墓掘开，把尸灰撒在阿尼奥河中。不仅政敌亲属受株连被害，而且很多人因私仇被杀，受害者的土地和财产都被褫夺。背叛苏拉的许多意大利城市遭到同样残酷的报复。

公元前81年，苏拉打破独裁官任期最多到壮年的传统，逼公民大会批准首席元老L.瓦列利乌斯·弗拉斯库提议任命他为无限期独裁者（"以便颁布法律并在国内建立秩序"）的议案为法令。无限期独裁官一职使苏拉得以集立法、行政、司法、经济、军事诸大权于一身，成为食君主制"禁果"第一人，虽无"奥古斯都"之名，却有其实。独裁期间，他取消了马略派已经实施的所有有利于民众的法律，恢复他第一次回攻罗马时颁布的所有法律，并刻意削弱保民官的权力。苏拉大多数措施的目的在于恢复元老院的既有权力，貌似要回到格拉古改革之前的旧秩序，结果却是违背共和制原则的独裁行为。但恢复旧制度已不可能。在意大利人的罗马公民权和各自治城市与罗马的关系问题上，苏拉也不可能回到旧秩序。此时，罗马政体正经历着至为深刻的转型，共和制委实难以为继，故苏拉貌似合法的独裁完全可以视为恺撒终身独裁和屋大维式元首制的先声。

恺撒专制

接下来叩君主制之门的一个关键人物是尤利乌斯·恺撒。公元前80年至前70年左右，在恺撒尚未以卓越战功进入公众视野之前，已有庞培、克拉苏的强势崛起，二人双双借军功当选为执政官。为了获得更大影响力，公元前60年，二人与此时已战功卓著

第五章 罗马（下）

的恺撒秘密缔约，结成后来史家所谓"前三头同盟"。在庞培和克拉苏支持下，公元前59年，恺撒当选为执政官；庞培也借恺撒排挤另一名执政官而实际操控政局。但既然是相互利用，三头同盟便不可能持久。公元前53年，为了捞取政治资本，克拉苏在形势不明的情况下主动挑战帕提亚，结果兵败被杀，三头同盟一下子变成恺撒与庞培双雄对峙。此时庞培已是元老派的头号人物，而恺撒则为反对派的非正式领袖。元老院担心恺撒势力过大，成为独裁者，决定不延长其在高卢的总督任期。这不啻是褫夺其兵权，是最后摊牌。恺撒岂是等闲之辈？

凭着个人品行、多年带兵打仗尤其是对高卢的经营，恺撒翅膀早已长硬，声望卓著，拥有一支完全效忠于他个人的庞大军队。为了把握战机，经反复思考，精心谋划，他仅以身边一个军团和少量辅助部队，于公元前49年1月果断渡过意大利与高卢间的界河卢比孔河，直扑罗马，把毫无准备的庞培和元老院贵族打了个措手不及，狼狈逃窜。帝国又一次爆发大规模内战。同年11月，出乎所有人的意料，恺撒率7个军团在希腊登陆。翌年8月，恺撒与庞培军队在希腊北部展开决战，彻底击溃庞培。后者逃往埃及，不愿得罪恺撒的托勒密王朝派庞培一个前部下将其杀死。之后恺撒由军事独裁转为全面独裁。

此时的恺撒不仅是继苏拉之后又一个食"禁果"者，而且比苏拉吃得更加理直气壮。他不仅连任执政官，还任监察官、公民道德督察，甚至终身独裁官。他拥有令人目眩的"元帅"和"国父"尊号；用"尤利乌斯"（Julius，英语的July即源于斯）一词命名其出生月份；其塑像与诸王并列，人身神圣不可侵犯；众目睽睽之下，在剧场里坐高人一等的座位；"庆祝他的诞辰、胜利和宣誓的节日充满了历书"；可向公民大会推荐公职候选人，甚至可以越过既有规章程序亲自任命官员。虽然从根本上看，如此集中权力是罗马称霸之后的必然反应，但是这么做毕竟是对人们传统心理的严重忤逆，不可能不招来反对——恺撒迅速成为贵族元老们的眼中钉、肉中刺。在他们看来，他既然与跟他南征北战、出生入死的普通士兵结成同盟，在政治上必然跟元老贵族作对，必然损害其利益。而恺撒的傲慢更让元老贵族对他的仇恨与日俱增。当他作为独裁官（或是永久性独裁官）剥夺保民官凯塞提乌斯·弗拉沃斯和埃庇迪乌斯·马卢鲁斯的职务时，贵族元老们忍无可忍。公元前44年3月15日，二十来个贵族元老以布鲁图（恺撒的朋友）和卡西乌斯为首，以反独裁、保卫共和为号召，趁恺撒参加元老院会议时在元老院大厅里杀死了他。

布鲁图之辈自以为伸张了正义。杀死恺撒后，布鲁图自信满满地在元老院发表演讲，声称他们恢复了人民的"自由"。元老院通过了对既往不予追究的法律，采取种种措施保护犯事者。然而，罗马城里惶恐紧张的气氛终究难以驱散，再加恺撒盟友安东尼的煽动，当他的遗体在罗马广场焚烧时，民众看到从前至高无上的统帅遍体刀痕、血肉模糊的惨状，情绪再也无法控制，火葬仪式迅速演变成骚乱。他们用各种方式表达对阴谋者的仇恨：一些人把珍贵的个人物品掷入火堆以示对恺撒的敬意；一些人从火堆里抽出一些仍在燃烧的木条，放火焚烧密谋者的宅邸。骚乱中，恺撒的同情者开始在全城上下搜捕凶手。

于是，恺撒的义子屋大维和盟友安东尼、雷必达走上前台，于公元前43年结成"后三头同盟"，以追凶复仇为号召全面展开反共和派战争，罗马社会再次陷入全面内战。尽管"后三头"分治帝国——屋大维管非洲、西西里和撒丁岛,安东尼辖高卢,雷必达理西班牙——的协议获得公民大会的承认,故与"前三头"的私人密约不同,具有合法性和公开性,但他们掌权后的所作所为与苏拉几十年前没有两样,也大搞公敌宣告和恐怖统治,连妇女儿童也不放过,处死了共和派方面约 300 名元老和 3 000 名骑士,包括政治家、演说家西塞罗。

罗马城被控制后,"后三头"再次划分势力范围:屋大维掌意大利和高卢,安东尼辖帝国东部,雷必达管北非。可三人之间并非没有利害分歧,只因共和派势力仍未被完全消灭而尚未撕破脸皮而已。因居战略要地罗马和意大利,屋大维努力与社会各阶层搞好关系,势力稳步壮大。公元前 36 年,经过了多次战败后,屋大维最终击垮共和派势力,随即解除了雷必达的兵权。这时"后三头"重演了"前三头"的那幕戏——也由三家联盟一变而为屋大维与安东尼双雄对峙。公元前 30 年,安东尼在亚克兴海战中被屋大维击败,自杀身亡,3 天后,与他结盟的埃及女王克利奥帕特拉七世也自杀。屋大维终于完成了"统一"。

回头看,不难发现,罗马称霸后之所以发生从格拉古兄弟到马略、苏拉,从庞培、恺撒再到安东尼、屋大维近一百年的激烈动荡和血腥内战,是因为当罗马从一个蕞尔小邦壮大成为一个超大帝国后,既有的利益格局早已被打破,传统政制已不合时宜,中下层民众的政治经济诉求难以得到满足不说,一年一度选举执政官、独裁官任期半年等制度已不能适应管理一个超大帝国的需要。事实上,之前通常是有重大战事时任命独裁官,可是现在战争不仅非常频繁,而且往往一打就是好几年,独裁官任期如果依然只是半年,这种集中权力以应对危机的制度还有什么意义?而独裁官任期一旦不再受限，一年一选两名执政官的制度也就失去了意义。有论者说："恺撒的工作之所以必要而有益，不是因为它本身确已造福人类或可能造福人类，乃是因为在上古那以奴隶为基础、全无共和、宪法的代议制的人民组织中，面对那经过五百年的发展已成为寡头专制的正统城邦政体，军事专制的君主政体实为理之当然的极峰，也是最轻的祸害。"传统共和制这种分权和集体统治的政治模式既然无力解决治理超大帝国的难题，就只能向君主制转型。

屋大维只称"元首"

公元前 27 年 1 月 13 日，在罗马元老院大厅里，从多年内战中胜出、两年前即在凯旋式上被授予其所要求的"元首"（即第一公民）头衔的盖乌斯·屋大维做了一场不温不火的表演：他一方面表示要卸除手中的一切大权，恢复在近一百年动乱中遭到破坏的共和制；另一方面又显得像出于无奈，或者说迫于元老院无比诚恳的请求，而不得不接受终身执政官、终身保民官、最高军事统帅、首席法官、大祭司长等权位。元老院出于对屋大维的敬重和感激，三天后又授予他"奥古斯都"之神圣、光荣、伟大的称号。自此，实行了五百年的共和制名存实亡，被一种可视为准君主制的元首制取而代之。

比之无"元首"头衔的苏拉、恺撒，屋大维显然是更上一层楼，"君主"做得显然更名正言顺。现代人崇尚民主自由，对于取代了共和制的元首制是不以为然的，但必须承认一个事实：当小小罗马发展壮大为一个超大帝国后，传统政制已完全不能适应形势的需要，集中政治权力成为一种历史必然。回头看，从格拉古改革到

第五章 罗马（下）

屋大维成为"奥古斯都"，近一百年中一再发生的血腥动乱和惨烈内战，实则只是从共和制过渡到元首制的一场漫长的产前阵痛。实行元首制虽是历史必然，但其常常被称为"帝制"，元首常常被称作"皇帝"，却未必符合事实。"帝制""皇帝"云云，其实只是一个方便的说法。在戴克里先实质性加强首脑权力之前的三百多年里，元首制大体上只是一种准君主制，元首至多只是一个准皇帝。这是因为虽然沿袭自共和时代的政制安排现在大体上只是一种形式，却仍能对元首形成不小的牵制。这就是为什么屋大维竭力营造一种印象：他所建立的新制度不仅结束了十几年的内战，实现了和平，而且恢复了先辈创立的古老而光荣的共和制。这与秦汉王朝实行的、形式上皇权至高无上的郡县帝国制形成了鲜明对比。

元首制之所以只是一种准帝制，还有另外一个关键原因：帝国治理框架表面上看是"行省制"，实际上却是地方自治，即一种因地理自然格局和历史沿革而普遍实行的、以具有不同法权地位的自治城市为基础的联盟性政治结构。如此这般，罗马帝国的中央权威不可能不打折扣。帝国不仅没能实现秦汉式的货真价实的政治统一，其国家能力也受到不小的限制。屋大维去世后，罗马在元首制下持续了约两百年，即进入"3世纪危机"这一漫长的动乱期；之后又勉强支撑了一个半世纪，其间，中央集权虽一度得到了强化，君主制终于像模像样了，但终究未能免于覆灭的命运。但这与秦汉帝国的终结有一个本质的不同——罗马政制早在5世纪就不复存在，秦汉体制却绵延不绝，直至1911年。

元首制究竟是何政制？在这种制度下，共和国时的执政官、保民官、大祭司长等职位虽然保留了下来，现却形同虚设。既然元首现在独揽最高行政权如终身执政官、终身保民官和最高军权（大元帅)、最高宗教权(大祭司长)于一身,这些职位究竟还有多少意义?后来奥古斯都虽迫于压力于公元前23年辞去执政官一职,但元老院随即又颁布特别法令,授予他与执政官同等权力的总督权,管理帝国的军事行省。如此这般,奥古斯都对国家的控制权不是削弱而是加强了。公民大会在共和制时期便已无实权,现在更极少召开,名存实亡。但元老院不同。一直以来,这个享有道德威望的咨询和决策机构有着最高立法、行政、司法、财政、外交、军事和祭祀等多方面的功能,此时仍保留了较多权力,其中立法权在行元首制后的一百多年间仍十分突出,甚至被认为取代了公民大会,成为帝国的主要立法机构。

元老院依然强势

新时代的罗马人对历史悠久的传统政制依然怀有感情。这主要体现在对元老院制度的维护和尊崇上。曾几何时,元老院还是一个实质性的统治机构。有论者说,"行政方面的事,宣战、媾和以及结盟、建立殖民地、分配土地、营建房舍,总之,每件永久而有深刻重要性的事,尤其是整个财政系统,都绝对属于元老院";而元老院之所以拥有这些重要权力,"不是偶因门第的虚名,而主要是人民自由选择的结果;他们每四年一次由庄重可敬的人进行严厉的道德评判;他们终身任职,不受任期届满或民意摇摆不定的影响;他们自从等级趋于平等以来,始终保持紧密团结;人民所有的一切政治才智和实际治国本领,都无所不包于其中……元老院实为这个国家的最高表征。因其坚定如一且明达治道,因其团结一致且爱国心切,因其权势隆盛且勇敢坚强,罗马元老院实为冠绝古今的政治机构"。

正是元老院曾拥有极大权力和崇高威望这一事实解释了为什么奥古斯都一方面把多个最高权位集于一身，一方面又着手重建元老院，加强其地位，使其"重拾尊严"，再次成为国家政治生活中不可或缺的一部分。屋大维实在不敢冒天下之大不韪，弱化元老院。相反，他很清楚，只有与元老院充分合作，才能坐稳元首之位。正是在奥古斯都执政期间，格拉古时代以来元老院与人民失和的关系恢复了和谐。正是在其治下，元老院颁布的法令开始享有充分的法律效力。元老院既然像他所认为的那样仍然具有确保元首权力合法性、神圣性的作用，故而仍是保证社会团结、国家安定的一个重要因素，那么奥古斯都以及之后每个元首上台前都寻求元老院的认可和支持，就不难理解了。

然而历史趋势不可阻挡。屋大维之后，渐渐地，元首敕令成为国家法令的主要来源，元老院虽仍享有很高的威望，看似最有可能对种种最高权力集于一身的元首形成制约，实则被日益边缘化。这在一定程度上解释了为何在塔西陀一类人看来，元首制其实是一种披着共和制外衣的"皇帝制"，元首就是"皇帝"。尽管如此，在实行元首制的最初约两百年里，很大程度上，因元首与元老院之间形成了一种前者为主、后者为辅的权力分享机制，帝国进入一个和平繁荣时期，史称"罗马和平"。屋大维出台了诸多重要举措，如建立28个殖民地、扩大意大利及其他地区公民权的授予范围、改革财政与税收制度、创立第一支常备军；再如为防止军队干政，把军团驻扎在帝国边境。虽没有发动过共和国晚期那种大规模战争，帝国疆域仍有所扩大。公元前19年西班牙北部战役结束，罗马实现了对整个西班牙的控制。在东方，罗马吞并了亚美尼亚和高加索，兵锋直抵帕提亚边境。

屋大维于公元14年去世，其养子提比略继承了所谓"朱里亚—克劳狄王朝"[1]。他虽拒绝了元老院提议授予他"国父"称号及一项要公民宣誓服从元首的法案，声称自己只是一个凡人，甚至认为行省居民应把对元首的崇拜和对元老院的尊敬联系起来，给人一种民主开明的印象，但这只是惺惺作态。罗马政制进一步朝加强元首权力的君主制方向发展。提比略与元老院的矛盾逐渐尖锐起来。正是他恢复了限制言论自由的"大逆法"，很多人因言获罪。据塔西陀记载，他把禁卫军集中到罗马城内，貌似保护元首，实则恫吓元老；甚至规定元老院只能发表与其相同的意见，严厉制裁和处死一切反对和非议元首之人。

鉴于之前提比略和卡里古拉都被禁卫军杀死，继任的克劳狄虽本性残忍，却能刻意保持低调，竭力维持与元老院的友好关系。他在位期间，元老院比之前明显更活跃，频繁通过决议，在国家立法活动中发挥了重要作用；民众社会地位有所提高；行省税负减少、政治地位得到提升；行省贵族获得充任高级官员和元老的权利。他还拒绝了元老院提议授予他"元老院之父"的荣誉，对之可谓尊重有加，甚至保持了除元老院同意外"没有自作主张召回一个流放者"之记录。但他出台的一些措施，如设立三个中央行政部门，即秘书处（掌内政、军事、外交）、财政处和司法处，却明显是向君主制靠拢。

---

[1] "朱里亚—克劳狄王朝"指屋大维与其家族形成的王朝。屋大维去世后五十余年里（公元14至68年），有4位元首即位——提比略、卡里古拉、克劳狄和尼禄。他们均为屋大维及其第三个妻子李维亚的亲族，同时又都属于朱里亚和克劳狄这两个氏族，故其政权被称为"朱里亚—克劳狄王朝"。

接替克劳狄的，是其养子尼禄。作为朱里亚—克劳狄王朝最后一任元首，尼禄往往被视为头号暴君。史家笔下的他生性暴虐，淫荡无度，热衷表演，甚至自封"伟大艺人"，更遑论迫害和屠杀基督徒。但仍不难发现，尼禄力求社会和谐，与此同时既搞民粹主义以削弱元老院的权威，又设法与元老院搞好关系。但主要因个人品行的缘故，他与元老院的矛盾日益激化，当西班牙总督加尔巴造反，自立为元首时，元老院立马予以承认，而且宣布尼禄为人民公敌，判处死刑。此事给人这种印象：元老院权力还真不小。

元老院缓缓淡出

元老院的威风只是一种假象。尼禄被宣布为公敌并自杀意味着朱里亚—克劳狄王朝的终结。罗马政局随之发生了剧烈震荡，加尔巴、奥托、维特里乌斯和韦斯帕西安努斯你方唱罢我登场，上演了一出出血腥杀戮、争夺权位的"四帝年"丑剧。内战尘埃落定时，帝国已改朝换代。弗拉维王朝开创者韦斯帕西安努斯进行了多方面改革，如重新登记审查元老院贵族和骑士人员，罢黜贪腐分子；如效法克劳狄，在行省中选贤举能让其进入中央任职。这些措施都起到了弱化元老院、强化元首权力的作用。正是在弗拉维王朝时代，元老院立法活动开始减少。从奥古斯都到尼禄，有记载的元老院决议有62个，而弗拉维时期只有5个。

79年，韦斯帕西安努斯病逝，长子提图斯继位。提图斯曾挂帅镇压犹太起义，有丰富的军事和行政经验，在军队中享有崇高威望。在位期间，他尊重私人财产，施政作风宽厚，与元老院保持着较好的关系。提图斯去世后，弟弟图密善继位。但他性格与父兄大不相同。之前各元首多少还顾及共和制外表，图密善却大搞君主制，赤裸裸地一点也不客气。他以"主人和神"自居，自封"终身监察官"，甚至处决了多名元老，与元老院关系紧张到无以复加的地步。待他一死，元老院立即宣布他为"公敌"，推举涅尔瓦继任，弗拉维王朝被终结。然而，朝君主制演变的趋势不可能因一人之死而自动消失。在戴克里先这个大巫面前，一度试水自我神化的图密善只能算个小巫。进入2世纪后元老院活动明显减少，这绝非偶然。

涅尔瓦于96年因受元老院拥戴登上大位，开启了所谓"五贤君"时代。年事已高的他与元老院关系亲善，表示凡军政大事都与元老院商量，甚至宣誓保证不处死任何元老。但这种亲善元老院的政策只是元首权力不断强化的总趋势之下的一个小小回波而已。这些做法导致军人不满，禁卫军发动了叛乱。这时涅尔瓦意识到，没有军队支持非常危险，于是把战功卓著的上日耳曼总督图拉真立为嗣子。图拉真继承了涅尔瓦亲善元老院的政策，同时又从东方各行省精英中任命元老院成员，进一步加强与元老院的关系。图拉真对内轻徭薄赋，大行仁政，对外则顺从民意不断发动战争；同时还实施多项大型公共工程，修路、造桥、开渠、垦荒、开辟港口，不一而足，在元老院、军队和民众中都享有极高威望。

117年，图拉真弥留时把哈德良立为嗣子。后者一直随他转战南北，深受其赏识。图拉真去世不久，哈德良便被军队推举为元首，不久后即得到元老院批准。他像图拉真那样，对元老院十分尊重，与之保持和谐的关系，元老院的活动因此与图拉真时期一样活跃。但哈德良在位期间，官僚制度进一步发展，屋大维时创立的元首顾问委员会此时变为一个纯官僚机构，成员与普通职官一样拿国家薪水，与元首关系之亲密程度远超与元老院的关系。这只会起进一步弱化元老院、强化元首制的作用，也一定程度上解释了为何哈德良去世后，元老院决议数量迅速减少，元首敕令开始显著增加。之后马可·奥勒留虽继续与元老院保持友善关系，但从前所未有地大量颁布敕令的行为来看，元老院的立法权此时已丧失殆尽。

及至3世纪早期，元老院立法活动和元老院决议几近完全消失，元首敕令几乎成为帝国法令的唯一来源。可以说，及至此时，元首制才比较接近皇帝制。但，这并不等于政治权力终于有效地集中起来，政治统一终于有了实质性内容。刚好相反，此后，元首更像是军队和禁卫军手中的傀儡。因罗马人始终没能发展出最高权位更替的有效机制，（3世纪以前）元老院、军队和禁卫军纷纷卷入元首的废旧立新中，而这从来都少不了残忍和血腥。据吉本称，238年，元首头衔数月间在杀戮中六易其手；伽利埃努斯当政的15年（253年至268年）里，共有19人登上大位，悉数行伍出身，竟无一人得善终。

杀戮中的废旧立新

马可·奥勒留于180年去世前，因在家族之外找不到合适的义子或继承人，出于稳定政局的考虑，不得不将元首职位传给亲生儿子康茂德。这在当时就引起了很大争议，后来情况发展更是证明，不仅虎父犬子，而且奥古斯都以来的相对和平也无法维系，帝国总体进入了一个长达数百年的内忧外患的败落期，内部是元首的频繁废立，外部很快就三次遭受萨珊帝国的深重打击，更不用说来自各方向的蛮族入侵现已成为家常便饭。可以说，康茂德执政标志着帝国盛极而衰，自此江河日下，虽有回光返照，败亡之局终不可逆。

康茂德生性懦弱，色厉内荏，患有妄想症，上台后立即改变父亲以攻为守的方略，与敌人签订了明显过于慷慨的停战和约，旋即率军返回罗马，之后再也没有进行过大规模军事行动。战争是罗马人的挚爱，是其宿命，不打仗，无论谁在最高权位上，都不可能赢得元老院、军队和民众之心。更糟糕的是，无能的康茂德不仅不打仗、不理政事，还厚颜无耻地大搞个人崇拜，竟自称是大力神赫拉克利斯转世。他沉溺于娱乐、狩猎和角斗，常常亲自下到竞技场，与角斗士或野兽搏斗，对政事的怠慢创了新高。这不仅使他与元老院关系持续紧张，而且使大权几乎完全落入寝宫侍卫和禁卫军司令手中。他们大肆出售帝国官职，竟无比荒谬地一年任命了25名执政官。

192年最后一日，康茂德被情妇和禁卫军长官合谋杀死，不仅安敦尼王朝被终结，强盛了近五百年的罗马帝国也正式进入衰亡期——一个持续了近三百年的漫长衰亡期。政变后第二天，合谋者即推出佩蒂纳克斯为元首，但他很快便因严格军纪、紧缩财政等举措激怒了禁卫军。禁卫军不再支持他，即位仅三个月便将其杀害。之后，罗马社会在权位交接上再一次陷入长时期的混乱和内战状态。对所有掌握兵权或其他重要资源者而言，最高权位的诱惑实在太大，故而人人冒险犯难，不到鱼死网破、你死我活，决不罢休。在康茂德死后的混乱和屠杀中传来消息：两名海外总督自立为元首，即北非的塞维鲁和叙利亚的尼格尔。迫于塞维鲁的压力，元老院处死了在位仅九周的朱里亚努斯。但塞维鲁要问鼎罗马，首先得战胜尼格尔；要打败尼格尔，又得暂时联手不列颠总督、同乡阿尔比努斯；打败了尼格尔后，又必然向阿尔比努斯开战，直到

197年才战胜并将其处死。

新内战与"四帝年"极相似,但这次战争时间更长,对帝国的伤害也更严重。即令已有29名元老被杀,但塞维鲁对活下来的元老仍然不放心,于是将他们从元老位置上撤下来,换上自己的骑士部下,与此同时还将重组的新禁卫军规模扩大到先前的4倍。图拉真时代以降,罗马军团总数一直稳定在30个,塞维鲁现在把军团数量增加到33个,同时还增加了骁勇善战的土著雇佣兵的数量。鉴于马可·奥勒留以来边境危机一直不断,而现在形势更比以往任何时候都严峻,塞维鲁前所未有地提升军队的地位,把军团军官变为一个特权阶层,把新禁卫军的老兵提拔为军官,军队的奖励和薪水也都明显提高。这些做法不可能不增加整个社会的经济负担,不啻是杀鸡取卵,竭泽而渔。

这种种军国主义举措看似取得了"中兴"效果,帝国看似由被动防御转为主动进攻。帕提亚人既然帮助过尼格尔,塞维鲁上台后很快就对其开战,攻占了泰西封,重申哈德良已放弃的对两河流域的主权。在西边,塞维鲁亲征不列颠,惩罚不断袭扰边境的蛮族,甚至破天荒地入侵苏格兰,但在东方和不列颠都没能取得决定性胜利。更糟糕的是,大幅度提高军队地位,赋予其种种特权,必加重社会中下阶级的税负,最终将从根本上削弱帝国的国力。有论者说:"与过去一掷千金不同,现在是为了军人的利益而细水长流地消耗帝国。"重用禁卫军长官,又不可能使其获得超常的权力。事实上,此时禁卫军司令位高权重,宛如专制君主。既如此,塞维鲁这种"正牌"君主往哪里搁?这就为此后连锁反应般的灾难埋下了祸根。很明显,即便上台了一个强人,罗马离稳定的政制仍十分遥远。

塞维鲁于211年去世前把权位同时传给两个儿子，可是一山不容二虎，其中一个叫"卡拉卡拉"的恰好是禁卫军司令这样的准君主的女婿。这种局面本身不已埋藏着巨大隐患？二子争雄，难免有一番厮杀，禁卫军怎么可能不掺和进来、从中渔利？再加持续不断的蛮族入侵，最高权位更替自此呈现出一派无比频繁、无比残酷和荒谬的景象。据吉本记载，最高权位在238年的数月间竟在杀戮中六易其手，最后落入阿拉伯人菲利普手中。又据吉本记载，在伽利埃努斯统治的15年期间，共有19人登上大位，全系行伍出身，竟无一人得善终。据另一项统计，伽利埃努斯在世期间，即218年至268年这50年间，总共有50名僭位者拥有元首头衔，平均一年就产生一个新"皇帝"；在3世纪产生的27名"正式"（得到元老院任命的）元首中，除1人外，其余26人统统被军队所杀。

禁卫军的建立始于奥古斯都。后来事态表明，禁卫军不可能不卷入元首与元老院的权力斗争，不可能不持续坐大，甚至达到翻云覆雨、随意废旧立新的地步。而行省军队对此又不可能坐视不管，必然加入与禁卫军的夺权游戏。从根本上看，之所以有此乱局，是因为共和制式微后，在最高权力的更替上，罗马始终没能形成一套有效机制。质而言之，罗马没能像其他大帝国那样开出"正牌"的君主制，不确定性遂成为帝国常态。为了保住权位，元首不惜笼络纵容禁卫军，以越来越最丰厚的赏赐贿赂他们，这又势必导致禁卫军长官权势熏天，元首沦为其傀儡。至2世纪末3世纪初，元首与元老院的权力斗争达到白热化程度，禁卫军被当作恫吓元老的一只恶犬，在元首纵容下变得越来越贪婪，对赏赐的胃口也越来越大，无理要求稍得不到满足，便策动哗变，弑君立君如家常便饭。

"共治"的闹剧

尽管帝国早从康茂德被杀起就已进入漫长的衰亡期，但并非不能出现一个回光返照的时代，戴克里先便代表这样一个时代。284年，随着强人戴克里先登台，在废旧立新上持续了几十年的杀戮看似得到了解决。戴克里先于244年出生在一个被释奴隶之家，以如此卑微的身份入伍当兵，完全是靠努力打拼，累积军功，才脱颖而出，至284年，已晋升至元首亲卫队队长。同年，时任禁卫军司令连续谋杀两任元首，戴克里先将其阴谋揭穿，并在公开审判现场将其杀死，随即被士兵们拥立为新元首。

针对此前已持续了半个世纪的危机，戴克里先展开了一系列强化军事官僚机构、加强国家对社会经济生活干预的重大改革。从之前一次又一次废旧立新的杀戮中，他得出这一深切的认识："即便精力最充沛的统治者和帝国救世主，对于士兵的背信弃义及他们被煽动起来的情绪也无可奈何。"对此顽症，他所开药方是"四帝共治"，即"用继承人和同僚把自己环绕起来"；如此这般，"对篡位者而言，野心所要攻击的目标就远了，军营叛乱的成功率也降低了……一次阴谋不可能在 天之内成功地除去并杀死两位或四位统治者"。具体做法是把帝国一分为二，由两位主帝"奥古斯都"和两位副帝"恺撒"共管。他们均不以罗马为都，而分别另立新都。这就把元老院的影响限制在罗马，不啻剥夺了其权力。

很明显，在向实质性的君主制推进方面，戴克里先超过了之前所有元首。他模仿东方君主将自己神化，自封主和神。只有些许共和制痕迹被保留下来。至此，尽管时间较晚，但罗马政制已成为真正的君主制。因疆域过大，戴克里先将辖区较大的行省划小，行省总数由50个增至101个，分属12个行政区，同时使军权和行政权分离，以减少反叛的可能性；还进行了重大军事改革，把军人总数从40万增加到50万以上；征募了大量蛮族兵，并把军队分为边防军团和机动军团两大类。此外，也统一税制，取消了部分免税特权，同时颁布敕令，对诸多商品价格乃至劳动工资都做了详细规定。

这些改革措施的确起到了暂缓危机的作用。305年，东部奥古斯都戴克里先和西部奥古斯都马克西米安同时退位。西部恺撒君士坦提乌斯成为皇帝。但随着君士坦提乌斯于次年病逝，内战随即爆发，其倚靠军中基督徒的儿子君士坦丁在与诸兄的战争中胜出，成为西部皇帝。此时李锡尼也控制了东部，二帝并立。可一山不容二虎，两帝之间最终爆发了战争。323年，君士坦丁发起进攻并击溃李锡尼，重新统一罗马帝国。统一后，君士坦丁继续集中政治权力，废除了四帝共治制，使基督教合法化，还进行了其他重要改革。

在戴克里先的基础上，君士坦丁又明显强化了君主制。他进一步神化皇权和皇帝本人，屋大维时代以来对君主权力持续不断的强化和神化，至此达到顶点。具体做法是，把帝国划为高卢、意大利、伊利里亚[1]和东方四大行政区；鉴于禁卫军干政，废除了禁卫军，将司令职位一分为四，由军职变为行政职，分别负责四大行政区，再用直属皇帝的亲卫队来取代禁卫军，同时降低驻扎边疆军团

---

[1] 伊利里亚，古地区名，位于今巴尔干半岛西北部，即亚德里亚海东海岸及以东内陆地区，大致相当于现斯洛文尼亚、克罗地亚和波黑部分地区。

第五章 罗马（下）

的实力；任命三个儿子为"恺撒"，分管西班牙、高卢和不列颠，亚洲各省和埃及，以及意大利、伊利里亚和北非，同时让两个侄子控制北部和黑海地区。他本人则负责帝国现核心区巴尔干、色雷斯和小亚细亚。君士坦丁制定并实施的一些民法对后世影响很大，所颁布的禁止佃农离开所租种土地的法令，把佃农变成了农奴。诸如此类的法令起到了奠定欧洲中世纪社会结构基础的作用。

但戴克里先和君士坦丁的军政改革尤其是其强化君权的措施，真的能使罗马帝国起死回生吗？当然不能。在蒙森看来，罗马人的不幸，就在于这些加强君权的措施来得太晚。戴克里先原以为，主帝奥古斯都去世或逊位时，副帝恺撒便自动即位，这样就能避免权位交接可能引起的混乱和厮杀。然而，事实恰恰相反——他刚把权位交给副帝，四帝之间就爆发了内战，断断续续打了二十年，才尘埃落定。君士坦丁胜出后，很自然废除了戴克里先的四帝共治制，派自己的亲生骨肉掌握地方最高权力，原以为如此这般，就不会再发生争夺帝位的战争。他似乎忘记了曾几何时，塞维鲁去世之前把权位传给两个儿子，结果自己一死，兄弟之间立即爆发恶斗，直至最后鱼死网破、你死我活，方才告终。

君士坦丁337年去世前，把帝国大权分给三个儿子和两个侄子，三年后帝国就重现政治危机，子侄之间战争不断。至十六年后的公元353年，儿子君士坦提乌斯二世胜出，帝国才暂获统一。但政局仍然动荡不宁，更何况还有对高卢和波斯的战争。355年，君士坦提乌斯被"叛教者"朱利安推翻。从364年起又开始二帝分治，帝国东西分立之局至此已不可逆转。

379年，狄奥多西一世成为共治皇帝，统治帝国东部，情况略有改观。392年，他宣布基督教为国教，不仅其他所有信仰都被视为违法，而且废除了历史悠久的奥林匹亚赛会，持续了一千多年的希腊罗马文明寿终正寝。394年，击败西部的僭位者后，狄奥多西最后一次勉强统一帝国。在395年去世前，他把帝位传给两个儿子，一为东帝，一为西帝，罗马帝国正式分裂。之后帝国（不含拜占庭）进入苟延残喘状态，直至476年最终灭亡。

结　语

现在可以说，希腊罗马文明的第二形态已经终结，罗马作为一个历史文化共同体，其政治乃至种族同一性将不复存在。在公元2世纪末之后的二百六七十年里，帝国之所以败象丛生直至最终灭亡，除了对外战争频繁、道德滑坡、生活奢靡、瘟疫流行、杀婴之风等所导致的人口不足等原因外，一个极重要的原因在于罗马人没能及时建立一种有效的政治制度，实现真正意义上的政治统一。禁卫军和行省军队动辄发动兵变、废旧立新正是这种无能的征兆。历史学家蒙森认为，"罗马人的不幸就在于君主制实行得太晚，而且是在民族的物力和智力耗竭以后"。从长程历史的角度看，罗马人虽然比希腊人更聪明、睿智，但仍然是"不幸"的。可以说，他们犯了与希腊人同样的错误。尽管从根本上讲，地理格局是罗马帝国未能长久存续的关键因素，但主观方面并非不负有责任。如果罗马人当初不那么贪婪，对被征服民族能不搞那么多的大规模抢掠洗劫和财产没收，而是对他们更仁慈一些，同时建立更为有效的社会政治制度以利政治整合，就可以在东方消耗较少的人力物力资源，就能将更多资源用于防卫和充实其北方疆界。如果能较少主动发动对外战争，而更多地让境内各族人民休养生息，就能营建一个更坚实的人口基础，甚至就可能形成一种基于文化统一性、真正具有社会文化凝聚力的人口结构。总之，若能不同时在东方和北方两条战线作战，所消耗的资源就少得多，就能将省出来的资源用于夯实帝国核心和主要区域的经济和人口基础，用于加强境内众多民族的整合，甚至用于改善与边境蛮族的关系，逐渐将其同化，从而壮大真正意义上的人口规模乃至文明规模。如是，则欧洲历史后来的走势将完全不同，希腊罗马世界经济、文化乃至人种的严重衰退或许根本不会发生，或许就能和平演进为一种更高的形态，所谓"古典文明"与后来的欧洲文明之间的断裂或许就不至于发生，欧美乃至整个人类的历史就都得重写了。

思考讨论题

1. 为什么罗马人最终能打败汉尼拔？
2. 共和制转型为元首制，是必然的吗？
3. "四帝共治"结果是灾难性的，"明君"戴克里先为何会出此昏招？

第六章 基督教的兴起

第六章 基督教的兴起

犹太文化，也叫希伯来文化，是西方文明重要源头之一，其主要贡献在于塑造了西方一神教和以《摩西十诫》为代表的律法传统。犹太教是犹太文化的集中体现，也是基督教的源头，可为什么犹太教始终是犹太人的宗教，而基督教却成为西方人的宗教？基督教发端于犹太教，可为什么西方社会自古以来一直存在反犹传统？这与自古以来犹太教和基督教"剪不断、理还乱"的关系有关。

早期犹太历史

对犹太早期历史的了解来自《旧约圣经》，据其记载，古犹太人被称为"希伯来人"，最早是公元前3000年左右居住在幼发拉底河流域的一支游牧民族，大约在公元前2000年，他们的先祖亚伯拉罕受上帝的旨意，迁居到了迦南（今天的巴勒斯坦）。犹太人一直把迦南地区视为"应许之地"，但一直是"客民"身份，在迦南继续保持游牧习惯，居无定所地生活了一百年，一直没有拥有一块属于自己家族的土地，完全是寄居的状态，但家族非常富裕，后来亚伯拉罕妻子撒拉去世，为了安葬妻子，亚伯拉罕不得不以400块银币的高价购买一块风水宝地。1948年以色列建国之前，犹太人的"客民"习俗和经商传统很有可能是继承了他们的先祖基因。

大约公元前1567年，迦南地区发生灾荒，希伯来人逃荒来到埃及做奴隶，他们不甘忍受埃及法老的压迫和奴役，希望逃出埃及重返迦南。公元前13世纪末，他们在摩西带领下，逃出埃及，但在归途中，历尽磨难，在西奈半岛的沙漠里辗转四十余年，找不到返回迦南的归途，人心开始涣散。为了凝聚人心，摩西借上帝雅赫维的名义，在西奈山上重申与上帝之约，通过《摩西十诫》约束人心,进一步强化上帝雅赫维的唯一性,自此成为整个犹太民族凝聚力的来源。这批希伯来人回到迦南后过上了定居的生活。一神教由此基本确立起来。

公元前12世纪初,迦南遭到了腓力斯丁人的占领并被改名为"巴勒斯坦",意为"腓力斯丁人的国家"。在抗击腓力斯丁人入侵的过程中,扫罗带领12个部落的希伯来人,同仇敌忾,奋勇反击,最终形成了一个专制王权的国家。后来,大卫继位,彻底赶走腓力斯丁人,建都耶路撒冷,到所罗门统治时期,国家盛极一时。所罗门在耶路撒冷的锡安山上修建了一座宏伟壮观的雅赫维神庙,有"圣殿"之称,该建筑由此成为犹太教信徒的宗教活动中心和民族团结的象征。

扫罗、大卫和所罗门三位国王统治时期被犹太人认为是其民族历史最辉煌的时期,完成了建都耶路撒冷和建"圣殿"的任务,19世纪兴起的犹太复国主义,也叫锡安山主义,目的就是想恢复、振兴这三位国王统治时期的辉煌。

所罗门死后,王国南北分裂,北部的以色列,设都撒玛利亚,南部的犹太,继续以耶路撒冷为都城。公元前722年,以色列为亚述所灭,犹太国成为正统希伯来文化的保持者和传承者,希伯来人从此被正式叫作犹太人,希伯来的一神教被称为犹太教。

公元前586年,新巴比伦国王尼布甲尼撒率军队灭了犹太国,雅赫维圣殿遭摧毁,包括王公贵族等在内的一万多名犹太人被俘虏到巴比伦,史称"巴比伦之囚"。公元前538年,波斯人攻占巴比伦,犹太人被释放回国,重建雅赫维神庙。以色列国和犹太国先后被灭亡,其原因除了当时的亚述帝国和新巴比伦王国的强势入侵外,与国内危机四伏密切相关,国王和贵族昏庸暴戾,上层阶级醉生梦死,祭司只知索要祭品、狂喝滥饮,奸商、高利贷者不择手段地聚敛财富,整个社会道德败坏,世风日下。犹太历史上著名的"先知运动"在此背景下出现,一批有着清醒认识和危机意识的"先知"带着一种神圣的民族使命感大声疾呼,呼唤社会公正,以期唤醒民众,进行社会改革,最终达到改变国家命运的目的。他们为民族的存亡而担忧,为国家的沦丧而哀哭;但他们从来没有忘记利用"神人之约"来抚慰民族受伤的心灵,鼓舞他们为民族复兴而努力的信心。犹太人在巴比伦的近50年时间里,过着备受欺凌的流亡生活,先知以西结宣教,犹太国的灭亡乃是因为犹太人违背了与上帝雅赫维的契约而受到的惩罚。只要忏悔,"弥赛亚(救世主)"就会降临拯救他们。从此,"救世主"成为犹太教的核心概念。近50年的"囚徒生活"对犹太文化产生了重大影响,后来的犹太复国主义即源于犹太人在异国他乡,痛定思痛,因为被囚,他们对故土、对圣殿、对耶路撒冷产生了深切的思念之情,由此形成了犹太人的"回乡观"。当这种"回乡观"逐渐演变成为一种民族愿望时,复邦兴国的思想便开始扎根在犹太民族的灵魂深处,并在19世纪下半叶形成了一股犹太复国主义(或叫锡安山主义)思潮。同时,"囚徒生活"对犹太教的最终成型也发挥了重要作用,犹太人认为,他们之所以能够重返家园完全归功于上帝雅赫维,从而更加坚定了一神教信仰,《摩西五经》逐渐编纂成书,犹太教的教义体系逐渐成型。《圣经》中的诺亚方舟、巴别塔等典故实际上都取材于犹太人在新巴比伦王国的生活场景,诺亚方舟故事中洪水滔天是以两河流域洪水泛滥为背景,而巴别塔的原型是"七级大庙塔"。由于耶路撒冷圣殿被毁,而且在异国他乡,没有圣殿,犹太人创立了一种新的祈祷场所——犹太会堂,以代替圣殿,同时还改变了做礼拜时使用祭品的习俗。犹太会堂便成为犹太人宗教和社会活动的中心。

公元前332年，迦南地区被亚历山大大帝征服，成为一个希腊化邦国，后来又被罗马人庞培占领，耶路撒冷圣殿也被摧毁。也正是在罗马人统治期间，基督教产生了。

从上面的犹太历史介绍可以看出，我们经常会混用三个专有名词："犹太人""希伯来人"和"以色列人"，这三个词虽然有"三位一体"之嫌，均涵盖同一个意义，但我们认为它们所指各有侧重，为了便于理解，我们可以用一句话来概括它们的所指，"在以色列，犹太人说的是希伯来语"，由此可以看出，"以色列"侧重指国家地域名，犹太复国主义的目的是恢复犹太人历史上辉煌的"以色列王国"；而"希伯来"更多指犹太人所使用的语言和所传承的文化，历史传承更加久远，最早的犹太人被叫作"希伯来人"，意思是"渡河而来的人"，《圣经》记载，他们的祖先是从两河流域迁移过来的。在1948年成立以色列国之前，绝大部分犹太人都是以"流散"的生存方式散居世界各地，并逐渐成为一个在世界思想界、政界、企业界、金融界、科学界和学术界等都颇有影响力的民族，他们所信仰的宗教是犹太教，虽然现在犹太教不是世界主要宗教，但它与基督教、伊斯兰教具有同源关联，纠葛不断。

犹太教及其主要宗教思想

犹太教是世界最古老的宗教之一，大约产生在公元前1000年左右，是犹太文化的集中体现，也是犹太人的身份认同来源。犹太教有两部重要的宗教典籍，一是以《托拉》(《摩西五经》)为核心的《旧约圣经》,这一名称是基督教兴起后才有的,犹太人称之为《塔纳赫》,也叫《希伯来圣经》,这部经典确立了犹太教一神信仰的核心宗教观,有别于当时近东地区的多神教。《旧约圣经》既是犹太教最重要的宗教经典,也反映了公元前13世纪至前2世纪希伯来人的历史,是研究古代近东地区不可或缺的历史文献。同时,其中的神话、传说和诗歌,也具有重要的文学价值,往往成为西方文学作品的主要素材。基督教产生后,完全继承了《希伯来圣经》,并改称其为《旧约圣经》,以区别于耶稣基督诞辰后产生的新经典《新约圣经》。

犹太教的另一部重要经典是《塔木德》,据说,该部经典对犹太人日常生活的影响甚至超过了《希伯来圣经》。其区别在于,《希伯来圣经》主要是一部律法书,而《塔木德》源自公元前2世纪至公元5世纪,记录了犹太教的律法、条例和传统,讲述的内容包涵了人生各个阶段的行为规范,以及人生价值观的养成,确立了犹太人在学习、信仰、思想、典章、生活规范上的行为准则,是犹太人对自己民族和国家的历史、文化以及智慧进行探索而锤炼出的结晶。犹太民族绝大部分时间都是以"客民"身份流散异国他乡,但依然坚韧不拔地生存下来,并形成了优秀的犹太文化,这与犹太人坚信《塔木德》的教义有关。

犹太教所包含的宗教思想非常丰富,主要包括以下几点。(1)一神论思想。强调世界上只有上帝雅赫维是唯一的神,不能有任何其他偶像崇拜,并且,上帝是万能的,是宇宙万物的创造者,而宇宙万物,包括人类,都是上帝的创造物。(2)契约观念。相信"神人之约",希伯来人是世界上唯一能够得到上帝雅赫维庇护的选民。(3)以《摩西十诫》为代表的律法观念。(4)弥赛亚和天国观念。认为弥赛亚将带领希伯来人走向繁荣富强,在尘世抵达天国,但弥赛亚至今仍然没有出现。

犹太教对基督教有着巨大而深刻的影响,不仅其宗教经典几乎为基督教全盘吸收,其一神论的宗教思想也成为基督教的主体思想,只不过,基督教把犹太教的上帝"雅赫维"音译成"耶和华"。从某种意义说,基督教是犹太教的延伸。

但是,为什么犹太教始终是犹太人的宗教,而基督教最终却成为整个西方乃至拉丁美洲等地区的宗教呢?众所周知,人类文明的维系方式主要有两种:血缘维系和信仰维系。犹太民族是一个特别重视血统纯正的民族,正统派犹太人至今都反对与异族通婚,这源于《塔木德》里记载的"不得与迦南女子通婚",犹太人一直认为他们才是上帝的"选民",而其他任何民族都是"异族",即"非犹太人",所以,对犹太文化来说,既有血缘维系也有信仰维系。犹太人的身份认同,血缘维系是基础,而最终取决于是否信仰犹太教。基督教产生于犹太教,但属于改革派,自诞生伊始就鼓励在非犹太人中传教,靠信仰维系的方式,逐渐在西方形成了一个"基督教文化圈"。犹太教是封闭的,而基督教是开放的,虽然两大宗教的传播范围截然不同,但不能否定它们两者之间的传承关系。

基督教的演变

整个西方是一个基督教文明圈,根据基督教的演变历史,现在大的基督教派有三支:天主教、东正教和新教。历史上,基督教先后出现过两次大的分裂,第一次大分裂发生在1054年,因为东罗马帝国的崛起而分为东正教(希腊正教)和天主教(罗马公教);第二次发生在 16 世纪，因为马丁·路德、约翰·加尔文和亨利八世发动的宗教改革运动而分裂为天主教和新教。

耶稣其人其事

耶稣是犹太人。根据《圣经》的传说，耶稣约公元元年 12 月 25 日出生于耶路撒冷以南约 9 公里的小镇伯利恒。母亲玛利亚是当地一位温柔而美丽的少女，感圣灵而孕育了耶稣。《马太福音》记载，耶稣降生时出现许多异象。东方有几位博士（即哲士）发现天上有一颗特别耀眼的星星，他们占卜，这颗星星预示着一位新的犹太人之王降生，于是他们千里迢迢从东方来到耶路撒冷，寻找这位新生犹太王。由此，耶稣遭到当时的犹太统治者希律的嫉恨。他们一家被迫逃离伯利恒，直到希律死后，他们才回到巴勒斯坦，住在加利利的拿撒勒小镇。

耶稣从小就生活在犹太教文化里，熟悉犹太教的内容，30 岁时，他在约旦河接受了犹太先知约翰的洗礼，并成为约翰最得意、最信赖的信徒。在约翰被罗马总督彼拉多逮捕后，耶稣回到拿撒勒小镇，另起炉灶，开始了布道活动，宣传他心中早已酝酿的上帝之爱，传播天国的福音，形成了犹太教中的拿撒勒派。

耶稣的理想就是建立一个地上天国，他在进行宗教宣传的同时，传说也做了许多治病救人、降伏恶魔、战胜恶劣自然环境的神奇善事，比如，通过施以魔法，使盲人重见光明，听障者耳听八方，瘫痪者下地行走，精神病人神志清晰，甚至还使人死而复活，他医治了瞎眼的、瘸腿的、耳聋的、瘫痪的，甚至是被社会所弃绝、所隔离的麻风病人。正所谓"基督是一位全面的医生"，宗教不仅仅给人以精神抚慰，往往还会用神乎其神的魔法治病以增加其神力，吸引信徒，中国的道教、佛教都有这种现象，早期的基督教也不例外。《圣经》描述耶稣的这些"神迹"，无非为了证明耶稣并非凡人，而是"上帝的儿子"。但是不管怎样，后来的基督教传教士在传播基督教教义的同时，积极传播西方的医学知识和技术，估计与此传承有关。

为了更好地传教，耶稣在众多信徒中挑选了十二个人做其助手，史称"十二门徒"或"十二使徒"。他们大都出身下层，具有贫苦人高贵的品格，在他们身上，耶稣看到了自己事业的未来和希望。众所周知，任何宗教的早期信徒一般都是社会的底层和弱势群体，因为，面对残酷的现实，他们无能为力，而往往祈求一种神奇的力量来助推命运的改变。这个时候，宗教领袖的神旨宣传往往会给他们带来生活的希望和精神的抚慰。同样地，耶稣的行动和主张也得到了广大犹太下层人民的拥护。但因为耶稣的宗教思想有悖于犹太教正统思想，早期基督徒不仅受到了罗马统治者的迫害，同时也遭到犹太祭司贵族的嫉恨和反对，比如，正统犹太教强调律法，《摩西十诫》是其最高律法，而基督教侧重道德；犹太教行割礼，基督教行洗礼；犹太教信徒只限于本民族，而基督教可接纳"非犹太人"为信徒。所以，犹太祭司们对耶稣恨之入骨。他们用30块银币收买了耶稣的门徒犹大，伺机逮捕耶稣。

公元30年4月6日，正好是犹太人的逾越节。耶稣按照传统与十二门徒共进晚餐。耶稣对门徒们说："我实话告诉你们，你们中间有一个人要出卖我了！"席间顿时一片骚动，有人惊愕，有人愤怒，有人怀疑，有人悲伤，有人叹息，有人痛心，有人表白，有人询问，有人故作镇定。这一幕在文艺复兴时期伟大画家达·芬奇的壁画《最后的晚餐》里得到惟妙惟肖的刻画。但耶稣依然淡定地拿出一块饼,分给十二门徒,说道:"这是我的身体,为你们而舍弃的,你们也应当如此行,为的是纪念我。"最后,又拿起葡萄酒杯,分给每个人喝一口,并说道:"这是我立约的血,是为你们流出来的。"后来,基督教会因此而设立"圣餐礼"以纪念"最后的晚餐"。

在犹大的内应下,耶稣最终被犹太大祭司的手下们抓住,控告他擅自称王,反抗罗马,要求处以死刑。就这样,耶稣被罗马总督彼拉多判处死刑,钉在十字架上而死。

耶稣死后,他的门徒借着"耶稣复活"的传言重新组织起来,宣讲耶稣就是上帝派来的弥赛亚,号召人们听从耶稣的教诲,接受拯救,以便将来进入美好的千年王国。从此,大约在公元1—2世纪,在巴勒斯坦和小亚细亚地区活跃着不少传教者,传播耶稣的宗教思想。

随着基督教的传播,大约公元48年,耶稣信徒在耶路撒冷召开了一次宗教会议,正式肯定了向非犹太人传教并接纳为信徒的做法,越来越多的非犹太人成为基督徒,从而确立了基督教的大公传统。

从异端到国教——基督教的早期传播

如上述,基督教一开始是一种下层人民的宗教,其信徒多为贫民、手工业者、奴隶或半自由民,属于犹太教的异端教派,不仅受到正统犹太教的排挤,同时也受到罗马统治者的迫害。基督教从异端发展成为罗马帝国的国教,经历了近400年的时间。

近 400 年的早期基督教的历史实际上是一部基督徒受迫害的苦难史。其间，公元 64 年是一个具体的分水岭。在此之前，因为教义教规有悖于正统犹太教，基督徒受到犹太教祭司贵族的迫害，祭司贵族往往采取私刑的方式来迫害基督徒，比如乱石打死等；而公元 64 年，罗马皇帝尼禄残酷地规模化迫害基督徒，开了罗马统治者无数次大规模迫害基督徒的先河。《圣经》里有"殉道者"一词，专门指那些为了基督信仰而遭受人类历史上最残酷、最野蛮迫害的基督徒。

早期基督教的所有殉道者中影响最大的是被誉为耶稣"外邦使徒"的保罗。保罗原名扫罗，出生于一个虔诚的犹太教家庭，但因其父母早已获取罗马公民的身份，所以他一出生就是罗马公民。从家庭环境讲，他从小受到严格的犹太教育，但从社会环境讲，他又受到了希腊罗马思想的影响，具有世界主义情怀。他不仅在教义方面对基督教进行了改造和发展，而且把传教范围扩大到罗马帝国境内其他非犹太民族，宣称基督信徒可以免行割礼、不必遵守犹太人的饮食习惯。这样，保罗冲破了犹太教的狭隘性，而使得基督教成为一种新的世界性宗教。可以说，是保罗第一次把基督教的教义、教规正式地确立起来，同时也是他第一次大规模吸纳非犹太人为基督徒。所以，保罗被认为是基督教传教士中影响力最大的。公元 67 年，他在罗马再次被抓进监狱，并被心智癫狂的尼禄皇帝杀害。

尼禄之后的诸多罗马皇帝都程度不一地迫害基督徒，到戴克里先皇帝统治时期，达到极点。但是，罗马皇帝们的无数次迫害并没有阻止基督教的发展。据估计，基督教信徒在第一个 300 年间增长了 40%。至君士坦丁大帝登基前，基督徒数量已经达到 500 万至

700万，约占帝国总人口的10%。

基督教地位的改变得力于君士坦丁大帝。公元312年10月，在罗马附近的米尔文桥，为争夺帝位，君士坦丁以少胜多打败了他的对手马克森迪，成为罗马唯一的皇帝。据说，战前君士坦丁向上帝祷告，祈求上帝保佑他在即将来临的战役中取胜，而他的政敌却是一如既往地向罗马诸神献祭，以寻求保佑。最后的胜利使得君士坦丁深信是上帝帮助了他获胜，"认为他自己是上帝要把基督教传遍整个罗马帝国的代理人"。公元313年，君士坦丁大帝颁布《米兰敕令》，承认基督教的合法地位，结束了对基督徒的迫害。325年，他亲自主持召开尼西亚大会，强行通过《尼西亚信经》，确立了基督教的基本信条和教规，把圣父、圣子、圣灵三位一体论作为基督教的正统教义。392年，狄奥多西皇帝再次颁布诏令，规定基督教为唯一合法的宗教，确立了基督教的独尊地位，从此，基督教终于成为罗马帝国的国教。

基督教成为国教可以说是西方文化史的一个转折点，自此以后，以神和信仰为中心的基督教代替了以人和理性为中心的古典文化，成为罗马帝国文化的主流，为后续的中世纪西方"信仰时代"文化的发展埋下了伏笔。

《圣经》与西方文化

宗教之成型必须具备三个条件：所敬仰的神、祭拜神的场所和阐述宗教教义的经典。基督教所敬仰的神是上帝耶和华，祭拜上帝的场所是教堂，阐述基督教教义的是《圣经》。

在欧美国家某些旅店里，几乎每个房间都会摆放一本《圣经》。

美国是一个政教分离的国家，但总统就职宣誓时都手按《圣经》。《圣经》是基督教文化的核心，被认为是世界上发行量最大、传播力最强、影响力最广的书籍。

作为基督教的经典，《圣经》是基督教教义、教规、神学思想、礼仪节庆的重要依据，同时，也是西方哲学历史、伦理道德、文学艺术、社会习俗的丰富宝藏。

基督教《圣经》分为《旧约》和《新约》两部分。《旧约》从犹太教继承而来，可见西方文化和犹太文化一脉相承的宗教关系，共39卷，约929章。按内容可分为"律法书""历史书""先知书""圣录"四大类。其中"律法书"又称"摩西五经"，包括《创世记》《出埃及记》《利未记》《民数记》《申命记》，伊甸园亚当夏娃偷吃禁果、诺亚方舟、巴别塔、《摩西十诫》等耳熟能详的圣经故事均出自这部分。《新约》共27卷，约260章，是公元元年耶稣诞辰以后的传教内容。按内容可分为"福音书""历史书""使徒书信""先知书"四大类。其中"福音书"包括《马太福音》《马可福音》《路加福音》《约翰福音》，都是记载耶稣的家谱、生平及其宗教言行，耶稣上十字架、死后复活、道成肉身等圣经故事均出自这部分。《马太福音》是基督教中应用最广、引用最多的一卷。

《圣经》是一部百科全书式的经典书籍，西方社会文化中的许多传统和观念均来自《圣经》。按照施米特教授在《基督教对文明的影响》一书中的研究，西方社会中的生命神圣性、性道德观的提高、妇女的自由与尊严、慈善事业的传统、对医疗教育与科学的重视、劳动的高贵和尊严、文学音乐艺术的创作、节日庆典、社交礼仪等，都与《圣经》和基督教密切相关。可以说，基督教的影响无所不在、无时不在。

第六章 基督教的兴起

我们认为,《圣经》对西方现代文明最深远的影响是契约观念。西方近代民族国家的建立,其理论基础就是社会契约理论。《旧约》和《新约》中的所谓"约",实际是指上帝与人类订立的"盟约"。《圣经》记载了基督教历史上两次最重要的盟约,一次是《旧约》里摩西代表犹太人与上帝"立约",上帝要求犹太人恪守《摩西十诫》,不可信上帝雅赫维以外的神、不可制造和崇拜偶像、不可直呼上帝的名、以安息日为休息的圣日、孝敬父母、不可杀人、不可奸淫、不可偷盗、不可做假见证陷害人、不可贪恋别人的财产等。这些本是犹太教的律法和道德规范,但被基督教拿来作为《圣经》里的《旧约》,从而变成了基督教的重要道德戒律,只是把犹太教的上帝"雅赫维"改成了基督教的上帝"耶和华"。另一次是《新约》里,为了救赎人类,上帝派遣耶稣降世人间。耶稣以自己的生命为代价,道成肉身,代表人类与上帝立约,上帝因耶稣的救赎而赦免了人类的罪。这是基督教对犹太教继承中的创新。任何人都可以通过信仰耶稣而得救,即"因信称义"。早期基督教的"神人立约"观念最后演变成了18世纪欧洲启蒙大师们的社会契约论,"神不佑我,我必弃之"发展成了"王不佑我,我必弃之",最后成为西方资产阶级革命的理论武器。

西方社会的平等意识来自《圣经》,《新约》中多次强调,人人都是上帝的受造物、上帝的儿女,因此在上帝面前一律平等,"不分犹太人,希利人,自主的,为奴的,或男,或女;因为你们在耶稣基督那里,都成为一了"。法律面前人人平等与上帝面前人人平等有着内在的历史关联和思想关联,这是西方平等观的文化基础。

西方的慈善捐赠事业非常发达,而且历史悠久,追根溯源,也可在《圣经》里找到依据。《摩西五经》中的《利未记》第 19 章、23 章和《申命记》第 24 章里多次强调在收割庄稼时要留下田角，不可割尽田角的庄稼，不可拾取所遗落的谷穗，要把它们留给穷人或过路的人。要在收获时留下一些葡萄园的果子，不可拾取葡萄园掉落的果子，要让穷人拾捡那些落下的果实。《马太福音》第 25 章这样记载耶稣的话："因为我饿了，你们给我吃；渴了，你们给我喝；我做旅客，你们给我住；我赤身裸体，你们给我穿；我病了，你们照顾我；我在监狱，你们来看我。"这些话深深地铭刻在早期基督徒的心里，他们孜孜不倦地去效法这些慈善行为。德尔图良教父说过，早期基督徒自愿地、毫不勉强地建立一个共同的基金会，在每月固定的日子或随时捐款，用来帮助寡妇、残疾人、孤儿、病人、为基督教信仰而身陷牢狱者以及需要帮助的传道人，同时为穷人提供葬礼费用，有时还出资为奴隶赎身。

西方文化中的罪感文化起源于《圣经》中伊甸园的故事。基督教中，人类祖先亚当和夏娃居住在上帝指定的伊甸园，原本天真无邪、无知无识，可最终抵挡不住蛇的引诱，违背上帝的旨意，偷吃"智慧树"上的禁果，被上帝逐出伊甸园，蛇作为"罪魁祸首"，被判承受永远在地上爬行、永不得翻身的痛苦，夏娃被判承受生育的痛苦，而责任最轻的亚当被判承担养家糊口的辛劳和责任。他们的"罪过"株连子孙后代，成为人类苦难的根源，这就是西方文化中的"原罪"。在上帝面前，人生下来就是有罪的。"人之初，性本恶"的观念，由此成为西方社会中主要的文化元素，有别于儒家学说的"人之初，性本善"。

为使人类得到"救赎"，成为上帝的"选民"，上帝派遣耶稣降临人间，代人受过，接受十字架的酷刑，死后复活升天，达到

"道成肉身"的"最高境界"。那些信仰上帝和耶稣的人自然获得"救赎",死后进天堂。"天堂"和"地狱"是西方人区分"好人"和"坏人"最终归宿的标准。基督徒的最终目的是进入"天堂",其前提是要实现"救赎"。"救赎"的途径是信上帝、信耶稣,因信称义,同时,勤奋地工作、"禁欲"地生活、慷慨地做慈善等。所以有学者说,整部《圣经》,从《创世记》到《启示录》,就是一部"救赎史",基督徒的一生也是一部救赎史,耶稣基督就是他们的"救世主"。犹太人为什么自古以来一直多灾多难,基督教认为是因为犹太教中缺乏耶稣这样一位上帝的代理人,代人受过从而实现他们的"救赎"。

修道运动和教父哲学

我们看电影或读文学作品会发现,中世纪的欧洲有一道亮丽的风景,就是修道院,穿一身黑袍的修士修女穿梭于车水马龙的大街上,给人一种神秘的气氛。实际上,修道院制度出现于基督教早期的护教士当中。

大约在4世纪初,首先在埃及兴起了修道院制度。一些狂热的基督徒企图用遁世隐居来求得个人灵魂的拯救,到深山或沙漠之中去过禁欲苦行的生活,以"保护"基督教纯净的道德生活。最早的修道院是护教士帕克米乌斯在埃及建立起来的,他的妹妹玛丽也于320年在埃及建起了第一座女修道院。修道院制度很快传遍了罗马帝国西部行省。在修道院里,修士或修女们严守戒律,每天学习、祈祷和工作。他们农耕和纺织,过自给自足的清苦生活,不允许有私人财产。

欧洲早期修道运动的最著名人物当推圣本尼迪克特。528年，圣本尼迪克特在意大利创建了著名的蒙特·卡西诺修道院，该院因起草了《圣本尼迪克特教规》而成为西方早期修道院中影响最大者，其他修道院纷纷效仿。《圣本尼迪克特教规》共有72条规定，其中最重要且最严格的是，修士必须进行"三绝"起誓：绝财（终生清贫）、绝色（保持贞洁）和绝意（服从长上），且起誓后终生不得反悔。这实际上就是中世纪欧洲禁欲主义文化的宗教基础。

遗憾的是，随着寺院经济的膨胀，修道院逐渐发展成为欧洲各个地方最大的庄园主，许多修道院拥有大量的庄园和农奴，这种优厚的经济条件导致了修道院的腐化，院内的清规戒律也遭到了破坏。这种腐化的修道院生活最后成为欧洲宗教改革的推动因素。

但从文化保护来讲，修道院的历史地位不可抹杀。施米特认为，修道院是大学的雏形和学术研究的起源。本尼狄克教系下属各大修道院都有图书馆，他们收藏各种图书，其中包括《圣经》、教父的著作、《圣经》注释以及希腊罗马时期的古典作品。修道院不仅要求修士们每天读书，而且还安排一些修士专门翻译和手抄复制书籍，并借给其他图书馆传阅。他们经常会在翻译或手抄的过程中对不同来源的版本进行考据、比较和讨论。这些修道士的翻译或手抄活动对传播《圣经》文化、保护古希腊罗马时期的古典文明无疑起到了很好的桥梁作用。

修道院和《圣本尼迪克特教规》是早期基督教信仰的具象表现，而对基督教神学体系和神学思想的真正阐述有赖于教父哲学。

教父哲学是早期基督教为其教义辩护的一种宗教唯心主义哲学体系。护教者利用古希腊罗马哲学，尤其是新柏拉图主义和斯多葛学派的理论来解读《圣经》，对三位一体、创世、原罪、救赎、预定、天国等教义进行论证和解读。那些既宣讲又著书立说的护教者被尊称为"教父","教父哲学"由此得名。其中集大成者是奥古斯丁。

奥古斯丁出生于北非的塔加斯特城,童年时代受过系统的罗马式教育,19岁开始信仰摩尼教,达10年之久。后来皈依基督教,并做了北非希波城主教。奥古斯丁的代表作有《忏悔录》《上帝之城》和《论三位一体》,其中,《上帝之城》最集中地体现了奥古斯丁的神学思想。他从原罪说和预定论出发,认为自从人类始祖亚当夏娃背叛上帝以来,这个世界就形成了"上帝之城"和"世俗之城"两个对立的国度,"上帝之城"代表善与光明,"世俗之城"代表恶与黑暗。谁进上帝之城和谁居世俗之城,上帝早已预定好了。信耶稣、信上帝的基督徒自然进入上帝之城,而那些异教徒则居住在世俗之城。罗马作为"世俗之城",其崩溃不可避免,但以君士坦丁为代表的罗马皇帝因支持基督教,便成了上帝的"选民"。实际上,这种观点体现的是国家服务于教会的思想。

奥古斯丁对教父哲学的完善,标志着基督教神学已代替古典哲学成为西方思想界的主流,尤其是他的预定论和教权高于王权的思想,对欧洲中世纪文化产生了很大的影响。成熟的基督教神学体系肇始于奥古斯丁的教父哲学,实践于欧洲中世纪。中世纪被称为"信仰时代"即源于整个西方对基督教的信仰。

基督教对犹太教的继承与扬弃

在莎士比亚的作品《威尼斯商人》中,犹太商人夏洛克声称,"我宁愿将自己女儿许配给一个马车车夫,也不愿意把她嫁给一个基督教徒",由此可见犹太教和基督教之间的冲突。

犹太教被认为是世界宗教史上最古老的宗教,基督教和公元6世纪出现的伊斯兰教均视亚伯拉罕为始祖(伊斯兰教为易卜拉欣),耶路撒冷为圣殿所在地。正因为三大宗教具有同源同宗的关系,争夺圣地耶路撒冷成为它们自古迄今一直存在的冲突根源。

如前述,基督教最早属于犹太教的一个小分支,但由于耶稣基督传教教义与正统犹太教教义有所不同,基督教被视为异端,耶稣基督也受到犹太祭司的迫害,这应该是两大宗教冲突的最早导火线。两者区别主要体现在以下方面:基督教继承了犹太教一神教的观念,但犹太教认为,上帝是唯一真神,犹太人是上帝的唯一"选民",其他民族都是异教徒,犹太教一直属于一种民族宗教,而基督教认为,圣父、圣子、圣灵"三位一体",耶稣是上帝的儿子,只要是信上帝、信耶稣的人都是上帝的"选民",因信称义,基督教具有一种世界主义宗教观,其开放性和包容性优于犹太教;基督教继承了犹太教的"救世主"观念,但犹太教认为,救世主一直没有降临,所以犹太人一直没有得到"救赎",处于一种"流散"的生存状态,而基督教认为,耶稣就是救世主,道成肉身,代人类受过,拯救了人类;从入教仪式看,犹太教行割礼,强调严格的戒律和繁缛的礼仪,外族人要与犹太人结婚,必须要接受割礼,基督教行洗礼,强调道德束缚,仪式更加简便;基督教继承了犹太教的《圣经》,将其称为《旧约》,但增加了《新约》,继承中有发展,而犹太教在保存其《圣经》基础上,还有口传圣经《塔木德》,某种程度上,犹太人更多地把《旧约》作为其民族的一种历史文化传承,在日常宗教信仰、道德观念、价值观认同等方面,他们更多地受《塔木德》的影响。

但为什么西方文化中会存在反犹太主义传统？其中最大的原因可能有两个：一是在宗教信仰上，犹太教只承认上帝而不承认耶稣，甚至认为耶稣是犹太人的叛徒，犹太教只把犹太人看作上帝的"选民"，而其他非犹太人都是"弃民"，这些宗教观让西方基督徒无法容忍。1523年，马丁·路德发表题为《耶稣天生就是犹太人》的文章，意在拉拢犹太人，协调新教和犹太教的关系，没想到犹太教徒根本不接受路德的橄榄枝，时至1543年，路德完全改变态度，发表《论犹太人及其谎言》一文，一时引发了德国民间反犹的风潮。二是生存手段上，由于犹太人自古以来一直是以"客民"的身份过着一种"流散"的生活，没有自己的土地，居无定所，无法经营土地而只能靠手工业和经商，甚至投放高利贷来致富，若欧洲社会发展平稳，犹太人和当地人倒能够和平相处，一旦出现社会危机，犹太人往往会被视为"寄生虫"而受到打击和迫害，中世纪欧洲频发迫害犹太人事件，到20世纪希特勒统治德国时期，西方反犹主义达到极点。

思考讨论题

1. 犹太文化对西方文明的贡献有哪些？
2. 请简述犹太教和基督教的异同。
3. 请分析西方反犹主义传统存在的原因。

第七章 中世纪（上）

西欧中世纪初期出了一个了不起的国王——克洛维；之后更出了一个伟大的国王——查理曼。但这并不能彰显西欧的特殊性。克洛维和查理曼与成吉思汗、秦始皇、汉武帝、唐太宗等相比，完全不在一个数量级上。真正使西欧区别于其他文明的一个因素，是基督教近乎国中之国的独立地位，及其所导致的政教冲突。更值得注意的是封建制度和城市的自治地位，二者与基督教的相对独立结合起来，使中世纪西欧君权受到了较大程度的抑制，从而使议会制度得以兴起。这才是西欧区别于其他文明最重要的因素。

克洛维与西欧的基督教化

476年，西罗马帝国最后一位皇帝罗慕路斯被日耳曼雇佣军首领奥多亚克推翻，按历史学界通常的说法，西罗马帝国就此灭亡。欧洲中世纪历史就是从这一年开始的吗？这样说可能并不恰当，但可以说，中世纪大致始于5世纪。为什么？在此之前，一波又一波蛮族如东哥特人、西哥特人、汪达尔人、法兰克人侵入罗马帝国领土，建立政权，罗马帝国早已国而不国。此后，上述日耳曼系的蛮族继续入侵并占领前罗马帝国的土地。不仅如此，讲阿尔泰语的东方部族阿瓦尔人像之前使罗马人闻风丧胆的匈奴人那样，也不断向西推进，迫使更早入侵的蛮族撤离原定居地。阿瓦尔人把日耳曼人的一支伦巴底人赶到意大利，把斯拉夫人的一支向南赶到巴尔干半岛（后者成为诸南斯拉夫民族的祖先）。

与此同时，日耳曼人的一支法兰克人逐渐在西欧定居，建立了诸多小王国。公元5世纪后期，这些小王国中最强盛的一个表现出了征服、整合其他王国的势头，更出了一个名叫克洛维的能干的国王，建立了墨洛温王朝。克洛维一世不仅骁勇好战，也善于策划阴谋诡计，用种种手段征服收编了其他法兰克人的小王国，同时积极向外扩张，不仅打败了东边的阿勒曼尼人，更打败了强大的拜占庭人和西哥特人，大大拓展了法兰克人的领土范围，把从比利牛斯山脉到高卢、德意志的广大土地连成一片，建立了一个统一的法兰克王国。496 年，克洛维率领亲兵在兰斯大教堂受洗入教，成为基督教徒，自此开始攻打基督教异端教派阿里乌斯派。507 年，在武耶战役中，克洛维打败了西哥特国王阿拉里克二世，吞并了一大片原属西哥特人的土地，法兰克王国的领土因之大大扩张。克洛维于 511 年去世后，其王国被四个儿子瓜分，分别建立了苏瓦松、巴黎、奥尔良和兰斯四个王国。

需要注意的是，西罗马帝国灭亡后古典文化能否得到延续，多少是个问题。但在 6 世纪的东哥特王国（位于意大利），出了两位精通古希腊罗马文化的学者，即博提乌斯和卡西奥多罗斯。他们不仅翻译、评论亚里士多德、西塞罗等人的论文，也编写了一些数学、天文学和音乐领域的教科书，这就使中世纪与古典文化之间多少有了一些连续性。更值得注意的是，基督教作为一种综合了古希腊罗马文化的宗教，也承担了把古典文明延续到中世纪的任务。事实上，以犹太信仰文化为底色的基督教融合了很多古希腊罗马要素。古希腊罗马的祭祀形式或多或少进入了基督教礼拜仪式，古希腊罗马的多神信仰、哲学思想、政治体制也被吸收到基督教信仰和组织体制中。实际上早在 323 年，在君士坦丁治下，基督教便已得到罗马官方认可，不再遭受迫害。至 5 世纪末，西罗马帝国虽已崩溃，基督教会却并未随之消亡，且在整合社会、传承文化方面发挥了极重要的作用。更重要的是，5 世纪以后西欧各地"蛮族"大规模受洗入教。至克洛维时代，不仅国王本人皈依了基督教，大量普通法兰克人也随之信教。克洛维国王给予教会很多特权，使其经济政治势力大为膨胀，因而赢得了教皇的大力支持。克洛维以后，图尔主教格里高利编写了一部《法兰克人史》，从创世讲到公元591年，是墨洛温王朝一项重要的文化成果。

回头看，克洛维是西欧基督教化的一个关键人物，在西欧历史上起到了关键性作用。他带领下的法兰克人基督教化是一个文明化的过程，这使他们能较快摆脱野蛮状态，古典文化成果如语言、文字、文学、艺术等多少也通过他们传到了中世纪。尽管如此，此时十分强盛的克洛维王国，也与罗马帝国不可同日而语。克洛维一世甚至可能从未有过建立一个罗马式帝国的念头。不仅如此，日耳曼人的半野蛮状态也拖了后腿。克洛维去世后，四个儿子将王国瓜分，建立了四个独立王国，而他们的后嗣又对各自父王的领土作了进一步瓜分，此即封建制度。这时国际形势似乎也很有利于封建制度的发展：游牧部族的压力似乎已不复存在，或大大减轻；阿拉伯人的崛起及攻占西班牙更得等一个多世纪后才发生。因此，墨洛温王朝的君王似乎经得起对其领土进行"一而再，再而三"的瓜分。

在历史学者眼中，这些墨洛温国王大多庸碌无为，是一些"庸王""懒王"，根本不能与马可·奥勒留、朱利安之类的罗马元首相提并论，遑论屋大维、图拉真、戴克里先和君士坦丁等极富雄才大略的君主，甚至把这些小王的名字跟他们相提并论也是一种僭越、一种"对历史的公然挑战"。墨洛温王朝的维系，靠的是一些能干的宫相，其中最杰出者是714年至741年在位的查理·马特。在他的领导下，法兰克人在图尔战役中打败了从伊比利亚半岛入侵法国南部的穆斯林军队。有学者认为，这场战役对欧洲文明的生存和发展至为关键。在宫相家族太过强势的情况下，名义上的统治家族被宫相家族取代成为必然。这并不奇怪，与曹魏代汉、司马代魏大体上是一回事，发生在 7 世纪后半叶。687 年以后，加洛林家族已是法兰克王国事实上的统治者。

加洛林王朝与查理曼的贡献

虽然加洛林家族事实上掌握了权力，但其必得具有合法性或者说"正统"地位，方可名正言顺。750 年，查理·马特的儿子丕平在取得教皇的支持后，怀揣教皇授予的祈祷文，召集法兰克人开大会，正式废黜有名无实的墨洛温君主，丕平当选为国王。这就是加洛林王朝的开端。回头看，不难发现，查理·马特和丕平担任宫相时，是法兰克王国最为强势的人物，其权力之大，成就之高，远超加洛林家族辅佐过的诸墨洛温"庸王""懒王"。

732 年，在著名的图尔战役中，查理·马特打败了北侵的穆斯林。在后来人眼中，这场战役"拯救"了西欧文明（不然的话，后来巴黎、伦敦的人们都得讲阿拉伯语，而非英语或法语），查理·马特本人也因这场战役而威名远扬。历史学界有一个观点，即在很大程度上，这场胜利应归功于重甲步兵的运用，而重甲步兵又是 8 世纪西欧重大军事革新的一个产物。问题是，重甲步兵倚赖马镫，而马镫最早出现于公元 3 至 4 世纪初十六国时期的中国北方，因此，是中国的发明辗转传播到了欧洲，抑或欧洲人独立自主发明了马镫？在查理·马特之后，丕平应罗马教皇的多次请求，于 755 年、756 年两次越过阿尔卑斯山，对企图占领罗马城的伦巴底人实施打击并取得了胜利，迫使其交出不久前吞并的意大利中部的土地，将之赠予教皇，这就是著名的"丕平献土"。此举为所谓"教皇国"打下了领土基础。虽然丕平所献之土在法律上属于拜占庭皇帝，但这种做法不啻承认了一个事实：从现在起，罗马主教已建立起了对罗马城及周边地区的实际统治。

加洛林家族如日中天，连续出了两位能干的宫相后，又有一个更能干的新人登场。他就是丕平的儿子、查理·马特的孙子查理曼，即查理大王（也译为"查理大帝"）。768年，丕平去世后，查理曼与其兄弟卡洛曼改朝换代，分别加冕为国王，瓜分了之前统一的法兰克王国。771年，卡洛曼去世后，查理曼将卡洛曼的王国加以合并。774年，查理曼以救援教皇哈德良为名，实施军事行动灭掉了伦巴第王国，将法兰克王国的势力扩展至意大利北部与中部。772至804年，查理曼对东边的撒克逊人、斯拉夫人和阿瓦尔人发动了多次战争并取得胜利，不仅永久性地占领巴伐利亚地区，更使查理曼帝国的疆域向北扩张至波罗的海，往南扩张到亚德里亚海沿岸地区。800年，教皇利奥三世加冕查理曼为"罗马人的皇帝"。806年，查理曼立下遗嘱，将帝国分给三个儿子，即查理、丕平和虔诚者路易。814年，查理曼在亚琛去世。

查理曼可谓极富雄才大略，是一个极为能干的君主，768至814年在位，长达近半个世纪。他八方征战，开疆拓土，征服了德意志西北部的撒克逊人，击败了匈牙利的阿瓦尔人，吞并了意大利的伦巴底王国。800年圣诞节，教皇利奥三世在罗马圣彼得大教堂为查理曼举行加冕礼，授予其"奥古斯都"封号，称其为"罗马人的皇帝"。

查理曼帝国是一个庞然大物：西起比利牛斯山脉以南的巴塞罗那，东至易北河，北起英吉利海峡，南至罗马以南的乡村。然而恢复罗马帝国之实,远比恢复罗马帝国之名困难。事实上,查理曼帝国由一些缺乏行政经验、素质低下的人员来管理,毫无效率可言。为了维系帝国的统一,查理曼建立了巡回检察官制度。只要帝国在强有力的君主治下,该制度便多少能够对地方官员起一些制约作用。可是查理曼之类的能人不可能频繁出现。此外,加洛林家族还效仿墨洛温家族,实行封建制,把帝国土地当作私产,在彼此敌对的后嗣中进行瓜分。这种做法不可避免地会导致地方势力尾大不掉。9世纪结束前,先前受巡回检察官制度控制的地方官员已成为事实上独立、世袭的统治者。再加上北欧维京人从海上骚扰,马扎尔人从陆上进攻,查理曼帝国的解体不可逆转。

尽管如此,查理曼帝国在欧洲历史上仍留下了重重的一笔。查理曼在位期间,制定了所谓《加洛林书》,规定了教会崇拜活动的基本仪式,使各地混乱的宗教仪式得以定型;利用国王的权威,组织人力对当时收集到的各种《圣经》文本进行校勘、编辑,统一翻译为拉丁文,这种拉丁文《圣经》成为后来天主教的通用版本。查理曼还模仿拜占庭帝国的风格,建筑和修缮了诸多宫殿和教堂。在其统治期间,出现了中世纪最早的专门教育机构,即宗教学校与收集整理已有知识、文献的图书馆。他甚至要求每座教堂、每所修道院都得设立学校、建立图书馆。也是在其统治期间,欧洲教育"七艺"即文法、修辞、逻辑、音乐、算数、几何及天文之课程体系开始形成,从中世纪一直沿用到近代。

查理曼对欧洲社会历史发展作出了如此重要的贡献,以至于如果非得给中世纪欧洲文明乃至"西方文明"派定一个起始年份不可的话,那么可以说,这个文明始于查理曼时代。不妨把公元800年教皇利奥三世在罗马的圣彼得大教堂为查理曼加冕一事,视为该文明诞生的标志。很难说，在3至4世纪罗马帝国迅速衰落，走向解体时，这个文明便已处在形成的过程中。罗马帝国被推翻的476年至800年这几百年间，尤其在前期，古典意义上的希腊罗马文化迅速消亡，西欧内陆却仍然处于野蛮或半野蛮状态，大量土地尚未开发，社会生产力水平仍非常低下，发源于希腊罗马的基督教文化虽已传播到这里，却并非根深叶茂，很难说已形成了一个新文明。当时西欧甚至尚未发展出相对稳定的政治结构，即某种大体成型的君主制。所以，800年可被视为西方文明肇始的一个方便年份。

教会的作用与政教冲突

回头看，公元800年教皇为查理曼加冕这一事件对于教会具有重要的意义。在此之前，西欧经历了好几百年的落后蒙昧。如果说还不至于完全沦为野蛮的话，那也主要是因为基督教代表着一个文明，或可叫作"基督教文明"。这个文明是古叙利亚希伯来与希腊罗马文明结合的产物，最初主要分布在地中海东部的城市地区，渐渐传播到整个地中海区域，再后来更播散到整个西欧、北欧和中东欧。

早在罗马帝国后期，准确地说在君士坦丁大帝之后，基督教在教理建设、教会组织、修道院建设、信教人数、教区设置等诸多方面都得到了迅速发展。西罗马帝国灭亡后，西欧看似进入了一个所谓"黑暗"时期，实际情况却是，基督教正在将文明的火种播散到整个西欧。基督教甚至顺带传承了少许古希腊罗马文化，尽管其与后者貌似水火不相容。最初，古典文化不显不彰，或者说处于被抑制状态，但及至文艺复兴时期，在很大程度上得到复苏，并在一种全新的政治、经济和宗教基础上被发扬光大。尤其值得注意的是，教会在组织形式和制度安排等方面很大程度地继承了希腊罗马遗产。所以，在公元800年前的几百年，即所谓"黑暗"时期的西欧，在罗马帝国衰亡、蛮族侵扰、生产力水平和国家发展水平低下的背景下，教会以其有效的组织和强大的凝聚力，发挥了极重要的社会整合作用。在很大程度上，正是教会把彼此征战、一盘散沙的西欧人团结起来，为其提供生命和财产保护。再加上其在传承古代文化方面所起的关键作用，可以说教会为当时的社会治理提供了大量公共产品。

这就是为什么在整个中世纪，尤其是中世纪前期，教会对西欧来说不仅是一个精神上的"帝国"，而且是一个自成一体的社会，甚至是一个准国家，一个国中之国。它不仅拥有领地和财产，而且扮演了一个相对独立的政府角色，具有立法、行政、司法、财政、外交、社会治理甚至组织战争等职能。考虑到教会乃至基督教本身是希腊罗马文明和叙利亚文明的延续，在查理曼加冕事件中，光是教会一方就代表了西方文明的两大源头：希腊罗马文明和叙利亚文化。另一方是实行封建制度的日耳曼人，或者说查理曼所代表的世俗权力。但，仅有教会组织及权威还不够。虽然发挥了整合社会和传承文化的作用，基督教光凭自身还不足以构成一个可持续发展的文明。不妨说，教会只是动力的来源，还得有一个施加作用的对象；教会只是一副骨架，还得长出血肉来，才谈得上一个活生生的历史文化有机体。日耳曼人便是这样的对象，其社会组织便是这样的血肉。他们带着好战、勇猛、忠诚等品质参与了中世纪新文明的创生。

值得注意的是，800年的加冕事件虽然意味着宗教权威与世俗政权的合作共赢，但其本身已包含着二者的分立和矛盾。至少在8世纪后期至9世纪前期，教会因历史沿革之故，明显独立于世俗政权，甚至可能高于王权。因为此时西欧经济发展水平低下，城市化水平极低，人口数量很有限，世俗国家所能汲取的人力物力资源很有限，与此同时，地方分裂势力非常强大，因此一方面，王权相对羸弱，必须得到教权认可方具有合法性，方能发展壮大。另一方面，当时教会的独立性虽然很高，却并非十分强大，若能得到王权支持，便能更好地自我维系，扩大其宗教和世俗势力。实际上，这样一种政教关系是你中有我，我中有你，合中有分，分中有合，勉力维系，各取所需。可是从根本上讲，权力具有排他性，一山不容二虎，王权所代表的国家越发展，就越不能容忍教会这个国中之国。这就是为什么随着经济社会发展，王权越来越强大，但王权与教权既合作又冲突的格局会贯穿整个中世纪。可以说在人类历史上，中世纪欧洲这种明显对立冲突的政教关系是一种独特的现象。当然，教权越到后来越式微，但在较早时候，毕竟相当强盛。某些时候，教皇权威甚至压倒了世俗权力。如果说在8至9世纪，教会与国王合作是为了更好地自我维系的话，那么在之后两三百年里，当教会势力发展到足以与王权相抗衡时，其控制和支配国家的欲望便占了上风。

至11世纪中后期，随着在世俗领域的不断渗透，教权在某种程度上已成为一种支配性的势力。这时，教皇与国王的对抗达到白热化程度。这是因为王权也在扩张，甚至扩张的速度更快。教皇认为自己的权威至高无上，国王同样认为自己的权力至高无上。麻烦来了。11世纪下半叶，格里高利七世教皇不断扩大教会权势，在主教续任权问题上，与当时的神圣罗马帝国皇帝亨利四世发生了激烈冲突。格里高利规定各地大主教人选必须由教皇决定，不能由世俗君主任命。亨利皇帝岂能甘居老二？1076年亨利召集26位主教在沃尔姆斯举行宗教会议，宣布废黜教皇格里高利。后者立即宣布对亨利四世实施"绝罚"，即将其逐出教门。这种举动的后果非同小可，各地诸侯纷纷叛乱，亨利皇位不保。他不得不放下身段，于1077年1月翻越阿尔卑斯山进入意大利，卑躬屈膝来到教皇所在的卡诺萨城堡前，哀求觐见，竟在大雪中赤脚站立了三天三夜，最终教皇出城堡接见并宽恕了他。这样一来，亨利四世立即咸鱼翻身，迅速平息了诸侯叛乱；紧接着又攻入意大利，迫使格里高利流亡并客死他乡。这大概是西方历史上最有名的卧薪尝胆故事了吧。

12世纪末13世纪初，又出了一个特别强势的教皇，即英诺森三世。此人痴迷于宗教意识形态，动员各国教会的法学家一起动笔杆子，宣传教权至上论。在《宇宙的创造者》一书中，他提出了一厢情愿、臭名昭著的"日月说"，即教皇犹如太阳，世俗君主犹如月亮，月亮须得借助太阳的光辉才能发光；由此他得出结论：教皇掌握最高权力即神圣权力，世俗权力应该由教皇授予世俗君主，后者因此臣属于教皇，教皇对他们有废立之权。英诺森三世不仅是意识形态狂，也是一个政治人。他不仅在教会内部实行专制统治，在与世俗君主打交道方面，也颇有手腕，甚至能废旧主、立新君。在德意志地区，他利用政局混乱，操纵神圣罗马帝国皇帝的选举；在法国，他迫使国王腓力二世与废后英格堡复婚。他甚至策动第四次十字军东侵，攻陷了信奉东正教的君士坦丁堡，并且组织镇压了法国南部阿尔比派异端的十字军。然而，此时教权的隆盛毕竟很大程度上倚赖教皇个人的能力。之后时移世变，形势对教会越来越不利，继任教皇虽然继续主张教权高于王权，但无可奈何花落去，教权在与王权的博弈中越来越处于下风。13世纪末，教权似乎又有中兴的迹象，但这时王权的强盛绝非昔日能比。教皇卜尼法斯八世在与法王腓力四世的较量中很快败下阵来。从此教权一蹶不振，再也没能出现格里高利七世和英诺森三世式的强势人物。

在文明史上，中世纪西欧式的教权与王权矛盾冲突、二元对峙的现象几乎是独一无二的，可能只有祭司权力往往压倒法老的古埃及例外。事实上，从一开始，中世纪西欧文明便呈现出一种宗教权力与世俗权力分立冲突的格局。在拜占庭东正教社会，皇权与教权虽有一定程度的分离，但基本上融为一体，总体而言是前者统治后者。在同属于东正教文明的俄罗斯，情况也是如此。在彼得大帝时期，教会甚至完全被置于沙皇的控制之下。在科层帝制时代的中国，政教是合而为一的，天子既是最高政治权力的代表，也是最高宗教权力的代表，即最高祭司，与东正教社会相比，圣俗两个维度更难以区分。近代以前，伊斯兰文明的政教关系与东正教文明、中国文明相似，也是政教合一，圣俗两个维度相互渗透，不可分离；哈里发被视为先知穆罕默德的继承人，是共同体的最高政教首脑。唯一能与中世纪西欧政教关系相比拟的，或许是印度。这里，婆罗门或僧侣阶层为精神贵族，享有崇高的社会地位，可政治权力却操控在刹帝利即武士种姓手中；但是，婆罗门僧侣往往也充当王公的政治顾问或大臣，从而能在不小程度上防止其宗教权力被后者侵蚀或掏空。从某种程度上讲，印度式的政教分离是现代印度能够实行西方式议会民主制的一个重要原因，正如政教二元化或政教矛盾冲突是西欧社会能够建立起议会民主制的一个重要原因那样。

封 建 制 度

除政教冲突外，封建制度也是中世纪西欧文明的一个重要特点，至少就 15 世纪之前而言如此。甚至 15 世纪以后，西欧经济社会发展的态势也深受封建制度的深刻影响。什么是封建制度呢？它是一种政治、社会和经济制度，在此制度下，个人权利与义务建立在一种层级性的土地占有权和个人依赖关系的基础上。荷兰中世纪史专家 F.L. 甘绍夫这样描述封建制或封建主义的特征："社会中个人依赖关系的因素发展到极致，专业化的军人阶级占据社会层级的高位；不动产权被层层分封到极致；不动产权的分封导致并在一种宽泛的意义上与个人依赖关系的层级现象相呼应的土地分封；将政治权力分散到不同层级的人们中，他们按自己的利益行使通常属于国家而且事实上往往源于国家崩溃的权力。"

在封建制度中，领主对封臣行使名义上的统治权；封臣以领地的形式从领主手中获得土地，领主对已授予封臣的土地保有重要权利；封臣需要为领主尽一定的义务，而且必须效忠领主；领主则应公正对待封臣，并有义务保护他。封臣虽然应当受领主的尊重和保护，但他也必须尊重并忠诚于领主。更重要的是，封臣对领主必须尽以下义务：第一，作为自费武装的骑士，按规定时间为领主服军役；第二，在某些情况下——如领主长子封爵，或领主为长女置办嫁妆等——以现金的形式向领主转移资源；第三，向领主提供建议，按照规定出席领主的法庭；第四，当领主及其随从造访封臣的封地时，应热情接待。在一种宽泛的意义上，封建制度盛行于相对封闭的农业社会中，存在着大量附庸。据研究，至 10 世纪时，西欧几乎每个人都作为某种形式的附庸而存在。不仅数量巨大的、人身附着于土地不能流动的农奴是附庸，而且不少本身为领主的人也是附庸。

应当注意的是，封建制度或封建社会的一个重要侧面是采邑制或庄园制。在这种制度中，领主——尽管他本人是更高层级的领主的附庸——对农奴拥有广泛的监察、司法、财政及其他权力，也就是说，处于社会中上层的领主们对社会最下层的农业劳动者具有较强的压迫性。可是从另一个角度看，因农奴被固着于土地，随土地转让而被转让，不仅不享有土地所有权，而且身份不可改变，故缺乏社会流动性；也因被固着于土地，客观上缺乏空间流动性。这一定程度上解释了为什么西欧中世纪很少发生农奴起义，即使有暴力反抗活动，规模也很有限。1381年英国发生了瓦特·泰勒领导的农民起义，但这种情形非常罕见，与中国历史上高频度、大规模、足以改朝换代的农民起义和农民战争无法相提并论。

西方封建制度是如何产生的呢？5至6世纪，法兰克国王们大体上夺取了昔日罗马帝国的权力（至少表面看如此），却缺乏足够的资源维系一种有效的官僚及司法体制，并向军队提供给养。这一难题的解决办法是，将大片被征服土地利用起来，即把地产作为提供军事和管理服务的人们的报酬，而提供军事和管理服务者则必须在各方面履行效忠领主的义务。然而，在实际运作中，接受地产者即封臣很容易将所封土地当作私人领地看待，对领主并不怎么效忠。王权强大时，尚能使封臣驯服；王权衰弱时，独立而强大起来的封臣便拒绝向领主提供服务。这意味着，实质性的统治权力可能转移到封臣手中，虽然还不至于出现类似于中国春秋时代那种普遍以下犯上、"礼崩乐坏"的局面，但确实导致大量主权独立的公侯国长期存在且相互冲突,阻碍生产力的发展,在德语地区和意大利尤其如此。

长期以来,封建制度被视为一种落后的生产方式,因其导致中央权威羸弱、地方政治势力坐大、封建王公们各自为政、各地贸易壁垒林立,这些都明显不利于资本主义的发展。但是,对于西欧文明的成长,封建制度并非只具有消极意义。地方势力的强大尽管阻碍了中央集权的推进和资本主义的发展,但在中央集权不断强化的历史进程中,从封建制中产生的议会制对王权形成不小的掣肘,这就对现代议会制度的形成产生了重要作用。在非西方文明中,唯有日本历史上存在过类似于西欧的封建制度,明治维新后日本的现代化速度之快令人震惊,这多少也说明封建制度并非一无是处。据卡尔·马克思研究表明,大约从12至14世纪起,西欧进入资本原始积累阶段,现代资本主义开始萌芽;准确地说,现代资本主义制度开始在封建制度内部孕育生长,封建制度逐渐开始瓦解。至于封建制度究竟是何时终结的,各国情况不尽相同,但到16至18世纪大体上均已解体,尽管封建残余在此之后仍有不小的影响。

城市的出现

西罗马帝国衰亡后,西欧文明的重心从地中海区域转移到内陆。意大利港口城市如热那亚、威尼斯虽然一直与东方——即现土耳其、埃及、北非、叙利亚、两河地区等——保持贸易往来,后来更成为现代资本主义的肇始之地,可是广大内陆腹地却因为社会生产力水平非常低下,基本上不存在城镇。换句话说,此时的西欧仍处于半野蛮状态。更糟糕的是,中世纪初期,在地中海地区以及内陆很多地方，原有城镇因蛮族入侵而沦为废墟，教堂、修道院、宫殿、剧场等建筑物的石块被拆除，用于建房子和防御工事，后来还被用于建造城堡作为国王或主教的驻地。这当然是一个逆城市化的过程。当今较有名的城市如罗马、米兰、海德堡、法兰克福、科隆、波恩、特里尔、里昂、巴黎、伦敦等在罗马时代便是重要城市，或因作为军事要塞或殖民地而形成了城镇，后来在逆城市化中统统衰落了。

尽管中世纪的西欧并非完全是蛮荒之地，而是有一定的发展基础，但在中世纪初期，这里的城市化水平相当低下。随着生产力的发展，手工业开始从农业中分离，社会劳动分工渐渐变得复杂起来；不同行业的从业者和不同地区之间都需要互通有无，各种农牧产品、手工业制品都需要交换，于是兴起了最初的贸易。贸易必得在集市上进行，围绕集市必然形成镇子，镇子渐渐扩大了，便成为城镇或者城市。一般认为，西欧城市兴起于11至13世纪。在领主城堡所在的地方，在罗马时代就有了一定城镇基础的地方，也在之前并没什么基础但水陆交通便利的地方，商人们带着外地的商品来集市上出售。渐渐地，商人们在集市所在地开设商店，并长期居住；手工业者们由先前带产品来集市销售，转变为直接在附近开设作坊，生产销售，并长期居住。这种地方便是城市的前身。值得注意的是，在大多数情况下集市是围绕城堡发展起来的，而城堡多为封建领主所拥有。贵族住在城堡里，农奴住在周围，房子常常紧挨城堡修建，工商业者来此销售产品，酒馆、旅店等也建了起来，城镇由此兴起。

5世纪到10世纪，欧洲发展相当缓慢，完全没法与中国和伊斯兰世界相比。但11世纪以后，西欧经济开始呈现出生机，出现了真正意义上的城市。开始时，城镇规模很小，居民人口数千至一两万，达到两三万人就算有较大规模。城市发展缓慢，晚至13世纪，巴黎人口只有十几万，伦敦不到5万，仅为同时代开封、巴格达或伊斯坦布尔人口的约十分之一甚至更少。中世纪的城市大致可分为三类。第一类，是在罗马时代就打下了基础甚至颇具规模的城市，集中在意大利中部北部，如罗马、米兰、热那亚、比萨、佛罗伦萨等。第二类，是围绕防御性城堡、要塞或主教驻节地的大教堂而发展起来的城市，如萨尔茨堡、海德堡、柯尼斯堡、爱丁堡，以及围绕卢浮要塞、巴士底要塞发展起来的巴黎。第三类，是围绕重要的河海码头或其他交通枢纽逐渐发展起来的贸易城市，如布鲁塞尔、布鲁日、科隆、吕贝克、不来梅、纽伦堡、约克、南安普敦、布里斯托尔、科尔多瓦、巴塞罗那等。应注意，第三类中某些城市因良好的地理位置，早早就建起了军事要塞，所以多少也可归入第二类。

在中世纪中后期，商业的发展对整个西欧社会产生了深远影响；商业的繁荣意味着城市的发展，或者说，商业的发展与城市的成长互为因果。城市作为地方贸易和政治中心既然已出现，其经济政治力量也将越来越强大。从人口数量和贸易规模来看，中世纪西欧城市与长安、开封、临安、巴格达、伊斯坦布尔等相比，微不足道，但因特殊政教关系和封建制度的存在，也因其日益增长的经济力量，西欧城市获得越来越大的自治权。后来演变为资产阶级的自由市民更形成了所谓"市民社会"。随着市民社会的壮大，西方文明的一个核心假定逐渐形成：在个人利益与领主或政府之间，应该有一种制定规范、法律和程序的"社团利益"，或者说，应该有一个西方和中国学界大体上都意识到其存在的"公共领域"来充当缓冲带，以免个人利益可能遭受领主或政府的侵害。至中世纪后期，因市民方面有可观的经济力量和人口数量，也因国王需要利用他们以制衡贵族的势力，他们通常能够从国王那里获得种种特许状。特许状允许他们组成自治市，享有诸多自治权利，甚至拥有自己的市政厅、法院、市外属地（详下）。特许状还准许商人和工匠等组织行会，除了自卫和互助，也对产品标准、价格和工作时间等进行规范。如是，城市逐渐演变为一种新兴力量，市民阶级也不再受封建法律的约束，这对于打破封建主义生产关系起到了重要作用。

在打破封建主义生产关系方面，中世纪西欧的城市还作出了其他方面的贡献。在一些地区，多个城市联合起来，组成城市联盟，成为比单个城市更大、更强的经济政治联合体，如伦巴第联盟、汉萨同盟。民族君主国形成以后，市民或资产阶级在与国家最高权力的代表即国王（或领主）打交道方面，更有借以表达其意志、捍卫其利益的议会，如英国的 House of Commons、法国 Estates-Generale、德意志地区的 Reichstag、西班牙的 cortes。这里应注意的是，严格意义上的"市民社会"只可能出现在政治上四分五裂却又不易遭受强敌入侵的西欧式的地区，而不可能出现在铁板一块的大帝国，如1453年以前的拜占庭帝国、16世纪以后的沙皇俄罗斯，以及整个帝制时代的中国。特殊的地理位置无疑是一个关键因素。如果西欧人像俄罗斯人、中国人那样，不断受到游牧民族的袭扰甚至大规模入侵和占领，是经不起分裂为多个民族国家、在所谓民族国家内部又分裂为多个自治或半自治政治体的代价的。历史上的日本虽也有过类似于西欧的封建制度，也不大受游牧民族的侵扰，却缺乏一个重要的西欧式元素，即一个强大的市民阶级。但无论有何地理、经济和文化背景，西欧城市的自由民从一开始就表现出了较强的自信心和独立性。在其他文明中,情况并非如此。

城市自治运动

随着城市的发展、经济的繁荣,城市工商业主即市民掌握的资源越来越多,求发展的诉求越来越强烈,表达自己政治意志的欲望也越来越强烈,城市自治运动兴起了。现在,商人和作坊主们希望有自己的法律、法庭,即管理自己的事务。由此产生了城市与教俗领主(包括国王)间的结构性矛盾。由于城市大多位于教俗领主的领地上,他们按惯例对城市行使主权,在市民的自治诉求面前,不可能轻易放弃其权力。于是,市民与领主之间的矛盾变得尖锐起来,在某些情况下甚至可能发展为武装冲突。问题是,为什么中世纪西欧会出现这种局面,而在郡县—皇帝制的中国却完全不可能?一个关键原因是,西欧不仅分裂为多个主权国家,而且在封建制下,存在着无数个事实上主权独立的领主封地;而实行郡县—皇帝制的中国只要不发生大动乱或外敌入侵,大体上都处于大一统状态,这里虽有无数城市或城镇,但它们绝不可能协调一致地对皇帝提出自治要求(大规模农民起义和军阀割据另当别论,因为农民起义和军阀割据往往都导致改朝换代,其结果都不可能是城市自治)。

好在中世纪西欧城市与教俗领主的矛盾并未大面积地发展到武装冲突的程度。解决问题的办法是赎买,即市民们联合起来凑一笔钱付给领主,从他们那里换取特许状,即法律意义上的自治权。有了特许状,一个城市就有了基本法,市民们可以据此成立一个选举产生的委员会或议会,这种委员会或议会再选举出市长及其他官员,对城市进行管理。有特许状的西欧城市进行了大量的政治实验。在很多情况下,市民实际上建立了自己的政府,即封建领地上的国中之国,不仅有自己的市政厅、管理自己的税收和市政开支,还有自己的法院甚至市外属地,尽管部分税收可能还得上交领主。这种享有自治权的城市不仅在行政、财政、司法方面相当独立,甚至在外交上也有自主权。在这种政治形态中,大多数市民或城镇民众可在某种程度上参政议政,从而为现代议会制民主的兴起打下了基础。

在某些情况下,城市的市长因由国王委任,其自治程度相对低一些,但行政、财政和司法等仍相当独立。尽管自治的程度因城市而异,因地区而异,但是可以肯定,中世纪中后期的西欧城市可以视为一些在不同程度上实行自我管理的政治体,市民虽然尚不享有现代意义上的个人权利或者说"人权",但大体而言,其人身自由是能够得到保证的,如不会沦为农奴,再如法律身份为农奴者在城中居住一年以上即成为自由人等。虽然某些偏远地区的城市仍为领主管辖,但总体而言,及至中世纪末,几乎所有西欧城市都享有某种程度、某种形式的自治权。另外值得注意的是,意大利北部的威尼斯、热那亚、佛罗伦萨、米兰等是具有充分主权的城市国家,在其之上,不存在其他权威对其进行管辖,其领土不仅是城市本身,还包括周边乡村,甚至还可能拥有多个海外殖民地。

及至11至12世纪,为了防止无序竞争,抵御封建领主的侵犯,捍卫行业利益,城市手工业者建立了手工业者行会,即基尔特。如铁匠有铁匠的行会,木匠有木匠的行会,鞋匠有鞋匠的行会,石匠有石匠的行会等。商人们则成立了性质相同的商人公会。每个行会(及商人公会)都有各自的章程和组织,除了自卫和互助,还对作坊(或商铺)设备的数量、产品标准和价格、帮工学徒的人数及劳动时间、产品数量等进行规范和管理。行会的全权成员通常是作坊主或者商店主，学徒并不享有这种权利，但2至7年后可转为雇工，而雇工在其水平得到行会的认可后又可转为师傅。此外，行会还对会员及其家族成员在生、老、病、死各方面都给予帮助。在早期阶段，行会起到了保护行业共同利益的作用，可是后来，由于生产力水平的提高、近代资本主义生产方式的兴起，行会内部的作坊主或者店主之间出现了较大的分化，阶级斗争加剧，行会逐渐走向解体。随着城市中工商业的发展，作坊主和商人也逐渐形成了自己的商业习惯法，处理涉及交易、债务、破产、契约等方面的问题。尽管及至现代资本主义勃兴的时代，行会制度不再合时宜，甚至成为社会发展的障碍，但它无疑曾促进了西欧商业法、商业文化及法律文化的发展。就会员能够"参政议政"，即参与行会组织的运作管理而言，行会制度对现代民主制度的兴起也作出了贡献。

值得注意的是，及至中世纪中后期，城市人口的社会流动性比农村（以及贵族）人口的流动性更高，而社会流动性意味着政治经济和其他方面的活力。这是因为在此时的西欧，不仅工商业活动主要在城市中进行，而且随着行会制度的松动，手工业者和商人为了取得更高的社会地位，都想方设法地提高自己产品的质量和数量，扩大自己商品的销量。在这一过程中，越来越多的社会财富被创造出来。随着市民经济地位的提高，他们在社会政治、文学艺术等方面又必然产生自我表达的欲望或动能。城市自治和行会制度多少使他们有机会参与社会政治与经济管理，提高自己的社会政治地位，而及至文艺复兴时代，他们在文学艺术方面自我表达的欲望或动能也得到了释放。也正是由于城市人口的社会流动性，城市女性也比农村（及贵族）女性拥有更多改变自己命运的机会。除了帮助丈夫从事商业活动或手工业生产活动外，女性也可成为独立经营者。事实上，许多女性是行会成员。

在城市自治运动中，随着市民阶级社会政治地位的提升，他们成为各王国或封建领主领地内的一股重要的社会政治力量。既然市民阶级得到了前所未有的政治权利和地位，领主们便不得不重视并有条件地满足其政治诉求。如是，西欧城市进入了一种良性循环，市民阶级地位越高，所赢得的权利越多，所掌握的资源越多，城市经济便发展得越好。因此现代资本主义不仅在此萌芽，而且在此健康茁壮地成长。现在，城乡差别越来越大，世世代代附着在领主耕地上不得离开的农奴憧憬城市生活，向往城市中人享有的权利和自由。于是出现了以下情形：因法律身份之故，农奴只能偷逃到城市，"黑"在那里，领主方面则"依法"将其押回。这意味着，城市要进一步发展，但得不到额外的人力资源。换句话说，封建制度在阻碍农奴进城"打工"（做帮工、杂工等），不让城市成长壮大。市民对此的回应是，把偷偷在城市里工作生活的"黑户"藏匿起来。渐渐地，在市民与领主的博弈中形成了一种约定：如果一个非城市"户籍"者在城市中生活了一年以上，他将获得市民身份，之前与领主签订的人身契约关系自动解除，这就是著名格言"城市的空气充满自由"的由来。

在一个极重要的方面，市民阶级的崛起深刻影响了西欧政治形态的演进。中世纪后期至近代初期，国王为了削弱贵族力量、加强中央集权，与市民阶级形成了某种同盟关系；这种同盟关系建立在某种代议制议会的基础之上，说它是现代代议制民主的起源之一亦并非不可。有论者说："欧洲君主新权力的获得，极大程度上取决于同新兴的商人阶层的非正式联盟。自治市的自由民向君主提供财政援助和管理人才,成为国王的内侍、监工、账目保管人和皇家造币厂经理等。起初,这些人组成国王的王室,主管国王的私人事务。后来,随着王室成员被派去管理整个王国,强有力的中央集权政府发展起来。更准确地说,中央集权政府与某种代议制议会一起,为官僚机构、法院和税收制度打下了基础。"当然,这种关系是互利的。自由市民因受到君主的保护,所以能减轻层级较低的封建主(包括教会封建主)苛捐杂税所导致的损害,免遭他们之间频繁战争所带来的灾祸。在民族国家进一步巩固和壮大的过程中,君主在商人支持下,更废除了五花八门的地方封建自治政权。这些地方政权有自己的税收、法律、度量衡和货币,到处设置关卡征税,极大地妨碍了共同体经济的发展。从这个角度看,中世纪西欧的城市为现代资本主义的兴起作出了重要贡献。

大学的兴起

随着西欧经济的持续发展,王权不断加强,社会日趋稳定,对新知识的需求——准确地说,对神学人才、法律人才、行政人员和职业医生的需求——也日益增长,教育理念随之改变。十字军东侵后,从东方流入的古希腊哲学、文学、艺术和罗马法等重新引发了人们对古代学问的兴趣,知识结构开始发生变化,传授和生产知识的机制也将发生重要变化。

在查理曼大帝去世后的最初两百来年里,当正式教育仍然主要是在修道院学校进行时,"七艺"便是主要的教学内容。进入公元1000年以后,教育仍然被教会垄断。为了培养神职人员,教会除了在地方上兴办修道院学校，更在主教区设立主教学校。事实上，与修道院学校相比，主教学校的重要性越来越凸显，其基于"七艺"——尤其是语法、修辞、逻辑（论辩）——的人才培养规模也越来越大。但也是在1000年以后，因经济的持续发展，为了满足社会对新知识的需要，也为了摆脱教会对教育的垄断，主要城市的商人、工匠行会和市政当局也自行创办了世俗学校。

12世纪初期，巴黎、拉昂、兰斯等地的主教学校便因拥有学有专攻的学者或教师而声名远扬。这意味着，专业化的学者或教师已经成为一种职业。至12世纪下半叶，即十字军东侵之后大约半个世纪，拜占庭和穆斯林世界的大量新知识涌入西欧，不仅开阔了西欧人的视野，扩大了其知识储备，而且不可避免地对人才培养也提出了更高的要求。及至12世纪末期，既有的教育机构即修道院学校、主教学校以及城市市民的市立学校已无法满足社会对知识的需求，新型教育机构——大学——应运而生。

欧洲最早的大学如意大利的博洛尼亚大学建立于12世纪后期。之后不久，其他各地的主要城市也相继建立了大学。仅从博洛尼亚看，大学创立者模仿商人和手工业者的行会，组建了自己的行业团体即"大学"。英文里的university一词源于拉丁文的universitas，意为"行会""团体"或"联合会"。博洛尼亚的学生组成了自己的行会或联合会，即universitas，以保护自己的利益不受其他行业的侵犯。博洛尼亚大学成立后不久，便设法得到了博洛尼亚市议会的法律认可。

早在11世纪初，犹太医生阿非利加诺便来到意大利南部那不勒斯附近风景秀丽的萨莱诺，在这里开办了一所医学校，传授古希腊（尤其是"医圣"希波克拉底）和阿拉伯世界的医学知识。

1099 年，参加了第一次十字军东侵的诺曼底公爵罗伯特从东方返回后，来萨莱诺养伤。他与手下的骑士八方传扬萨莱诺医学校的名声，于是西欧各地的青年纷纷来这里学医。渐渐地，学生们联合起来，与医师或医学教师签订合同，规范学生应当交纳学费的数额与医师传授知识的条件等。这完全就是一种知识交易。至 12 世纪中期，萨莱诺医学校已可被称为大学，并于 1231 年获得政府的正式承认。

巴黎的情况与博洛尼亚、萨莱诺有所不同。这里，教师为摆脱主教的控制而组建人文学院，以确立自己在教学上的自主性。这一事件大概发生在 12 世纪末。1209 年，巴黎出现了正式的教师联合会；几乎与此同时，也出现了学生联合会。1215 年，经过争取，教师联合会与学生联合会一并得到了教皇亚历山大三世的正式承认。1231 年，教皇以敕令的形式授予巴黎大学自决权。该大学由主教的代理人掌门，教授由教会当局委任，并发给薪俸。行政管理人员并非由所有学生决定，而是由具有博士或硕士学位者投票选出。

中世纪欧洲大学分为四个系，即文学系、法学系、医学系和神学系。其中，文学系是一个预科性质的系，文学系的学位为学士学位，可以说相当于今天所谓的本科。只有在取得学士学位后，才有资格进入其他三个系学习，取得硕士、博士学位。也就是说，只有法学系、医学系和神学系能授予硕士或博士学位。

需特别注意的是，所有新建的大学都必须得到官方亦即国王、主教或城市议会的法律认可。这种认可的核心意义在于为大学争取诸多特许权，其中最重要的一项，是给修完某学科全部课程的学生颁发学位证书的权力。确立了其法律地位后，学生和教师行业联合体渐渐有了自己的运行规则，也就是说，大学逐渐发展出了一套自己的运作模式和管理规范。可以说，只有在得到法律承认并形成了自己的运作模式和管理规范后，才有了真正的大学。

从办学经费上看，起源于主教学校的大学或巴黎型大学对教会有很强的依赖，至少在最初阶段，这种依赖性相当强。用今天的话来说，这是走"官方路线"，因为经费主要不是来自学生的学费。既然如此，这种大学在运作管理方面，由教师而非学生唱主角。博洛尼亚型或南欧大学的情况明显不同。这些大学并不依靠教会或其他官方的经费办学，而是靠学生的学费来维持学校的运行；学生期望在获得大学颁发的学位证书后，不仅将从就业市场收回其"投资"，还会赚取更多的"收益"。用今天的话说，这是走讲究"投入—产出"的"市场路线"。因此，学生与教师的关系类似于雇主与雇员的关系。这种大学或学生行会不仅拥有聘任或解雇教师的权利，甚至有权决定教学内容和课时长短。但无论哪种类型的大学，都能保持相对的独立性，即拥有自由从事学术研究的权利。

如果说巴黎型大学在北欧更常见，那么博洛尼亚型大学则在南欧占优势。但最终说来，是巴黎型大学——更像今天的公立大学——而非博洛尼亚型大学占了上风。学生终究不是"老板"，而仍是学生，就像在博洛尼亚型或南欧大学那样。从世界范围来看，巴黎型大学比博洛尼亚型大学多得多。私立大学或更大程度上走"市场路线"的大学（含企业投资并经营的大学）不仅数量较少，在很多情况下也并非完全靠学生的学费办学，而是除此之外，也靠国家资助、投资经营以及社会捐赠等经费来办学。在大多数情况下，公立大学的学生也得交学费，只不过其费用总体而言明显低于私立大学。准确地说，公立大学教师的薪酬主要靠政府拨款支付，而私立大学教师的薪酬主要来自学费和自筹经费。

在意大利和法国的大学建立后不久，英国创办了牛津大学。紧接着，从牛津大学出走的一些教师、学生又创办了剑桥大学。至14世纪，德国、捷克和波兰都创建了各自最早的大学，即海德堡大学、布拉格大学和克拉科夫大学。至1500年，西欧、中欧已有80所大学。至1600年，欧洲大学的数量已达到108所。

中世纪欧洲大学是现代高等教育的滥觞。就维系一个人口众多、经济发达、政制复杂的社会而言，18世纪前的欧洲大学与20世纪前中国的书院、国子监等虽有一定的可比性（必须承认，后者在知识分科和演化的速度方面不及前者），却代表着一种新的知识传承与生产机制。中世纪大学所产生的更直接的影响是，为文艺复兴、宗教改革运动作了知识和舆论上的准备。更宏观地看，欧洲大学不仅促进了欧美学术和文化的发展，为其工商业进步和城市繁荣作出了重要贡献，更在19世纪后半叶之后将其制度推广到了全世界。

思考讨论题

1. 为何基督教在中世纪的西欧能够保持相对独立的地位？
2. 试比较历史上的中国与中世纪的西欧的政教关系。
3. 为何中世纪西欧城市能够自治，而其他文明（如中国）中的城市却不能？

第八章 中世纪(下)

在通常的印象中，西方文明的扩张始于1492年哥伦布的大西洋航行。这并非事实。几乎从一开始，中世纪西欧文明就处于不断扩张的状态，11世纪末肇始的八次十字军东侵意味着，其由在欧洲范围之内的扩张转向欧洲范围之外的扩张。但十字军东侵只是中世纪西欧文明的一个重要方面。其另一个重要方面是议会制度的萌生和发展。议会制度是一种较好解决了制衡权力与集中权力间关系的政制形式，是现代议会民主制的前身。这种制度有缺点，但其优点也很明显，已对全世界的政治制度产生了深刻影响。

最初的地理扩张

在上千年时间中，印度文明、中国文明的疆域几乎没什么变化，但相对而言，西欧文明从一开始就明显不同。准确地说，西欧文明几乎从一开始就处于不断扩张的状态。如果说11世纪末的十字军东侵确凿无疑地表明，西欧已开始在现中东地区扩大其疆域，那么早在此之前，发源于地中海地区的基督教在爱尔兰、英格兰和法兰西、德意志等地的扩散，已表现出西欧的扩张征象。实际上早在5至6世纪，基督教就已传播到爱尔兰和英格兰。几乎与此同时或稍晚一点，在法兰克统治者的襄助下，基督教在法德地区迅速取得统治地位。到了9至10世纪，在来自英格兰和德意志的传教士鼓动下，北欧各地的统治者率领被统治者全盘改宗基督教，也就是说，基督教又播散到现丹麦、挪威、瑞典、冰岛等地。再晚一点，从10世纪后期起，神圣罗马帝国的统治者和教俗贵族在现捷克、斯洛伐克、波兰和匈牙利地区积极推广基督教（即罗马公教或天主教，区别于五六个世纪后兴起的基督新教）。稍后传教士跟随参加过十字军东侵的条顿骑士团进入波罗的海沿岸一带，使温德人、普鲁士人、芬兰人、利沃尼亚人和立陶宛人等皈依了基督教。在基督教取得胜利的地方，人们的思想观念和生活方式发生了重要变化，他们逐渐基督教化即"欧洲化"了。

大约在同一时期，在现西班牙地区发生了所谓"再征服运动"，或者说"收复失地运动"。从8世纪前期的科法敦加战役开始，到15世纪晚期格拉纳达战役结束，西班牙人持续不断地开展了反对阿拉伯人统治、收复失地的运动。伊斯兰教7世纪前在阿拉伯半岛兴起后，阿拉伯人于711年征服了伊比利亚半岛的大部。原本居住此地已久且已皈信基督教的西哥特人，被压缩到半岛北部的一个狭长地带，建立了阿斯图里亚斯、卡斯提利亚、阿拉贡、纳瓦尔、莱昂等小王国。718年，在科法敦加，阿斯图里亚斯王国与阿拉伯人发生了一场战斗，这标志着收复失地运动的开始。之后，纳瓦尔、阿拉贡王国以及从阿拉贡分出来的加泰罗尼亚王国也陆续展开了收复失地斗争，托莱多、马约尔、塞维利亚、萨拉戈萨、巴伦西亚、萨拉多等地陆续被西班牙人夺回。至13世纪初，收复失地运动中的两个重要国家莱昂和卡斯提利亚合并为卡斯提王国，基督教小王国南攻的势头明显加强了；至1479年，卡斯提王国又与阿拉贡王国合并，反阿拉伯的力量大为增长。1492年，半岛上残存的最后一个阿拉伯王国格拉纳达被击败，国王投降。然而阿拉伯人被赶走以后，西班牙人一改之前倭马亚王朝奉行的宗教宽容政策，对犹太人和穆斯林大肆屠杀和驱逐，或强迫其改宗。这种情形持续了多年，最后整个半岛由基督教一统天下。但是因所谓"再征服运动"持续了七八百年，其间，基督教不可能不受到伊斯兰教的影响，因而最终成形的西班牙文化是一种深度融合了基督教和伊斯兰教理念、制度的混合物。

伊比利亚半岛基督教小王国的收复失地运动说明，中世纪西欧的扩张不仅采取传教的形式，还会采取武力的形式。可除此以外，还有一种宗教与军事相结合的扩张形式，这就是骑士团。骑士团兴起于十字军东侵时期，是西欧封建主为了保住其侵占的土地而建立起来的宗教性军事组织。1096至1099年的第一次十字军东侵结束之时，西欧人夺取了地中海东岸一片长达1 200公里的地带，建立了四个封建小国，侵占了这里最富庶的土地和最繁荣的城市。因这一地带位处沿海，地貌平顺，易攻难守，时时刻刻都有被穆斯林"再征服"的可能，为了巩固乃至扩大侵略成果，由十字军东侵发起者罗马教皇出面，组建了一支常备武装力量。这就是著名的三大僧侣骑士团，即医院骑士团、圣殿骑士团和条顿骑士团。三大骑士团的骑士不是一般的骑士，而是僧侣骑士，他们绝大多数出身于西欧破落贵族家庭，因非长子，按当时习俗不能继承家族财产，只得加入十字军，去海外冒险犯难。这些亡命之徒被按修道团即教团的方式组织起来，从理论上讲应侍奉上帝。他们既然是献身上帝之人，便不得娶妻生子，不得做生意发财，而应安贫乐道，服从上级命令。可骑士团的骑士名为僧侣，应全心全意服务上帝，实则是不折不扣的军人。更糟糕的是，其所作所为远非像僧侣那样安于清贫，而是全心全意地攫取财富、积累财富。

既然战争能带来财富，不遗余力地发展并提高自己的战争技能便理所当然。在与穆斯林作战的过程中，骑士团迅速壮大，很快便发展成为一种令人生畏的精锐职业军，能够在任何地方与任何敌人交手。不仅如此，在教皇的支持下，骑士团也在西欧大肆扩张势力和扩大地盘。这种情形意味着，骑士团所掌握的财富越来越多，其生活方式也因而变得越来越世俗化。尤其需要注意的是条顿骑士团，它在三大骑士团中虽然建立时间最晚，影响却最大。条顿骑士团1198年成立于巴勒斯坦，主要由德意志人组成，身着白色外衣，佩黑色十字徽章，白色外衣上绘有红色刀剑及十字。1226年，条顿骑士团开始发动对西欧东边的普鲁士的战争。这意味着，西欧的疆域开始向传统区域外扩张。从1231年起，条顿骑士团在普鲁士西南地区建立了一系列据点，为征服普鲁士乃至东欧其他地方打下了基础。1234年，条顿骑士团又赢得瑟格纳战役的胜利。此后又经过了好几十年的征战杀戮，直到1285年，才最终征服了普鲁士全境，迫使当地部族改宗罗马公教即天主教。1309年，条顿骑士团将其在威尼斯的总部迁至普鲁士的马林堡，正式建立了一个主权独立的骑士团国家，西欧的疆域在军事征服与宗教的完美结合中得以扩大。但骑士团并非攻无不克，战无不胜：在1241年的匈牙利赛约河（今蒂萨河）之战中，骑士团与波兰联军共10万人惨败于蒙古骑兵；在1242年的楚德湖（佩普西湖）之战中，1.2万人组成的条顿骑士团被1.6万俄军击败。

除了"再征服运动"和骑士团对普鲁士等地的征服，还有一个西欧以武力扩大势力范围的例子，即来自法国北部诺曼底的诺曼人对拜占庭人和穆斯林控制下的意大利南部和西西里岛的侵略。这些诺曼人与1066年入侵英格兰的诺曼人属同一支，最初到意大利南部时，为了获得土地，他们为相互征战的当地统治者卖命，而拜占庭人为了保住对意大利南部的统治，又特别需要诺曼人为其效力。问题是，请神容易送神难。进入意大利的诺曼人因不断有诺曼底同胞的加入变得越来越强大，很快便反客为主，实现了对拜占庭人的控制，重演了一遍当年罗马人为保卫边疆引入蛮族反而被后者统治的大戏。至 11 世纪中期，教皇承认了意大利南部诺曼公国的合法性。作为报答，诺曼人在教皇与神圣罗马帝国的争斗中支持教皇。后来，诺曼公国又打败了西西里岛的穆斯林，从其手中夺取了该岛屿。1130 年，教皇同意建立西西里王国，其领土范围包括意大利南部和西西里。该王国的政体属于君主制，是一种北欧封建制度、拜占庭和穆斯林文化体制的混合体。12 世纪末，西西里王国的统治权传入德意志贵族霍亨斯陶芬家族手中，在腓特烈二世统治下臻于鼎盛。

十字军东侵

前文已提到，西欧文明从一开始就表现出相当强的扩张性。10 世纪，这个文明刚扩散到北欧即现丹麦、瑞典、挪威一带，以及中东欧即现捷克、斯洛伐克、匈牙利、波兰等地，一个世纪后即 11 世纪末便发动了侵略东方的新的战争。1095 年，教皇乌尔班二世收到拜占庭皇帝阿列克塞一世的一封信函，请求提供军事援助，以解除塞尔柱突厥人对拜占庭帝国构成的威胁。就在当年 11 月，乌尔班二世在法国克莱蒙发表了一个著名演讲，鼓动西欧各地的基督徒组成所谓十字军，入侵地中海东岸即现巴勒斯坦和黎巴嫩一带，夺取西欧人认为被异教徒（穆斯林）占领的基督教土地，"解放"被压迫的基督徒。乌尔班二世甚至做了廉价的允诺：凡加入十字军者都可赦罪，战死者灵魂可升天堂。西欧各地随即进行了战争动员，仅仅一年后，即 1096 年，十字军便启程向东方进发，发动了以宗教为借口、持续了近两百年的侵略行动，此即十字军东侵，前后总共八次。因前四次更具代表性，以下略作讨论。

第一次东侵的人数大约在 2.5 万至 3 万人之间，集结和行军花了不少时间。最早出发的一批人由少数破落骑士和法国、德意志地区的农民组成。他们组织性弱，装备差，作战训练不足，甚至给养严重不足，所以向东行军便损失严重。好不容易行至小亚细亚，却根本不是身经百战的突厥人的对手，交战即溃，大多数人被消灭。但稍后，以法国贵族和骑士为主力的另一批人再次东进。他们做了充分的准备，战斗力因而更强，经过大约两年的战争，占领了地中海东岸长达一千多公里的沿海地带，于 1099 年 7 月攻占了耶路撒冷。破城后，十字军大搞屠城，大肆杀害当地居民，掠夺其财产。据说，在此过程中大约有 7 万平民死于其刀剑下；仅在一所修道院里，便有约 1 万名避难者遭十字军杀戮。一个指挥官在写给教皇的信中说，他骑马走过一处尸体狼藉、重重堆积之地，血染马腿竟至膝部。这也许太夸张了一点，但十字军在占领耶路撒冷和其他地方后，却无疑犯下了今天所谓的大屠杀暴行。

十字军在其所占领的东方土地上，建立了西欧封建式的耶路撒冷王国、安条克公国、埃德萨伯国和的黎波里伯国。其中，耶路撒冷王国面积最大，地位也最高。后三者名义上是耶路撒冷的臣属国，实际上却是各自为政的独立小国。由于所征服土地是一个长达一千多公里的狭长地带，地貌平坦，易攻难守，随时都有被东方人收复的可能，为了保住甚至扩大战争成果，医院骑士团、圣殿骑士团和条顿骑士团在所占领的土地上建立了多个军事城堡，以此为中心统治当地的穆斯林。意大利北部较发达的城市如威尼斯、热那亚、比萨等不仅为十字军提供海运船只和海军，而且直接参战，分享战利品。第一次十字军东侵后，西欧人在 1147 至 1270 年之间又对东方发动了七次军事行动，但再也没有取得第一次那样的

"战果"。

第二次东侵发生在1147至1148年。法国国王路易七世和德意志国王康拉德三世组成了法德联军,但于1148年7月在大马士革被阿拉伯人击溃,这次东侵以失败告终。更令西欧封建主沮丧的是,二三十年后,被其侵犯的地方出了一个英雄人物,即苏丹萨拉丁。萨拉丁把一盘散沙般的各地穆斯林团结起来,发动了一场反击十字军的圣战,攻克了一个又一个城市,更在1187年关键性的哈丁战役中,从西欧人手中重新夺回了耶路撒冷,甚至俘虏了耶路撒冷王国的国王和圣殿骑士团的团长,建立起了一个包括埃及、叙利亚部分地区和美索不达米亚等在内的一个疆域辽阔的统一国家。

萨拉丁的大胜震惊西欧,两年后,西欧方面组织了第三次十字军东侵(1189至1192年)。这次入侵规模较大,主要西欧国家的君主——如法国国王腓力·奥古斯都(腓力二世)、英国国王"狮心"理查(理查一世)和"神圣罗马帝国"皇帝"红胡子"腓特烈一世(因一脸红色胡须而有此绰号)——均率军参战。此次十字军东侵虽声势浩大,但意外的是,"红胡子"腓特烈在行军至小亚细亚时,竟意外溺水死亡,德国人因而匆匆返师。留下来的英法联军虽然攻下了塞浦路斯等地,但法国国王腓力二世因领地等问题与英国国王"狮心"理查闹起了内讧,也率军回国了。"狮心"理查尽管与萨拉丁进行了激烈的战斗,但不久后意识到不可能取胜,因此从萨拉丁那里得到允许基督徒来耶路撒冷朝觐的诺言后,也顺势打道回府。

第四次十字军东侵(1202至1204年)也非常值得关注。它是由教皇英诺森三世发动的,原本目标是进攻并占领埃及,再以此为基地,重新夺回耶路撒冷。这次十字军的规模不大,由法国与北意大利城邦组成，但一开始就因缺乏军费粮草，而不能实施渡海进攻埃及的计划。为了获得钱粮，十字军竟要攻打位于现克罗地亚的扎拉城。这时一位政治上失势的拜占庭王子小阿列克修斯站出来，撺掇十字军帮助他夺取王位，由此得到的利益回报可解决军费问题。十字军此时已是债务缠身，难以为继，小阿列克修斯的挑唆恰逢其时，于是十字军在1203年出兵攻打同样信奉基督教的拜占庭。1204年，十字军攻破君士坦丁堡，开始了为期一周的抢劫，掠走宫中大量宝物和民众大量财产，拜占庭帝国遭到严重打击。姑且不论十字军万里迢迢入侵穆斯林国家，这本身就是一种极不道德的行为，从名义上讲，十字军东侵作为一场宗教运动本应限制在"收复圣地"、"解放"被压迫的东方基督徒这一范围内，可是在第四次东侵行动中，来自西欧的基督徒竟调转矛头，攻杀同为基督徒的拜占庭同胞，这再清楚不过地揭示出十字军的虚伪性。

除了虚伪性，十字军在对待自己同胞方面，还有另一种极不人道的做法，甚至可以说是犯罪的行为。1212年，在教皇和封建贵族的煽动和支持下，西欧各国竟组织了一支由3万名儿童组成的十字军，即"儿童十字军"或"娃娃十字军"。这支十字军的娃娃主要来自法国，但德意志地区的儿童也有参与，据说其总"头头"年仅12岁。这些娃娃从法国南部的马赛港启程渡海，要去完成大人们也未能成完成的事业。最后结果是，3万儿童中的很多人在风暴中葬身大海，其余的则被不良船主贩卖为奴，主要卖到埃及。事实上，在当时的地中海世界，白奴贸易司空见惯，娃娃们被卖为奴隶并不奇怪。

需要注意，十字军东侵远非一种谋划周密、有效实施的军事行动，而是一种在教皇煽动下，由各地贵族和骑士出头，动员大量贫穷农民和市民参与的侵略行为。由于参与者分布在一个广大的地域范围，其社会成分和民族背景非常复杂，很容易产生矛盾，因此不可能有一个总体计划和统筹安排。这意味着，从一开始，十字军东侵就注定要失败。从武器装备方面看，各地区、各阶层人员也并不统一。身披甲胄的骑士用中等长度的剑和重标枪；某些骑士除了佩剑，还装备有矛或斧子；人数众多的农民或市民只有刀、斧或更差的武器。与习惯于一对一决斗式作战的西欧骑士相比，突厥人、阿拉伯人的军队主要由轻骑兵构成，他们善于使用弓箭，也更善于协同作战。这也解释了为何从总体上讲，十字军不可能获胜。

问题是，十字军东侵为什么得以发生？稍做分析便不难发现，十字军东侵兴起有宗教和经济两方面的原因。先讲讲宗教方面的原因。第一，拜占庭皇帝阿列克塞一世请求教皇为其提供军事援助，派拜占庭基督徒兄弟抵抗塞尔柱突厥人的进攻，但这只是一个表层原因。第二，罗马教廷有着扩张自己宗教势力的深层动机，不然不可能那么卖力地号召组织十字军，甚至允诺将为参与者赦免罪恶，宣称战死者灵魂可升天堂，即便如此，也难以解释为何在第四次十字军东侵中，西欧基督徒调转矛头，攻击其拜占庭基督徒兄弟。第三，西欧群众真心认为，远在东方的耶路撒冷原是基督教的圣城，现在却被异教徒占领，从其手中夺回圣城乃理所当然，全然不想想耶路撒冷远在万里迢迢之外，不仅是基督徒的圣城，也是穆斯林和犹太人的圣城。

除了宗教原因外，十字军东侵得以发生还有种种经济上的原因。第一，由于西欧各地普遍实行长子继承制，作为次子的大批骑士因无土地和财产继承权，长大成人便意味着"失业"，入侵东方抢夺土地和财富，便是必然的选择，等于找到了"工作"。第二，当时西欧饥荒连年不断，11世纪法国有26个荒年，1087至1095年间连续7年发生大饥荒，既然现实生活中看不见希望，为数甚众的农民和市民很容易相信教会的圣战号召，真心以为去东方冒险可改善自己的处境，甚至发家致富。第三，意大利北部城市的迅速崛起，使这里的人们希望夺得地中海东岸的港口，乃至占领土地，实行贸易垄断。

十字军东侵尽管归于失败，但对西欧而言并非只有消极意义，而是在多方面产生了积极而深远的影响。第一，十字军东侵打开了西欧与货币经济发达的东方贸易的大门，促进了西欧尤其是意大利北部的发展，也制造了对中东奢侈品的需求，这种需求的日益增长意味着西欧必得用自己生产的物品来进行交换，由此又促进了西欧羊毛业、纺织业的发展；凡此种种在提升西欧手工业生产水平的同时，更使西欧商业和金融开始发生革命，近代资本主义的萌芽由是产生。第二，十字军东侵加深了西欧与伊斯兰世界乃至印度、中国的技术与文化交流，阿拉伯数字、代数、火药、造纸术和航海罗盘等正是在十字军东侵时期加速传入西欧（因阿拉伯人的统治，伊比利亚半岛应是东方技术与文化传入西欧的另一条路径），从而大大提升了西欧的技术与文化水平。第三，十字军东侵在客观上传播了知识，为信息匮乏的西欧打开了信息大门，使之前蒙昧的西欧人大开眼界，从而对文艺复兴这一精神革命运动产生了直接的刺激作用；事实上，十字军不仅使西欧人第一次见到大量精美的东方古代艺术品，也使他们接触到阿拉伯世界的诸多图书，使他们意识到大量古希腊罗马典籍在西欧虽早已湮没无闻，在阿拉伯语中却得到了很好的传承，于是经由阿拉伯语转译或直接保存在古代语言中的古希腊罗马精神财富又重新回到西欧人的视野中。总之，十字军东侵极其不义而且残暴,却使之前蒙昧的西欧人睁开了眼睛,看到了一个更广阔、精彩的外部世界,更使他们积极融入这个世界,由此走上了一条对外开放的世界主义道路。

为何现代议会制度起源于西欧?

要准确地认识中世纪西欧的文明,就不能忽略议会制度。可以说,西欧中世纪议会制度是中世纪前期封建割据时代的君主制与中世纪后期中央集权式君主制之间的过渡形态,是一种较好地解决了制衡权力与集中权力间关系的政制形式[1],更是现代欧美各国议会式民主制度的前身。

议会式民主并不是一种十全十美的政治制度,甚至有明显的缺陷。如政客们为了多得选票,打赢选战,往往一味讨好选民,甚至以小恩小惠诱惑、贿赂选民,不惜牺牲社会的长远福祉和根本利益。再如因权力很难得到应有的集中,不能实施大规模基础设施建设项目以及国家计划。再如手握选票的广大选民并非人人具有深思熟虑的能力,往往会因为某些政客仅仅具有个人魅力而将其选出,最后反而深受其害。

尽管如此,与其他政制相比,欧美现代议会制度较好地解决了权力制衡与权力集中之间关系的问题,因此一个多世纪以来已对全世界产生了深刻影响。

问题是,为什么近代以前,在全世界形形色色的政体形态中,

---

[1] 在任何情况下,尤其是在权力相当分散的封建制度下,适当地集中权力是使一个国家得以走向强大的必由之路。

唯独西欧发展出了议会制度？第一，地理格局是最关键的原因。西欧东边有多个斯拉夫国家，地域辽阔，挡住了欧亚草原上可能入侵西欧的游牧民族；东南边是拜占庭帝国和阿拉伯国家，此时均已进入衰落期；南边是地中海；西边是大西洋；北边是几乎无人居住的寒冷地带。这种地理格局使西欧不必发展一种华夏式的大范围的、权力高度集中的政制，以抵御游牧族入侵。

第二个原因同样重要，也更直接，即封建制度。中世纪早期至中期，西欧普遍实行土地层层分封的封建制度，在这种制度下，领主与封臣间的关系由契约来维系；领主把土地授予封臣，封臣在领主有需要时，有义务向其提供军事服役或财政支持，并不存在一种下级对上级的绝对服从关系；封臣只要按契约履行了对领主的义务，领主就不能提出额外的要求；领主对封臣若有额外的要求，必须征得后者的同意。

第三个原因是，中世纪初期，西欧的日尔曼人以及其他民族不仅都以四分五裂的封建国家的形态存在，而且社会发展程度仍相当低下，国家仍不发达，或者仍处于早期阶段，甚至仍然保留着大量氏族民主习俗，因此他们在加强君主制（事实上，发展出越来越大的君主制国家是西欧各地政制演进的共同方向）的同时，由于既有制度和传统习俗的影响，更容易发展出一种能够较为有效地制约君主权力的政治制度。

还有第四个原因，那就是，西欧中世纪的教会势力非常强大。同其他所有文明相比，唯西欧有异常强大的教会。教会在在处处都是对世俗君主权力的掣肘，这对于议会制度的兴起和发展显然是有利的。如果把西欧与历史上的华夏作一个对比，不难发现，由于特殊的地理自然格局，中国早在西周东周时期，君主制便已相当发达，甚至太过发达，要开出类似于西欧议会制般的把君主个人权力关进制度笼子里的政治样式，已无可能。

从形式上看，中世纪西欧的议会起源于国王的议事会。众所周知，议事会属于人类从原始社会进入国家阶段时普遍存在的一种氏族民主式的集体决策传统，而中世纪的西欧君主制又是一种封建制度下的君主制，或者说，是一种仍保留着不少氏族民主传统的君主制。在这种制度下，国王与教俗贵族或者说封臣乃至普通民众，都必须遵守封建契约；每个人，无论是君主、教俗领主、骑士，还是老百姓，按照契约都必须对其他人负有某种义务；如果某人违背契约，其他人对他的契约义务就可以中止；贵族或封臣如果因故不履行其所应尽的义务，君主有权强制其执行。

然而，更常见的情形是，君主不断扩张其权力，不断侵犯贵族或封臣的利益。一个君主若侵犯了贵族的权利，或者说后者如果认为君主正在滥用权力，正在侵犯自己的利益，就可以不再履行对他的义务，可以联合起来反对他，甚至对他发起战争。为了更有效地限制君主权力，准确地说，为了更有效地应对君主违背契约、侵犯贵族们利益的行为，后者逐渐发展出了议会制度。在议会中，他们与君主展开"讨论"或谈判，促使或迫使君主按自己的意志行事。事实上，"议会"一词英文为 parliament，源自法文 parlement，即"议会"，后者又源于 parler 这个动词，即说话或谈话，而 parliament 或 parlement 都可理解为谈话式辩论。

议会在英国的兴起

仅从英国来看，议会制度最早可追溯至盎格鲁-撒克逊时期的贤人会议。诺曼人征服英国以后又有了所谓"大会议",而无论是贤人会议还是大会议,二者都源于古老的氏族民主法制传统。贤人会议并不是一种固定的制度,而是一种由国王主持召开、会期不定、人数也不等的高级顾问会议;与会者人选按国王的旨意决定,主要是被称为"贤者"的高级教士和世俗贵族,后者又包括国王的近臣仆役、受宠的王族或贵族成员以及地方长官等。但无论国王的旨意起了多么大的作用,贤人会议都可以视为英国各阶层乃至普通民众参政议政传统的开端。1066年诺曼人征服英国之后,又建立了欧洲大陆当时已经普遍存在、更为"正宗"的封建制度。

值得注意的是,诺曼人所带来的欧陆式封建制度已包含地方行政和司法制度之要素。诺曼人对盎格鲁-撒克逊人的原有制度虽有所继承,但是毕竟把诺曼底的政治制度带到了英格兰,其中便包括御前会议。御前会议的成员一部分为大地主,另一部分则是由国王任命的顾问。最初,御前会议并无明确的职能,但是在亨利一世统治期间有了相对固定的职能,且分成了若干部门。具体说来,少数主教、宫廷官员和贵族等组成了若干小委员会,协助国王处理地方事务,尤其是司法事务,受理郡法庭和百户区法庭的上诉。渐渐地,这些人被称为"法官"。后来,亨利二世在位时,又任命小委员会中的五人组成了一个具有固定开会地点的法院,在他的指导下审理地方上的重大案件,这就是所谓"大会议",即一个由地方代表与国王及国王下属诸委员会的成员组成的政治协商与决策机构。后来,大会议固定在威斯敏斯特召开;再后来,逐渐演变成国家立法机构。这就是近现代英国议会制度的起源。

但是,英国议会制度发展的一个最重要的里程碑,还是1215年《大宪章》的签署。这一时期,英国金雀花王朝出了一个

第八章 中世纪（下）

无能而又强硬、好战的国王约翰王。他在1209年至1210年间连续入侵威尔士、爱尔兰和英格兰后，又联合神圣罗马帝国皇帝奥托四世等君主，从1213年5月起对法兰西发动了多次战争。但是在1214年7月的布汶战役中，约翰王遭到"塌天"大溃败，辛辛苦苦建立起来的军事和外交声誉毁于一旦，其在英国的统治岌岌可危，一场与男爵们的内战迫在眉睫。在这种情况下，约翰王除了做种种财政、军事和外交准备外，还不得不策略性地向挑战他的男爵和主教们示弱，尽管后来很快便翻脸不认人。

在贵族领主、主教、骑士和城镇市民的共同压力下，1215年6月15日，约翰王与他们签署了一份后来被叫作《大宪章》的重要契约。现在看来，这是英国封建时代一份极其重要的宪法性文件。《大宪章》全文共63条，主要内容是限制王权，保障贵族、教会的特权和骑士、市民的某些利益，如保障贵族和骑士的采邑继承权、承认教会的既有权利不受侵犯。《大宪章》还规定非经贵族会议允准，不得征收额外税金；归还被国王侵占的领主土地、抵押物和契据；尊重领主法庭的管辖权；尊重伦敦和其他自治城市的自由。被后世学者援引最多的是第39条："任何自由人将不受逮捕、监禁、没收财产、剥夺法律保护、流放，或以其他任何方式受到伤害，我（约翰王）不会对其施加暴力或派人对其施加暴力，除非通过其平等人士的合法裁决或通过英格兰法裁决。"以及第40条："我（约翰王）不会向任何人出卖权利或正义，也不会拒绝或拖延任何人的权利或正义。"

尽管取得了影响深远的政治成果，贵族领主、主教、骑士和市民的临时联合还称不上"议会"。四十来年后，亨利三世因为其儿子夺取西西里的王位，须向教皇提供兵役与14 000马克的军费，以换取其支持。为此,他在 1258 年召开了一次以筹款为目的的扩大御前会议。然而应邀前来"讨论"或者谈判的一众贵族个个都不是省油的灯,不仅威胁性地全副武装出席会议,更是明确拒绝了国王的要求,于是这次会议被称为"疯狂议会"。这就是"议会"名称的由来。1265 年,第一次议会正式召开。1295 年,国王爱德华一世为筹措对苏格兰战争的军费,召集了一次大型议会,与会人员包括教会贵族(含大主教、主教、修道院院长)、世俗贵族、骑士以及富裕市民,总计超过 400 人。此后,议会都以这次议会为范式,经常召开,所以此次议会也被称作"模范议会"。

在 14 世纪中叶之前,英国议会尚无两院的划分,大主教、主教、贵族、骑士与市民代表等混在一起开会。但是骑士与市民代表渐渐发现,在征税问题上彼此的立场接近,所以总是聚在一起讨论税收问题,久而久之成为惯例。因骑士与市民代表第一次单独开会发生在 1343 年,这一年便被视为议会两院产生的标志:贵族和主教构成贵族院,即上院,骑士和市民代表则组成平民院,即下院。1351 年,上下议会以全社会的名义向国王请愿,征收关税必须向议会说明理由,向其提出请求,经其批准,方能征收关税。自此,国王征收关税必须得到议会批准。1376 年以后出现了下院议长一职。这里有一个问题:议会由谁来召集?在起初几百年里由国王召集,但在 1640 至 1689 的英国革命中,国王召集或停止议会的权力转移到了议会手中。

议会在法国、西班牙、德意志地区的兴起

以上是中世纪英国议会的发展历程。在海峡对岸,法国的议

会制度也在兴起，甚至兴起的原因也与英国相似：这里同样盛行分裂倾向明显的封建制度；这里国家同样不够发达，中央集权同样亟待加强；这里世俗政权与教会，尤其是与罗马教廷之间同样矛盾尖锐。及至法国社会经济发展达到一定水平，加强王权、实现国家统一提上了议事日程时，国王便与罗马教廷发生了激烈冲突。腓力四世为了与罗马教皇相对抗，或者说为了与后者争权夺利，必须得到更为广泛的支持，于是其在1302年首次召开了三级会议。三级会议是一种代表会议，由第一等级的高级教士、第二等级的世俗贵族和第三等级的富裕市民组成，故名"三级会议"。三个等级不分代表多少，各有一票表决权。不难想见，国王召开三级会议，是为了获得更高的权威性，为了加强王权。因此可以说，三级会议的实质是国王与教俗贵族、市民上层结成的一个政治联盟，也可以视为国王的一个咨询机构。

1302年举行第一次三级会议后，此项制度在法国实行了400多年；及至1789年法国大革命爆发时，总共举行了21次。会议的时间并不固定，基本上都由国王召集，主要讨论税收、财政、外交及战争等大事，甚至王位继承上的危机也会拿到三级会议上来讨论。但其最重要的职能，还是商讨并批准新税的征收。每个等级的代表在会议上所持立场得符合其所属阶层的利益，而会议上所形成的最后决议又具有国家名义的强制性，换句话说，三级会议实际上具有立法权力。英法百年战争时期，由于外敌压力的存在，三级会议曾一度拥有监督政府的权力。最后一次三级会议是1789年5月5日举行的。在此之前，已经有15年未开会。当时，路易十六因遭遇了极其严重的财政困难，而不得不召开这次三级会议。但是，由于启蒙思想的熏陶，此时法国人平等诉求高涨，因而第三等级明确提出，取消前两个等级的特权，同时推动税收制度改革。国王不同意，于是第三等级代表便自行组织了一个国民议会以取代三级会议。随后国王派兵镇压，民众攻占巴士底狱，法国大革命遂拉开序幕。作为一个理念，三级会议不可能没有其理据，即人民（不仅包括中下层民众，也包括教俗贵族）不能无条件向国王提供军事服役或财政支持；未经人民同意，国王不得征收任何新税，或要求人民做任何贡献。这与英国议会并无不同。

从西班牙方面看，8世纪初，在阿拉伯人征服了伊比利亚半岛的大部分地区之后，原本居住此地已久的西哥特人被压缩到半岛北部，建立了阿斯图里亚斯、卡斯提利亚、阿拉贡、纳瓦尔等基督教小王国。很快，这些小王国便开始收复失地运动或发起再征服运动。今天看来，"再征服运动"虽然进展缓慢，但在随后三四百年中，托莱多、塞维利亚、萨拉戈萨和巴伦西亚等地陆续被西班牙人夺回。与英法情况相似，西班牙实行封建制，土地多被教俗领主占有，他们下面又有诸多封臣或附庸。以贵族为主导的多个阶层参与了收复失地运动，其相互间的关系十分复杂。与此同时，因战争以宗教的名义进行，也因得到了西欧十字军的支持，教会势力相当强大。至12世纪，因长期战争的需要，教俗封建主都热衷于创建骑士团，以之作为收复失地运动的主要力量，结果是，因骑士数量众多，骑士阶层成为一支重要的社会政治力量。也因长期战争的需要，农村公社死而复活，农奴们不仅重新获得人身自由（尽管后来长期处于被压制状态），甚至在议会中形成了一股不小的势力。使情况更为复杂的是，城市市民为了保护其特权和经济利益不受领主侵犯，至12世纪后半叶开始结成地区性城市联盟，至13世纪更结成了城市总联盟，力量明显壮大。在这种情况下，王权必然是羸弱的。没有强大的王权，要收复失地各种力量不得不整合起来，于是以氏族民主制为底色的议会制度成为一种必然的选择。

在议会中，王权只是诸多势力中的一支。因受到多种力量的钳制，不仅王位继承事宜可能受到教俗贵族的直接干预，市民阶层也会像法国、英国的市民那样，通过议会有力地限制国王滥用权力，包括任意增收新税的权力。1230年，莱昂与卡斯提利亚这两个较重要的王国合并成为卡斯提王国，实行议会式君主制，建立了一个类似于法国三级会议的等级代表制议会。阿拉贡与卡斯提类似，也实行议会君主制，但王权更弱，封建贵族势力在议会中非常强大，结成了一个联盟，形成了代表委员会制度。在与国王的博弈中贵族势力占了上风，不仅迫使国王阿方索三世于1287年颁布《联盟特权法》，承认贵族的特权，还设立了一个常设委员会，即在议会间歇期间依然运作的一个附属机构。由于这个联盟，阿拉贡议会几乎完全被贵族控制。他们掌握了很多重要权力，甚至可以废立国王。所以，阿拉贡并非一个典型的王国，而是可以将其视为一个联邦。即使1479年阿拉贡与卡斯提合并，组成一个大型专制主义君主国，议会也因传统之故仍拥有很大的权力。

由于封建化进程在德意志地区比西欧晚好几个世纪，直到11至12世纪才算完成，因此议会制在德意志地区的发展采取了一种与英国、法国、西班牙都不尽相同的路径。封建制本身虽包含分裂因素，但比之落后的氏族部落制，毕竟更有利于政治整合，因而更先进一些。封建化的迟滞意味着分裂，而分裂则意味着存在数百个各自为政的大小领主。一方面，由于分裂，即便是当时英国式的形式上的中央集权的君主制也迟迟不能实现，这就必然加剧分裂局面。而另一方面，在德意志地区，宗教势力非常强大，每个主教都像世俗领主那样占有土地，在其教区内实行世俗领主式的统治，俨然是一个个宗教领主，其教区俨然为一个个主权独立国家，这只可能加剧德意志地区的分裂。尽管如此，德意志地区也存在着一个重要的统一因素，即查理曼的遗产。查理曼去世后，其三个孙子于公元843年签订了《凡尔登条约》，将查理曼帝国一分为三，其中莱茵河以东的东法兰克王国为"日耳曼的路易"的地盘。无论东法兰克王国多么徒有其名，它终究为德意志王国和神圣罗马帝国提供了一个政体范式。尽管如此，东法兰克王国所在地区社会发展程度低下，封建化进程迟滞，因而长期以来国而不国，分裂为数百个诸侯国。德意志王国和后来神圣罗马帝国的王位由选举确定，这意味着，诸侯不仅能够在频频发生的王位争夺中扩大自己的势力，也可以利用选举来限制君主的权力，削弱其能力。

至12世纪初，即神圣罗马帝国前期，由选帝侯[1]及其他贵族参与、投票决定王国或"帝国"公共事务的御前会议已经成为惯例。至1495年哈布斯堡王朝马克西米利安一世统治时期，该会议正式更名为"德意志帝国议会"，成员为选帝侯、宗教领主、大小诸侯和自由城市代表。从理论上讲，帝国议会的主要任务是就帝国的战争、税收及法律等事宜进行磋商并做出决定。但，这远不是一个民主决策机构。所谓"议会"由三个等级构成：第一等级的选帝侯

---

[1] 中世纪至19世纪六七十年代德国统一期间，德意志地区分裂为数百个封建小国，选帝侯国是其中最大和最重要者。"选帝侯"的存在是德意志历史上的一个特殊现象，指那些拥有选举神圣罗马帝国皇帝之权利的诸侯。这种制度从13世纪开始实行，持续到1806年神圣罗马帝国被拿破仑勒令解散。它加深了德意志地区的政治分裂，是德国长期得不到统一的重要原因。

(最高级别的贵族)、第二等级的诸侯(中小贵族)与第三等级的市民,因此可称之为"等级会议"。实际上,这个等级会议只是国王或"皇帝"的一个私人咨询机构,其成员并非由选举产生,形成决议的方式也不是所有代表投票表决。但其最专制之处还在于,制定立法程序的权力为第一等级所垄断,代表着大多数人口的第二和第三等级被排除在外。及至1648年后,第三等级才获得投票权。因此所谓"议会"并未真正起到决定国家大政方针等的作用。大约同一时期,英国、法国、西班牙等国的议会式中央集权已基本形成,国力因而大增,不仅积极参与欧洲大陆的争霸,还纷纷开展海外扩张。相比之下,德意志式议会不仅未能加强中央集权,反而加剧了诸侯割据的态势。晚至1871年,德国才有了真正意义上的议会,才实现议会与中央集权的有机结合,地方割据才真正被铲除,国家才真正实现了统一。

优越的地理位置

中世纪西欧之所以能发展出议会制度,优越的地理位置可能是最关键的原因。地理因素也可以解释为什么城市自治运动、市民或资产阶级,以及现代工业资本主义(而非传统意义上的商业资本主义)能出现于中世纪西欧。在民族君主国的形成方面,中世纪西欧的表现同样可用地理条件来解释。因西欧以东多个斯拉夫国家——尤其是地域辽阔的东斯拉夫国家——挡住了欧亚草原上的游牧民族,西欧各地得以长时期按照自身的轨迹演进。查理曼去世以后,政教分离、封建主义等因素虽然仍在导致政治分裂,土地及相应权力虽然仍被层层瓜分,但与此同时,也存在一股形成更大政治实体——拥有共同语言和习俗的民族君主国——的相反潮流。在1337至1452年的法英百年战争期间以及之后,西欧初步形成了法国、英国、葡萄牙、西班牙等民族君主国。在这些国家内部(尤其是英国),自治城市和资产阶级虽拥有不小的政治权力,但总体而言他们是支持君主的。

几乎与此同时,洪尼亚迪、斯堪德培诉诸匈牙利人和阿尔巴尼亚人的民族感情,将他们动员组织起来反抗土耳其人的统治,这就为匈牙利和阿尔巴尼亚民族国家的形成打下了基础。14世纪发生在中欧的胡斯战争也是形为宗教战争,实为捷克地区的斯拉夫人反抗日尔曼人统治的民族战争。民族君主国的崛起还有另一个重要的内部原因,即封建君主与拥有较多封地和较大权力的封臣之间所发生的权力斗争乃至武装冲突。在这种斗争和冲突中,君主有一个与之利益一致的天然盟友,而这个盟友在几个世纪的和平发展中已变得越来越强大。这个盟友就是自由市的自由市民,特别是他们中的商人阶层。

在其他方面,10至14世纪初期,西欧经济稳步发展。其后虽有14世纪中后期的萧条和黑死病,但15世纪以降,经济又活跃起来。经济持续而稳定的发展与地理位置也大有干系。如前所述,西欧地处亚欧大陆最西端,其文明规模即使不那么大,抵御外族入侵也不是太大的问题。在东南边,阿拉伯人被西欧的拜占庭基督教徒所阻挡;在西南边,西班牙地区的穆斯林虽然入侵过法兰西南部,但因远离伊斯兰文明中心而力量有限,在伊比利亚半岛基督徒的"再征服运动"中和查理·马特领导的法兰克人的军事行动中一再被击退;在东边,查理曼帝国解体后兴起的中东欧小国成为抵挡游牧民族的有力屏障。布罗代尔说:"东欧各民族组成的堤坝保护着欧洲,他们用自己的不幸换得了欧洲的安宁。"

当然,蒙古人有着强大的军力和迥异于其他民族的作战理念、方法,并非中世纪欧洲人所能匹敌,可是他们在征服了东欧一小部分后,因内部原因主动放弃了对匈牙利的进一步攻击。无论蒙古人突然撤军的原因为何,这都说明地理位置对于文明的健康成长具有何等重要的意义;较之其他文明,西欧是何等幸运。总之,至10世纪,先前困扰西欧人的北欧海盗入侵已经停止。在和平环境中,10至14世纪,欧洲人口增长了大约50%。农业、采矿业、渔业和林业的产量均有大幅度的提高,商业也取得了很大的进展。

从农业经济方面看,中世纪西欧在农业技术方面也取得了可观的进展。"三田"轮作制逐渐取代了"双田"轮作制,农业生产率明显提高。重型轮式犁得到应用,这种犁装有锋利的犁头,耕地深度可达六至八英寸,使耕种杂草丛生、难以利用的低洼地成为可能。发明于中国的有效挽马方法,10世纪时终于传播到西欧并得到利用,使得马匹成为西欧农业的一种重要的动力源,农业生产率得以进一步提高。发明于中国或西亚的水车,本来专门用于碾磨谷物,在西欧却发展成为一种可用于任何目的的动力装置。事实上,水力被用于锻锤、冶炼用的风箱、大型动力锯和车床、织布用的浆洗机、造纸用的纸浆机、粉碎矿石用的捣矿机,以及中国人在春秋战国时代就已在使用的弩弓,也被西欧基督徒用于十字军东侵。

13至14世纪,通过西亚传来的造纸术在西欧得到普及,再加上印刷术的广泛应用,对信息传播、文化繁荣、宗教改革、启蒙运动,乃至整个文明品质的提升都具有重大意义。火药与火器为中国人所发明,南宋时已小规模应用于战争,蒙古人将其大规模用于攻城略地,14世纪时传入欧洲,经过改造发展,与越来越先进的造船和航海技术相结合，成为西欧地理大扩张的一种关键性技术。对于当时尚未掌握或没能迅速掌握火器的其他民族来说，船上装有火炮、手中握有火药枪的欧洲人占有明显的军事优势。这在很大程度上解释了为什么16世纪以后，西欧人能迅速扩张到南北美洲、非洲、亚洲和澳大利亚等地。

思考讨论题

　　1. 十字军东侵的根本原因为何？它为何发生在11至13世纪的欧洲？

　　2. 为什么非西方世界未能发展出中世纪西欧式的议会制度？

　　3. 除了地理位置，还能用其他因素来解释中世纪之后欧洲的顺利发展吗？

第九章 殖民扩张

第九章 殖民扩张

殖民扩张是指"殖民国家凭借实力向世界各地推行殖民主义、霸占殖民地的行动"。欧洲殖民扩张指在15世纪至18世纪期间,葡萄牙、西班牙、荷兰、英国和法国等殖民国家侵略亚洲、非洲与美洲等区域,以控制、霸占这些地区的政治、经济、文化与外交等事务。[1] 欧洲殖民扩张大致可以分为两个阶段:第一阶段是伊比利亚阶段,第二阶段是荷兰、法国与英国阶段。伊比利亚阶段扩张的主体是葡萄牙与西班牙,时间范围大致在1500至1600年之间。第二阶段扩张的主体是荷兰、法国与英国,起止时间大约是1600到1763年。下文将简要地讲述殖民扩张的原因、过程与影响。

殖民扩张的原因

欧洲能够进行殖民扩张的原因有很多,但主要应该从经济、宗教、技术等方面进行分析。总体而言,在经济方面,欧洲殖民扩张的最重要目的是获取亚州的香料、丝绸、宝石以及其他奢侈品。在宗教方面,基督教有很强的传教属性,渴望向异教徒传教。在技术层面,欧洲人在造船、航海设备、航海技术、海军装备等领域取得了巨大的进步。

具体来说,在经济方面,欧洲殖民扩张主要是为了获取亚洲的珍贵物产。只能在东南亚生长的胡椒、肉桂、姜和丁香等,在欧洲中世纪盛期和后期都异常珍贵。欧洲富人梦寐以求用这些材料改善食物的品质。但中世纪后期,亚洲的香料、丝绸、宝石等是经过

---

[1] 为行文方便,下文所讲的殖民扩张,除非特别强调,否则均指西欧国家的殖民扩张。

伊斯兰教徒、威尼斯与热那亚等中间人，进入欧洲家庭的。长期以来，东南亚的香料都是走陆路运送。但1453年君士坦丁堡的失陷与奥斯曼土耳其的迅猛扩张，在客观上阻断了西方商人通往东方的陆路交通。在这样的历史背景下，欧洲人特别渴望开拓连接欧洲与亚洲的海上航道，运送这些珍贵的香料、布料与宝石，赚取大额利润。

在宗教方面，基督教有很强的传教属性，渴望向异教徒传教。这是西欧向海外扩张的一个重要的因素。13世纪，马可·波罗的旅行让欧洲知晓了印度与中国，知晓这两个国家的民众并不是伊斯兰教的信徒，由此刺激了基督教的传教热情。此外，中世纪一直流传着祭司约翰的传说。据说约翰是东方一个强大的基督教国家的王。长久以来，基督教的领袖希望能与他建立联系，东西夹击伊斯兰世界。欧洲人没有找到祭司约翰，但在寻找的过程中意外地在美洲与非洲发现了新的民族。这些民族很多尚未进入文明社会，不信仰基督教，适合传教并作为臣民归顺。

在技术方面，欧洲人在造船、航海设备、航海技术、海军装备等领域取得了巨大的进步。从1200到1500年，欧洲船舶的吨位有了显著的提高。船舶的吨位从150至200吨发展到600至800吨。13世纪，船尾舵代替了边舵，让船只更容易驾驶。14世纪，欧洲人改进了阿拉伯三角帆船的索具，降低了在逆风情况下航行的难度。改进造船技术后，船只操作更为便捷，体积更大，速度更快。与造船技术的进步相伴随的是指南针、星盘与新地图被更加合理地使用，航海技术日益成熟。欧洲人有可能是经过阿拉伯人之手，获得了中国发明的指南针。星盘则是一种用来观察天体高度的铜制刻度盘，14世纪葡萄牙人将其用于航海领域。此外，殖民扩张者也能利用一些航海方面的书籍与地图。在军事技术上，欧洲一些国家海军的装备有了极大的提升，为其殖民扩张奠定了军事基础，从而拉开了欧洲军事殖民的大幕。过去的海战通常是两艘或多艘战船近距离交战，但16世纪的前20年，佛兰德和德意志的冶金学家在铸炮技术上取得了重大进展，所造大炮可以摧毁约300码（1码等于0.914 4米）以内的船只。此后，这种铸炮技术改变了海战的常规方式，即之前是让战船靠近敌方船只，随后士兵登上甲板肉搏，占领敌船；现在的方法是远距离开炮射击，打击敌船。在之后的4个世纪中，铸炮技术的进步促使海军战法发生改变，让欧洲国家成为世界大洋的主宰。这意味着欧洲国家随时可以从海上攻击大多数亚洲和非洲国家，或占领这些地区。

葡萄牙与西班牙的殖民扩张（1500—1600）

自哥伦布从美洲返航后，葡萄牙与西班牙曾经为争夺殖民地闹得不可开交。事情发展到提请教皇裁决的地步，教皇提议西班牙与葡萄牙瓜分世界。1494年，葡萄牙与西班牙签署《托德西利亚斯条约》。根据这一协议，整个美洲大陆（除了巴西的一部分）被置于西班牙殖民统治之下，葡萄牙则获得了远东地区。其他欧洲国家并不在特权之内。那么，葡萄牙与西班牙是如何瓜分世界的呢？

对其他民族而言，欧洲殖民扩张是一部血腥的历史。这部血腥历史的展开过程大致可以分为两个阶段。殖民扩张首先是伊比利亚半岛的葡萄牙与西班牙在1500年至1600年期间开始扩张。1600年至1763年，西北欧的荷兰、法国与英国逐渐超越葡萄牙与西班牙，成为欧洲殖民扩张的领头羊。

在殖民扩张之前，伊比利亚半岛的葡萄牙与西班牙首先是清扫盘踞在半岛上的穆斯林势力。伊斯兰教与基督教势同水火，难以共融。对伊比利亚半岛的人民而言，他们对伊斯兰教有着刻骨铭心的宗教和民族仇恨。这种仇恨要从穆斯林征服伊比利亚半岛说起。公元711年，倭马亚王朝军队战胜西班牙最后一个西哥特国王罗德里戈以后，来自非洲的穆斯林开始统治伊比利亚半岛的大部分地区，从此也拉开了半岛人民长达780余年的反穆斯林运动的序幕。从1000年到1492年，诸多西班牙小王国从摩尔人手中夺回了一个又一个地方，最后夺回了整个伊比利亚半岛。1037年，半岛上存在着六股势力：西班牙哈里发领地、莱昂王国、卡斯提尔王国、纳瓦尔、阿拉贡、巴塞罗那。在这一时期，伊比利亚人收回了部分领地。至1100年，半岛局势又有所变化，西班牙哈里发领地变成了科尔多瓦哈里发领地，反穆斯林的力量中新增加了葡萄牙伯国。1180年，葡萄牙王国、莱昂王国、卡斯提尔王国与阿拉贡王国光复了半岛北部的领土，科尔多瓦哈里发领地被限制在南方。反穆斯林运动胜利的标志是收回穆斯林在半岛最后的据点格拉纳达。从1482年开始，西班牙的伊莎贝拉女王为基督教的信念所鼓舞，决心荡平穆斯林在伊比利亚半岛的残余势力。至1492年，终于将穆斯林势力赶出半岛。

欧洲15世纪殖民扩张的先锋是葡萄牙。葡萄牙在殖民扩张方面走在西班牙之前，其拥有的有利因素主要体现在三个方面。首先，葡萄牙西临大西洋，国土面积狭小，陆地部分被西班牙所包围。这种独特的地理位置让葡萄牙不会将金钱浪费在欧洲战争上。其次，葡萄牙人拥有丰富的航海知识。葡萄牙雇用了许多拥有丰富航海经验的意大利人，而后从他们手中获取航海知识。后来，葡萄牙的航海家亨利王子创办航海学校，传授与航海相关的天文学、地理学、数学等理论知识，培训学员的航海实践技能。最后，葡萄牙热衷殖民扩张与1415年占领北非的重要港口休达有关。葡萄牙极度缺乏黄金，通过在休达抓获的穆斯林战俘之口，获悉非洲有黄金的秘密，激起了它在非洲掠夺黄金的欲望。

葡萄牙在大西洋上的殖民扩张始于14世纪，以占领大西洋上的三个岛屿为起点。葡萄牙首先发现的岛屿是加那利群岛，以后又陆续发现马德拉群岛、佛得角群岛与亚速尔群岛。这四个岛对西班牙与葡萄牙有巨大的吸引力，这不仅是由于这四个岛物产丰富，可以缓解当时两国的经济危机，更是因为这四个岛屿靠近非洲大陆，以此作为战略基地，随时可以进攻非洲大陆。经过激烈的争斗与罗马教皇的仲裁，葡萄牙获得马德拉群岛、佛得角群岛与亚速尔群岛的殖民权，西班牙拥有加那利群岛。

1434年，吉尔·埃阿尼什驾驶普通船只，绕过非洲海岸最难穿行的博哈多尔海角，为葡萄牙殖民非洲之路提供了更多的可能性。1445年，迪尼斯·迪亚士到达佛得角和塞内加尔。葡萄牙人大喜过望，以为发现了非洲的黄金产地，找到了与约翰见面之路。1487年，葡萄牙发现好望角，探险取得巨大进展。这一年，巴尔托洛梅乌·迪亚士沿着非洲西海岸探险时，不幸遇到大风，连续13天不停。由于船员的反对，船队无法继续航行。返航途中，一个大海角呈现在迪亚斯与船员的视野之中，被他们命名为风暴角。返航后，这个大海角被葡萄牙国王更名为好望角。

在之前探险"成果"的基础上，达·伽马为发现了到达印度的航路，迈出了葡萄牙殖民扩张的关键一步。1497年7月8日，达·伽马率领三艘大船和一条给养船组成的船队，由里斯本出发，乘风绕过好望角，越过印度洋后，于1498年5月20日抵达印度的卡利卡特港。葡萄牙人的到来，既遭到阿伯拉的敌视与阻挠，又为印度人所不喜。这是因为葡萄牙人带去的货物多为零碎小物件与羊毛织物，质量不如东方产品，价格却更高。达·伽马好不容易弄到经商许可，努力收集了一船的胡椒和肉桂，返回葡萄牙后，这船货物所获得的收益足足是远征队所有开销的60倍。受到这种高额利润的驱使，葡萄牙决定垄断新航路沿线的贸易。为了贯彻这一意图，它试图排除原来的阿伯拉商人与其他东方民族的商人。尤其是当遇到穆斯林商人时，葡萄牙人尤为残忍，例如达·伽马发现抵达印度的新航路后，某次航行遇到了从麦加返航的商船，他们不但抢劫了这艘没有武装商船的货物，最后还放火烧船，活活烧死了船上男男女女四百多个穆斯林。

达·伽马找到通往印度的航道后，葡萄牙随后在亚洲建立了一个贸易帝国。葡萄牙人能够取得成功，有三个有利因素。第一，葡萄牙当时能够利用欧洲人从阿兹特克帝国、印加帝国等地获得的金银，有充足的交换手段与东方通商。第二，印度次大陆尚未统一，当时莫卧儿帝国统治着印度北部，而印度南部则被众多小封建主统治，相互间战争不断。第三，葡萄牙海军利用了更为先进的火炮技术，拥有火炮装备的葡萄牙，只需要在火炮射程之内射击目标船只便能获胜，这是葡萄牙人能够战胜穆斯林海军的最重要原因。

葡萄牙人能在印度取得成功，阿方索·德·阿尔布克尔克的侵略行为是一个极为重要的因素。1509至1515年间，他担任葡萄牙的印度殖民地总督。在任期间，他的侵略行为使阿拉伯人对海上航道的控制被迫转移到葡萄牙人手中：以武力攻占并控制了通往红海与波斯湾的重要关口索科特拉岛和霍尔木兹岛；以武力占领马六甲

第九章 殖民扩张

海峡，扼守通往远东经商的咽喉要道；以武力占领印度的果阿，将其作为海军基地（果阿于1962年被印度强行收回）。

葡萄牙占领了从大西洋到印度洋航线上的重要战略要地，从而控制了半个地球的商船航线。葡萄牙船队每年在西非海岸获得给养后，继续向南绕过好望角，在莫桑比克港修整，然后进入科钦与锡兰，收取香料。此外，葡萄牙船队穿越马六甲海峡后，充当中国、日本与菲律宾的中间商，从中牟利。葡萄牙在贸易站与要塞构建的贸易网，打败了过去垄断印度洋贸易的阿拉伯商人，搭建成太平洋—印度洋—太平洋贸易网。

在很大程度上，西班牙的殖民扩张是对葡萄牙航海扩张的回应。一个有趣的事实是，虽然葡萄牙在航海方面更有优势，但哥伦布"发现"美洲、麦哲伦的环球航行都是由西班牙资助完成的。在用武力进行殖民扩张方面，西班牙人与葡萄牙人相比毫不逊色。埃尔南多·科尔特斯用强盗手段摧毁了阿兹特克帝国，弗朗西斯科·皮萨罗用强盗手段毁灭了印加帝国，二者都是欧洲人殖民史上臭名昭著的人物。

哥伦布对西方的最大贡献是"发现"了美洲大陆。短期内，这为西班牙在美洲的殖民活动奠定了基础；从长远看，这使得欧洲人最终占领了南北美洲这两块巨大的陆地。据说，哥伦布是热那亚一名纺织工人的儿子，1476年来到葡萄牙，在此娶了一位出身于航海世家的妻子，并掌握了地图绘制技术。1484年，哥伦布向葡萄牙政府申请资助，寻找能够抵达亚洲的大西洋航道。他的请求被拒绝，因为葡萄牙已积累了较多的航海知识，察觉到他的航海计划不切实际。1486年，哥伦布来到西班牙宫廷，请求资助，最初也被拒绝。1492年，西班牙女王伊丽莎白占领格拉纳达后，出于多方面的考虑，同意哥伦布的远航请求。同年的8月3日，哥伦布率领一支由三艘快帆船组成的船队，由帕洛斯启航。10月中旬，他的船队登上了巴哈马群岛的一个小岛，随后抵达古巴与海地。在此，他以为古巴就是中国。哥伦布的错误想法鼓舞了西班牙政府，让其乐意继续资助类似的航行探险，由此意外地"发现"了墨西哥与秘鲁的金银。

麦哲伦所进行的第一次环球航行，开辟了通往亚洲的航道。达·伽马远航之后，葡萄牙在香料贸易中获得了巨额的利润，刺激了西班牙开辟亚洲航道的决心。1519年9月20日，麦哲伦率领一支由五艘帆船组成的船队，从桑卢卡尔港正式出发。1520年10月，船队艰难地穿过大西洋与太平洋的危险航道，即今天以其名字命名的麦哲伦海峡。在此期间，麦哲伦船队损失了两艘帆船。此后的航行，船员又惨遭饥饿与坏血病的折磨。更糟糕的是，麦哲伦本人也在与菲律宾当地人的冲突中被杀。在此情况下，船队的西班牙驾驶员塞巴斯蒂昂·埃尔卡诺负责指挥余下的航程。1521年11月，麦哲伦船队历经千辛万险，抵达"香料群岛"，随即这两艘帆船受到葡萄牙人的攻击。船队克服重重困难，在获得丁香等货物后返航。回国途中，一艘帆船被逆风吹回，其船员被葡萄牙人抓获。另一艘"维多利亚号"先穿过望加锡海峡，横渡印度洋，绕过好望角，又沿着非洲西海岸向北航行，最后于1522年9月6日，驶入西班牙的塞维利亚港。西班牙一直觊觎葡萄牙在香料贸易中所赚取的利润，麦哲伦环球航行后又派遣了一支远征队，在1524年到达"香料群岛"。但此时葡萄牙已经站稳脚跟，西班牙远征队惨遭失败。1529年，西班牙与葡萄牙签署《萨拉戈萨条约》，放弃占领香料群岛的企图，接受在香料群岛以东15度划定的分界线，西班牙为此获得了35万个达卡的金币。

西班牙对美洲的殖民,包括埃尔南多·科尔特斯摧毁阿兹特克帝国,弗朗西斯科·皮萨罗毁灭印加帝国,佩特罗·弗拉迪维亚占领智利,佩特罗·门多萨于1536年建立布宜诺斯艾利斯城等。在西班牙对美洲的殖民史中,科尔特斯摧毁阿兹特克帝国与皮萨罗毁灭印加帝国,令殖民者尤为津津乐道。

科尔特斯对阿兹特克帝国的征服是西班牙殖民事业取得的重大进展。出生于西班牙贵族家庭的科尔特斯,曾学法律而不成。1504年,他到达伊斯帕尼奥拉岛。1510年,他参加对古巴的军事征服活动。在征服活动中,他依靠染满鲜血的战功而成为某支探险队的指挥官。1519年3月,他又率领600名部下,用为数不多的枪炮与战马,进军阿兹特克帝国。令人难以置信的是,这场侵袭竟然取得了巨大的成功。阿兹特克帝国在15世纪已经是一个以纳贡为基础的帝国,其都城是特诺奇蒂特兰城。科尔特斯是一个有谋略的侵略者。他在今天韦拉克鲁斯附近的海岸登陆后,破釜沉舟,毁掉一切能够返回古巴的交通工具,向其领导的侵略军表明不成功便成仁的决心。600人的军队,毕竟人数有限,他又采取合纵连横的策略,联合仇视阿兹特克帝国的部落作为盟友。此外,利用帝国军事首领蒙提祖马的迷信心理,未废一兵一卒就挺进特诺奇蒂特兰城,而后将其囚禁。虽然谋略让侵略事业在初期取得成功,但印第安人的反抗一度让科尔特斯惨遭失败,失去了三分之一的部下与大半辎重。但在印第安盟友的支持与西班牙援军的帮助下,重整人马,准备军事征服。新的侵略军由800名西班牙士兵与至少2.5万名印第安人组成,攻打特诺奇蒂特兰城。战斗持续了4个多月,侵略者最后在1521年8月拿下该城。曾经盛极一时的阿兹特克帝国就此被西班牙人成功征服。科尔特斯对阿兹特克帝国的征服为其他西班牙侵略者树立了"榜样"。

皮萨罗指挥的远征军对秘鲁的征服是葡萄牙殖民者在南美洲取得的重大胜利。皮萨罗是一个西班牙军官的私生子，几乎没有文化。他的远征军是一支由不足两百人、几十匹马和几门火炮组成的队伍。与科尔特斯领导侵略者征服阿兹特克帝国一样，这支皮萨罗指挥的远征军征服印加帝国是难以想象的事情。印加帝国是一个有几百万人口和十万军队的帝国。它位于南美洲的安第斯山脉，毗邻太平洋，海岸线长达 2 000 多英里。其领土范围涉及今天的玻利维亚、智利、阿根廷、厄瓜多尔与秘鲁等国的领土。1531 年，皮萨罗和他的 4 个兄弟启动征服计划。1532 年，他与其远征队抵达卡哈马卡城。随后，印加帝国的统治者阿塔瓦尔帕造访，皮萨罗效法科尔特斯将其软禁。这位皇帝付出了巨额赎金——占地长 22 英尺、宽 17 英尺、高达 7 英尺的一堆金银物品——后，被折磨致死。群龙无首的印加帝国很快被征服，其首都库克斯被洗劫一空。

科尔特斯和皮萨罗的成功刺激了更多的殖民者效法他们，探索美洲大陆，搜刮金银财宝。虽然其他殖民者所取得的成功无法与科尔特斯和皮萨罗相比，但他们确实更好地掌握了南美洲与北美洲的地理风貌。这些殖民者为西班牙在美洲建立殖民帝国立下了汗马功劳，却给美洲大陆的原住民带来了无尽的伤害。

西班牙与葡萄牙对征服地区采取的殖民政策极大地影响了拉丁美洲的历史进程。尤其是西班牙对征服地区的殖民政策，具有示范性作用，为葡萄牙所效法。征服者的野蛮与残忍让他们能够征服广袤的地域，但作为建设者和管理者，这群人是失败的。于是西班牙王室用官僚制度代替了征服者的统治。在这项制度中，设在西班牙的西印度事务院，统筹规划殖民地所有事务，同时受君主的监督。美洲最高权力被授予两名总督。一名坐镇墨西哥城，统领新西班牙总督辖区，具体包括北美洲所有隶属西班牙的殖民地以及西印度群岛、委内瑞拉和菲律宾群岛。另一名总督坐镇利马，监督秘鲁总督辖区，即西班牙在南美洲的所有殖民地。总督们的权力受到监督，不法活动会被告发。

葡萄牙与西班牙的殖民扩张的影响大致为三个方面。首先，欧洲经济力量的重心由意大利和地中海永久性地转移到大西洋。在这一转移的过程中，威尼斯转型成为旅游城市，大西洋的诸多港口航船不断，成为新兴的经济中心。虽然葡萄牙与西班牙的繁荣未能持久，但大西洋沿岸的英国、荷兰和法国持续发力，变成欧洲的经济强国。其次，促进了欧洲在16世纪经济的大发展。葡萄牙在香料贸易中赚取的财富，西班牙在美洲掠夺的金银，又在西北欧消费，实现了欧洲经济飞跃式的发展。最后，葡萄牙与西班牙的殖民扩张，导致殖民地土著居民大量减少，很多文明惨遭毁灭。仅以西班牙的殖民扩张为例，以下数字非常能够说明问题。据估计，伊斯帕尼奥拉岛1492年有25万土著居民，到1548年仅剩下500人。仅在50年间，佛罗里达的印第安人由估计的百万人口锐减到5万人。人口更多的墨西哥在西班牙统治的百年间人口减少了90%。

在16世纪，西班牙与葡萄牙在海外殖民扩张中遥遥领先，从东方的香料贸易、美洲的金矿和银矿、大庄园与种植园中获得财富。至16世纪末，荷兰、英国与法国后来居上，取代了西班牙与葡萄牙的地位。伊比利亚国家衰落，事出有因。首先，伊比利亚国家的衰落与其战争频繁有关。西班牙的人力与物力消耗在反对新教徒以及土耳其人、法国人的战争上。其次，西班牙与葡萄牙的经济是寄生型经济。在殖民扩张以前，它们依赖西北欧；殖民扩张后，情况依然没有改变。这样的寄生型经济在输出品类型方面表现得尤为突出。西班牙出口的是酒、羊毛、铁矿，葡萄牙出口的是非洲的黄金和盐。它们进口的是各种冶金品、盐、鱼与纺织品。最后，衰落与金银的大量流入有关系。金银大量流入引发了通货膨胀，这引起了西班牙的物价与人工价格的上涨。西班牙上涨后的物价是北欧物价的两倍，工人的工资又仅比物价略低，这让其产品在市场上没有竞争力。

荷兰、法国、英国的殖民扩张（1600—1763）

1600年至1763年间，西北欧的荷兰、法国和英国赶超葡萄牙与西班牙。这一赶超对世界格局产生了极大的影响，让西北欧成为全球最有影响、最有活力的地区。正是在此阶段，西北欧国家在政治、军事、经济等方面逐渐控制了世界，它们在世界上的霸权初见端倪：荷兰人将葡萄牙人赶出东印度群岛；英国人在印度获得了第一个立足点；英国人与法国人控制了格兰德河上游的北美洲，掌控了格兰德河以南伊比利亚殖民地的大部分贸易；荷兰、法国与英国在非洲海岸设立贸易站。

西北欧国家进行殖民扩张，除了要拥有强大的军事力量，还要拥有强有力的经济支撑。这样的支撑性力量是西北欧国家崛起的必备条件。欧洲经济中心从环地中海转移到大西洋，刺激了西北欧国家经济的发展。此外，西北欧国家具有重商主义的社会结构与文化氛围。在社会结构方面，欧洲北方的商人与金融家也可以成为贵族成员，社会的流动是敞开的。在文化氛围方面，这些国家的贵族热衷于参加有利可图的商业。最后,西北欧的物价上涨远超工资与地租的上涨。16至17世纪,英国的物价上涨256%,而工资仅上涨145%,地租也上涨有限。工厂地租与工人工资的涨幅不是特别突出,物价却飞涨,这几乎是近代资本主义发展的天堂。

西北欧国家虽然嫉妒西班牙与葡萄牙开辟新航路后在殖民贸易中所获得的成功,但是最初并没有挑战这两个国家。英国、法国、荷兰的做法是,转向伊比利亚人活动范围之外的北大西洋区域,在那里进行探索,希望发现新航道。1496年,英国的亨利七世派约翰·卡伯特朝大西洋航行。虽然卡伯特没有找到什么新航道,但却意外发现了能够缓解欧洲人饥饿的鳕鱼。后来事实表明,鳕鱼巨大的供应量所带来的经济价值,比西班牙银矿更有价值。1533年,为了寻找到达东方的航道,英国派出休·威洛比爵士和理查德·钱塞勒率领的远征队,抵达北极的冰墙后,铩羽而归。寻找西北航道的远征队,与东北航道的远征队一样,运气不好,未能找到一条通往东方的航道。北欧人寻找新航道失败后,再也无法面对利益的诱惑,开始侵犯、侵蚀、侵吞伊比利亚人的势力范围。由于葡萄牙在东方的属地受到严格的保护,因此英国人首先侵犯西班牙的美洲殖民地。

在17世纪中叶,荷兰的殖民扩张取得成功,在某种程度上这受惠于其优越的地理位置。从当时的地图上可知,荷兰受惠于两条古老的商船航线:直布罗陀至卑尔根的航线;芬兰湾到英国的航线。在这两条航线中,直布罗陀至卑尔根为南北航线,芬兰湾到英国为东西航线。借助这两条航线,荷兰让如下商品的交换成为可能:比斯开湾的鲱鱼和盐,地中海区域的酒,英国和佛兰德的布匹,瑞典的铜和铁,以及波罗的海地区的谷物、亚麻、大麻、木材和木制品。

荷兰作为欧洲商品的运输者,不但有庞大的船队,而且掌握了机械化造船的技术。据说1600年的时候,荷兰已经拥有1万艘船,为当时最大船队拥有国。其造船厂采用机械化生产,一天能造一艘船。荷兰人在造船技术领域保持优势地位,直到18世纪英国才能与之抗衡。

荷兰人在17世纪建立的商业帝国,力压英法,在欧洲一枝独秀。荷兰人在16世纪末已经开始挑战葡萄牙在东方的霸权地位。葡萄牙人对带来高额利润的东方航线,虽然希望能偷偷地独占,但依然被荷兰人知晓。涌入东方海域的荷兰商船数量众多,仅在1598年,至少就有5支船队,22艘船涌入。由于荷兰运输成本比葡萄牙低,产品也物美价廉,所以荷兰涌入东方海域对葡萄牙的东方商业帝国冲击巨大。1602年,荷兰成立东印度公司,控制了苏门答腊、婆罗洲和马六甲等地,驱逐葡萄牙商人。由此荷兰人代替了葡萄牙人,实现了对香料贸易的垄断。

大约在1700年以后,荷兰人在香料贸易中的优势逐渐丧失,但他们将咖啡树引入东印度群岛后,在当地发展出了咖啡经济。咖啡贸易发展十分迅猛,1711年,荷兰人仅仅收获100磅咖啡,但到1723年,他们在售的咖啡是1 200万磅。随着咖啡在欧洲的流行,荷兰人成为咖啡的主要供应者。

荷兰人17世纪在美洲的经营并没有再现亚洲的辉煌。他们1612年在曼哈顿建立了新阿姆斯特丹(后改名为纽约),但于1667年放弃此城,目的是换取保留南美北海岸边的苏里南以及西印度群岛的库拉索岛和多巴哥岛的权利。荷兰占据最久的殖民地是1652年在南非好望角开拓的殖民地。虽然面积有限,但它作为荷

第九章 殖民扩张

船只与其他船只的补给基地，向船员提供鲜肉与新鲜的蔬菜，有利于船员的身体健康。

18世纪，无论是在经济发展还是在海外活动上，荷兰都落后于英法。荷兰的衰落自然有其原因。英国与法国建立商船队，频繁出重拳打击荷兰的商业，导致其衰落。荷兰为战争所累也是其衰落的原因，与英法两国的战争给其经济带来沉重的负担。荷兰衰落的最后一个原因，也许是最重要的原因：荷兰人缺乏英法两国得天独厚的资源。

至1714年，荷兰作为殖民大国已经难续辉煌，和西班牙、葡萄牙一样相对走向衰落。但这三个老牌殖民大国仍然控制着殖民世界中的一些重要地区。西班牙与葡萄牙在中、南美洲依然控制着一些重要区域，但经贸方面的优势落入英国商人之手。17世纪，荷兰帝国控制了东印度群岛及其他地区，成为继葡萄牙与法国之后新的殖民帝国。17世纪末，荷兰帝国的扩张宣告终结，但荷兰遗留的殖民地成为英法争夺的对象。

英国在15世纪末开始寻找通向中国的"西北通道"与"东北通道"。约翰·卡伯特与儿子塞巴斯蒂安承担了为英国寻找"西北通道"的任务，但最后只发现了从弗吉尼亚到纽芬兰的美洲海岸。1533年，钱塞勒沿着布朗什海岸寻找"东北通道"。1576年和1578年，弗罗比歇朝西北方向航行了三次，同样未能找到通往中国的海上之路。虽然英国未能发现通向中国的航道，但也为其在美洲建立殖民地奠定了基础。

在英国的殖民活动中，大公司与移民机构具有重要作用。大公司被英国授予垄断与颁布规程等特权。大公司的代表是英属东印度公司。此公司成立于1600年，被授予"皇家特许状"，最初在马来群岛进行香料贸易,后转向印度建立殖民地,拥有军队与舰队。移民机构主要是鼓励新移民在殖民地,特别是北美这一"新世界"定居。美国革命爆发的时候,英国殖民地的人口不少于 200 万,这在某种意义上可以解释为何 1763 年英国得以战胜法国。

1587 年,沃尔特·雷利在美洲建立了移民点,将其命名为弗吉尼亚,但是新世界殖民运动的大规模展开,是 17 至 18 世纪的事。1620 年,一小批英国移民乘坐"五月花号"来到美洲,其中大部分都是受迫害的清教徒。由于英国国内的宗教矛盾、30 年战争、克伦威尔时期的动荡不安等因素,这一切促使大批民众从英国涌入美洲,建立移民点。一般或居住性的移民点往往在温带,大规模种植区及种植园移民点通常在热带。

在印度洋,英国也大力推进殖民化进程。英国人沿着马拉巴尔海岸和科罗曼德尔海岸设立商站,占领马德拉斯、孟加拉地区以及后来的恒河地区。英国征服亚洲主要是利用其他殖民帝国的衰落,逐步蚕食其势力范围,这主要是由东印度公司完成的。

法国在 16 世纪也曾经寻找通向东方的"西北通道"。按照设想,这条"西北通道"应该与环绕南美的南方航路一样,都可以抵达东方。1524 年,为法国效力的佛罗伦萨人乔瓦尼·达·韦拉扎诺寻找"西北通道",发现了北卡罗来纳与纽芬兰。1534 年,雅克·卡特尔率领三艘海船抵达圣劳伦斯湾,看到了加拿大。这两个探险队都没有到达太平洋西北部,这意味着"西北航道"设想的破灭。

17 世纪初,法国就已开始在北美开拓殖民地。法国殖民地扩张以圣劳伦斯河流域为根据地,向西推进到必列尔湖,向南推进至俄亥俄河。1605 年,法国建立阿卡迪亚(即新斯科舍)殖民地,

第九章　殖民扩张

1608年开拓魁北克殖民点，1642年开辟蒙特利尔殖民地。1682年，法国贵族拉萨尔声称密西西比河流域全部为法国所有，并将其命名为路易斯安那。

法国人与英国人在西印度群岛存在着竞争关系。西印度群岛的法属殖民地是马提尼克岛和瓜德罗普岛，英属殖民地是牙买加、巴巴多斯和巴哈马岛。这几个岛屿所产的糖、烟草和靛青对英、法两国的经济均是有益的补充。

印度也是法国与英国激烈冲突的地区。17世纪初，英国退出东印度群岛，龟缩在印度次大陆。至17世纪末，英国在印度建立了四个据点：东海岸的加尔各答和马德拉斯；西海岸的苏拉特和孟买。1604年，法国效法英国与荷兰，也组成了东印度公司，但对法国的殖民扩张或贸易而言，其收效甚微。同样是在17世纪末，法国也建立了两个较大的据点：加尔各答附近的金登讷格尔和马德拉斯附近的本地治里。英国与法国殖民区域的重合不可避免地导致两国争夺殖民霸权。

1688年以后，欧洲爆发战争，法国与英国打得难解难分。双方的武装冲突不仅发生在欧洲，也扩大到公海与殖民地。由于战争在欧洲与殖民地差别极其明显，所以战争的名称有所不同。这些战争的名称分别为：奥格斯堡同盟战争或威廉王战争（1688—1697）、西班牙王位继承战争或安妮女王战争（1701—1713）、奥地利王位继承战争或乔治王战争（1740—1748）、七年战争或法国和印第安人战争（1756—1763）。通过前三场战争，英国人获得了新斯科舍、纽芬兰和哈德森湾地区。

在上述四场战争中，有决定性意义的战争是七年战争。这场重要的战争之所以被称为七年战争，因为其起止时间分别是1756年和

1763年。1759年,英军攻陷法国的重要据点魁北克。1760年,蒙特利尔被攻克,这意味着法国殖民统治在美洲的终结。

在印度,英国也对法国大获全胜。英国获胜的决定性因素是其海军优势。1756年,英国殖民地领导人罗伯特·克莱武攻打孟加拉。1757年,他在普拉西战役中击败亲法国的穆斯林统治者。在战争的最后阶段,克莱武利用英军的海上优势,一方面对法国的各个据点进行切割与包围,另一方面也切断了各个据点与法国之间的联系。因此策略的运用,1761年英国拿下了法国在印度殖民地的中心本地治里港,标志着法国殖民统治在印度的崩塌。

七年战争的结束以1763年交战国签署《巴黎和约》为标志。根据这份协定,法国在美洲仅仅保留南美洲的圭亚那、纽芬兰沿海区域不甚重要的圣皮埃尔岛、密克隆岛与西印度群岛的少数岛屿。英国从法国获得了整个圣劳伦斯河流域和密西西比河以东的全部地区。在印度,法国人得以保留他们在本地治里市和其他城市的商业设施,例如事务所、货栈和码头,但被禁止在印度从事政治活动与军事活动。

殖民扩张的影响

欧洲人的殖民扩张在客观上打破了自然地理对世界的隔断,促进了世界范围内的物质和文化的交流,对近现代世界文明的发展,对未来世界格局的演进,均产生了重大的冲击与影响。

在经济上,欧洲殖民扩张建立了一种世界性的经济格局,在此格局中非洲与美洲受到不同程度的剥削与压迫。16世纪以前,欧洲经济的重心在意大利与地中海。16世纪以后,欧洲经济的重心逐渐转移到大西洋。16世纪以前,海上贸易主要贩卖的是香料、丝绸、珠宝与香精等奢侈品。16世纪以后,这种奢侈品贸易转变为基于生活必需品的大规模贸易。大西洋贸易的规模巨大,因为欧洲的朗姆酒、布匹、枪炮及其他金属品被运到非洲与美洲,非洲的奴隶被运到美洲,美洲的蔗糖、烟草和金银被运到欧洲。在这种经济格局中,欧洲成为最大的受益者,美洲与非洲沦落为受害者。美洲付出的代价是实行奴隶制,非洲则为美洲的奴隶制提供奴隶。

在政治上,欧洲开始突破欧亚大陆的束缚,建立了以欧洲为中心、具备在未来控制世界的新格局。在1500到1763年间,全球政治关系如经济关系一样,发生了根本的、结构性的变革。西欧人不再被束缚在欧亚大陆的西段,而是通过掌控印度洋,从南面包围伊斯兰世界。与此同时,他们还殖民了美洲的大片领土。在这一变革的过程中,首先是从伊比利亚半岛,然后是从西北欧,延伸出一条条影响世界的贸易与政治路线:西到美洲,东至印度与东南亚,南到非洲。从此以后,欧洲通过海外与陆上扩张,建立起对人烟稀少、军事软弱的美洲的控制。

在文化上,欧洲人的殖民扩张在客观上促进了全球物种的大交流,美洲的原有文明因而为世界贡献了玉米、马铃薯、红薯、西红柿等极为重要的农作物。此外,印第安人所长期栽培的两种主要经济作物——烟草和棉花——也传到欧洲,被广泛推广。特别是玉米、马铃薯因其高产,成为欧洲普通民众的主要食品,从而降低了欧洲出现饥荒的频率,促进了人口增长与经济发展。16至17世纪,西班牙与葡萄牙商人到达中国,带来了甘薯、玉米、花生、爱尔兰薯和烟草等新作物。这些新物种能够被种植在不适合传统农作物生长的土地上,是清朝前期和中期人口急增的一个重要原因。除了上述欧亚大陆与美洲之间的物种交流外，澳大利亚现已成为羊毛、羊肉和小麦等农牧产品的主要出口国，但这些产品都不是本地固有的产品。印度尼西亚盛产的橡胶、咖啡、茶叶和烟草等也是外来物种。

欧洲的殖民扩张是葡萄牙与西班牙开启，而后荷兰、法国与英国跟进的侵略运动。在扩张的过程中，诸殖民国家为争夺殖民地发生过激烈的战争。最后英国胜出，成为欧洲殖民扩张的最大受益者；被殖民的国家与人民为此承受了无尽的苦难。欧洲人的这种殖民扩张行为理应受到批判。当然，殖民扩张除了给被殖民地区带来了伤害外，也有积极的一面，即打破了自然地理阻隔对人类的限制，推进了全球物质与文化交流。

思考讨论题

1. 请分析欧洲殖民扩张的原因。
2. 欧洲殖民扩张的过程是怎样的？
3. 如何理解欧洲殖民扩张的影响？

第十章 文艺复兴

第十章 文艺复兴

文艺复兴之所以能发生，而且发生在西欧，一个最根本的原因在于西欧恰好位于亚欧大陆的最西端。优越的地理位置使它得以避开亚欧大草原上游牧民族，如匈奴人、突厥人、蒙古人等的侵扰。[1] 因此，大体上从11世纪起，幸运的西欧得以持续发展，由此进入了一个长达近千年、几乎无中断的上升期。这种持续发展不仅表现为西欧人口、文化与宗教在北欧、中东欧、西班牙地区和地中海东部的扩散，也表现在14至16世纪的文艺复兴。回头看，文艺复兴是欧洲的第一次思想解放运动（接下来还将发生第二、第三次思想解放运动，即16至17世纪的宗教改革运动与17至18世纪的启蒙运动），欧洲乃至全世界由此开始进入一个全新的时代，即近现代。

重心在人的时代精神

1550年，意大利画家、建筑师乔尔乔·瓦萨里在其《艺苑名人传》一书中，正式使用了rinascimento一词，以之作为他所观察到的新文化的名称，其字面意思是"再生"。借着在其他语言中的转写，如法语为renaissance，英语为rebirth，17世纪以后这个词在欧洲各国流行起来。19世纪以来，欧美学界更是用这个词来概括14至16世纪西欧的文化现象。汉语中，对rinascimento或renaissance的翻译加了"文艺"两个字。这个汉译是贴切的，因为文艺复兴无论从形式还是从本质来看，都是对古典文明的一种复

---

[1] 在公元前8世纪至公元17世纪的约2 500年间，亚欧大草原上一波又一波游牧民族入侵、占领和统治农耕区如中国、印度以及西亚和东欧，使这些地区的经济、政治、社会、文化不能沿既有轨道持续发展。

兴，而不是对此前流行的中世纪观念或文学艺术范式的简单模仿或重复。

及至文艺复兴时代，资产阶级的势力既来越大，其自我表达的欲望也越来越强，这不仅涉及经济，也关乎政治方面的自我表达。他们不仅利用自己的经济实力，也利用了教皇与神圣罗马帝国之间两败俱伤的大规模争斗，逐步提高自己的政治独立性。正是从这时起，市民的社会地位更多取决于财富多寡，而非血统高低；城市精英不再是一个封闭的群体，而对新富起来的资产阶级敞开了大门，更因他们的加入而不断发展壮大。除了经济政治地位的提升，资产阶级在知识和文学艺术方面，也产生了强烈的自我表达欲望。因为精英群体要自我维系，新人要加入这个群体，都需要知识。而要获得可靠的知识，最好的办法莫过于创建某种正规的知识传承和生产机制，于是大学开始蓬勃发展。

更引人瞩目的是，这时的城市精英不仅掌握了大量财富，而且在促进文化发展方面很舍得投入自己的财富，对艺术尤其进行了大力赞助。现在看来，他们实际上是把艺术当作了一种投资，借以实现自己的社会抱负，提升自己的政治地位。精英们给艺术家非常高的待遇，优秀艺术作品问世后，不仅给赞助者带来名声，更给创作者带来荣誉，艺术便在这种良性循环中得以迅速发展。随着社会对艺术需求的增长，艺术创作者不再是中世纪的低薪匠人，而成为近代意义上的艺术家。在这种情况下，文学创作的题材不再局限于圣经中的人物和事件，对人和人性的描写与歌颂成为主旋律；艺术创造在形式和内容上都回归古典时代，模仿古典作品成为时尚，人体的自然美成为美的标准。

今天，我们把这种新时代精神叫作"人文主义"，把高扬新时代精神的人叫作"人文主义者"或"人文学者"。事实上,这时的人文主义者对中世纪重心在神或者说在来世的文化精神很是不以为然。中世纪的基督教教会在广大教众中宣扬以下看法:人生不过是灵魂在世间的一次短暂停留,而且是一个痛苦、艰险的历程;人生的最大幸福和终极目标,是进入天国,与上帝同在,获得永恒的福乐;人世间不仅不幸福,还充满了种种邪恶和诱惑,一个人若抵挡不住这些邪恶和诱惑,最终就进不了天国;因此人生在世,应该安贫乐道,应该否定自己的情欲,压制自己的快乐,忏悔自己的罪过,因为只有这样,个人才能得救,才能在天国永享幸福。可是到了文艺复兴时代,人们倾向于认为,人生并非充满了痛苦和险恶,而是美好的;人的欲望值得肯定,一个人首先应享受现世生活,再考虑其他。这是一种重心在人、重心在现世的思想,即世俗主义。

很明显,世俗主义思想反映了一种更重视人、人性和人类行为的新态度,一种更注重实实在在的此世幸福而非虚无缥缈的来世福祉的新精神。如果说,中世纪的人们更重视人类灵魂在来世的安顿,因而将肉体视为灵魂的敌人,或者说,将此二者看作一对不可调和的矛盾,那么新时代世俗主义的认知明显不同。世俗主义把现世幸福视为人生的最高目的,而要实现这样的幸福,又必须充分发挥人的主观能动性。正是在这个过程中,个人在给自己带来物质利益的同时,也给社会创造了价值。如此这般,拥有财富并非可耻,反而光荣;个人甚至只有获得足够多的财富,才可能过上幸福生活,得到社会尊重,也就是说,发财与信仰并不矛盾。有商人在账本中写道:"为了上帝,为了利润!"世俗主义思想在艺术家那里同样得到了充分的表达。他们认为,人体并非可耻的存在,而是非常美丽的，值得赞颂。世俗主义思想在人文学者那里也得到了前所未有的表达。如果说旧时代的人们倾向于否定人类的智慧，怀疑人类凭借理性可以领悟真理，那么人文学者明显更为肯定人类的智慧，认为人类凭理性可以发现真理，认识真理。渐渐地，他们的活动蔚然成势，形成了一种运动。

但需要强调的一点是，文艺复兴时代的新态度、新精神并不意味着这时的文化完全是世俗的。艺术家和人文学者对人、人性和世俗生活给予了更大的关注，但这并不意味着他们是反宗教的。文艺复兴并不是反宗教的，因为它仍然属于一个宗教的时代。无论是艺术家还是人文学者，他们都还没有从根本上质疑基督教信仰。许多世俗主义的观点和做法仍然符合基督教的基本范畴，仍然为基督教主流所认可和接受。艺术家和人文学者之所以要复兴古希腊罗马文明，部分原因是希望更准确地认识早期基督教及其信仰。因此，一方面，即使文艺复兴的世俗主义思潮十分突显，却并非激进，并非意味着与过去一刀两断，而另一方面，世俗主义也并非到了文艺复兴时代才突然崛起。在中世纪鼎盛时代，世俗主义也从未缺场。早在 12 世纪，就出现过对于复兴古典文明的兴趣。因此更准确的说法是，在坚持基督教基本理念和文化假设的前提下，文艺复兴时代的世俗主义更凸显，更具系统性。

个体主义是文艺复兴的另一个重要内容。具有现世主义倾向的人文学者所强调的人不仅指人类全体，也指人类个体。就是说，对人和人性的肯定更多是对个体价值的肯定。个体主义的勃兴与意大利北部发达的工商经济和资本主义生产方式密切相关。激烈的市场竞争教会了资产阶级如何推销自己的产品，或者说如何行动才能使自己的经济利益最大化。正是在这一过程中，他们学会了如何充分

第十章 文艺复兴

表现自己的个性，展示自己的才干，实现自己的抱负。经济成功给他们带来了财富，财富又使他们能过上舒适甚至奢侈的生活，使他们有财力、有机会更多地进行个人的选择，更好地满足个人的喜好。久而久之，对个体意志、个体自由的强调成为通行的价值观。现在，人们所期待社会的，是给市民或资产阶级个体以最大限度的自由去选择自己的目标以及实现目标的手段，这就是个体主义。个体主义意味着个人摆脱了传统势力的束缚，能最大限度地张扬个性。文学家薄伽丘、政治哲学家马基雅维利、画家米开朗琪罗和切利尼等人从作品到为人都有非常鲜明的个性特征。但是，个体主义并非到了文艺复兴时代才突然出现。基督教虽然有抑制个体自由、主张集体主义的一面，但也有提升个体精神、强调个体尊严的一面。这意味着，文艺复兴时代的个体主义与中世纪只有程度上的差别。

应当注意的是，文艺复兴时代涌现出的诸多人文学者，是一种中世纪并不存在的新型学者。基督教神学、经院哲学及相关学问已不能使他们兴奋，而古希腊罗马文化中更看重人和人性的哲学理念、文艺范式等更能使他们产生激情，甚至生发出一种使命感，愿意为之奉献一生的心血和精力。因此，他们热衷于发掘、发现（或从东方引进）、翻译、阐释和运用古希腊罗马遗留下来的哲学理念和文学艺术成果，不仅重视对古典语言文学的学习和研究，而且重视对古典哲学、历史、政治等的学习和研究。他们所做的这种学问被称为"人文学"。此名称直到今天仍在西方大学被使用，主要指文史哲，即语言文学、历史和哲学等学科，不仅涵盖古希腊罗马时代的学术成果，更涉及中世纪至今的所有文史哲学问。

文艺复兴的起源

文艺复兴肇始于意大利，确切地说，肇始于意大利北部城市。11世纪后，随着经济发展、城市兴起、生活水平不断提高，欧洲人开始改变以往消极、悲观的人生观，用一种积极的人生观取而代之，开始追求现世的幸福和快乐。这明显有悖教会的主流立场，发展到后来便是文艺复兴运动。13至15世纪，意大利北部城市化水平最高，城市数量、规模与经济繁荣程度都明显超过欧洲其他地区，所以这里率先出现了对教会主流文化的反抗。当时意大利的市民或资产阶级一方面痛恨教会虚伪的禁欲主义，另一方面又因没有成熟的文化思想体系以取而代之，于是便借助对古希腊罗马文化的模仿来表达自己的文化主张。从这个意义上讲，文艺复兴尽管在形式和内容上都有模仿古典文化的一面，但并不是对它的一种单纯复兴。本质上，这是一场资产阶级反对封建禁欲主义的文化运动。

在意大利北部城市中，佛罗伦萨无疑最突出，故人们常常把文艺复兴与它相捆绑。除了佛罗伦萨外，威尼斯、罗马（教皇国所在地）、比萨、米兰、热那亚、博洛尼亚和那不勒斯等地同样是文艺复兴运动的中心城市。这些城市都或多或少从事与东方的贸易，其商业、银行业、手工业——尤其是奢侈品生产——都十分发达，也都或多或少获得了对周边甚至海外土地的控制权。及至14世纪，市民阶层或者说资产阶级开始在这些城市兴起，资本主义生产方式逐渐形成。这一切给这里带来了勃勃生机和方方面面的重要变化：中世纪的旧思想观念、旧阶级关系和旧社会文化形态开始解体，现代性的新思想观念、阶级关系和社会文化形态开始形成。具体说来，世俗政治权威开始压倒教会的权威，罗马教廷的崇高地位开始动摇，现世主义思维开始取代来世主义思维，神学开始让位于人文学和自然科学。在这种形势下，新兴资产阶级开始有了越来越强烈的自我表达欲望。这不仅表现在社会政治领域，也表现在文学艺术方面。城市中的意大利人不再满足于中世纪式贫瘠的、颇具压抑性的文学艺术形式，开始把目光投向古代，即古希腊罗马的文学艺术作品。于是发生了所谓"复兴"运动。从表面上看，这时的艺术家在形式和内容上都试图恢复古代的哲学理念和文艺范式，实际上却在进行一种前所未有的文化创造，也只有这种创造才能最有效地传达时代精神。

同样需要注意的是，当时的意大利城邦林立，上述各城市以及其他主要城市都是一些独立或半独立的共和制城邦，或城市国家；工商业持续发展、资产阶级的不断崛起又逐渐打破了之前相对静止的社会政治状态。14世纪后，这些城市国家几乎不约而同地在激烈的社会动荡和流血冲突中从共和制走向君主制。君主们之所以能够掌握政权，所倚靠的不仅仅是政治手腕，很多情况下也是凭借强大的经济实力。在拜占庭等东方文化的影响下，实行专制统治的君主们耽于享乐，沉迷艺术。他们信奉新柏拉图主义，希望摆脱旧有的宗教禁欲主义的束缚，因而也保护和鼓励表现世俗生活、人体之美的艺术家。也因受时代精神的影响，在教会内部，圣方济各会的神学激进主义正在竭力否定正统的经院哲学，热烈赞颂自然之美和人之价值。与此同时，罗马教皇及大主教、主教们也相当腐败。仅就教皇而言，其享乐程度甚至超过了世俗君主。他们也保护艺术家，容许其进行艺术实验，甚至偏离对宗教教条的传统解释，打破基于这种解释的艺术陈规。

以上仅主要论述了文艺复兴何以能够发生的宏观原因，并不全面。万事开头难，它究竟是如何发生的仍需要说明。大多数历史学家认为，1453年以后，由于信仰伊斯兰教的奥斯曼突厥人攻破了拜占庭，许多拜占庭学者携带着大批古代艺术珍品和大量古希腊罗马书籍，纷纷逃离这个城市，来西方避难。因意大利北部城市更发达，更因长期以来它们与拜占庭等东方城市保持密切的贸易往来，所以他们中的大多数人最后定居在这里。就这样，是他们在意大利引发了一场惊天动地的"文化革命"。这似乎意味着，"复兴"并不是复兴，而是"拿来"。在艺术领域，这一判断尤其适用。但，如果真的是"拿来"，或者说，至少在一定程度上是"拿来"，则1453年这个年份的重要性就得打折扣。事实上，早在十字军东侵之后不久，即在11世纪末年甚至更早时候，便有不少去过东方城市、大开眼界的西欧人在回到自己的国家后，特别是意大利，开始传播古希腊罗马的哲学和艺术理念。因为古代艺术品和书籍在拜占庭和阿拉伯世界得到了比在西欧好得多的保存、传承和翻译。无论属于哪种情况，有两点可以肯定：其一，东方文化的榜样和刺激虽然重要，但外因只能通过内因才会起作用；其二，因地理缘故，文艺复兴只可能首先发生在意大利北部城市。

"文学三杰"

14至16世纪，在意大利北部——尤其是佛罗伦萨——出现了很多文学家。他们取得了突破性的成就，不仅远超之前一千来年的中世纪，成为当时整个欧洲学习的榜样，直到今天也仍给人以愉悦。以下对文艺复兴时期意大利的文学家作一个简单介绍。

第十章 文艺复兴

进入 14 世纪,意大利作家在欧洲率先使用自己的方言而非教会官方语拉丁语进行文学创作,开始有了用各种方言或民族语言创作的小说、诗歌、散文、戏剧等作品。在这一过程中,不仅诞生了意大利文艺复兴之"文学三杰",即但丁、彼特拉克和薄伽丘,更是逐渐确立了方言作为近现代民族语言的权威地位。

早在 1300 年左右,佛罗伦萨人但丁·阿利吉耶里就用托斯坎尼方言创作了《神曲》《帝制论》和《新生》等作品,讴歌现世生活的幸福,抨击中世纪的蒙昧主义和禁欲主义,反对神权论,抗议罗马教廷对人民的剥削和压迫。他最著名的作品《神曲》一方面继承了中世纪基督教信仰和神学思想,另一方面也大力宣扬了一种新的时代精神:人文主义和世俗主义思想。《神曲》最精彩的部分当为"地狱篇"。其中,但丁用寓言、神话和象征等艺术手法生动地描述了主人公(即但丁本人)在地狱、炼狱中的一次奇异、魔幻、恐怖却又充满智慧的旅程,既呈现了人世间的罪恶,也展示了人类的救赎。但丁对《圣经》以及倡导思想解放的中世纪末神学家托马斯·阿奎那的著作有诸多引用,对古典时代的异教作家——尤其是维吉尔、西塞罗——的尊崇更是明显超过此前意大利其他作家。这种人文主义、世俗主义倾向显然不对教会当局的胃口。

但丁的作品深刻影响了另一个佛罗伦萨人、诗人弗兰齐斯科·彼特拉克。彼特拉克写了大量的爱情诗,最后收集在《歌集》中出版。在这部抒情诗集子中,彼特拉克直白而大胆地歌颂爱情,对封建禁欲主义发起了猛烈攻击,因而对当时和后世都产生了巨大影响。彼特拉克虽然继承了普罗旺斯骑士诗歌和意大利新派诗人的爱情诗传统,但青出于蓝而胜于蓝。他的诗歌摈弃了此前诗歌创作中常见的隐晦而神秘的手法,径直描写现实中活生生的人,袒露式地抒写诗人内心对爱情的渴望、对幸福生活的向往，因而极具感染力，引起了广泛共鸣。在其创作实践中，彼特拉克把既有的意大利十四行诗体发展到完美的境地，形成了一种后来被称作"彼特拉克体"的新诗体，为包括乔叟、莎士比亚等在内的其他诗人所模仿，有力推动了当时欧洲的诗歌创作。除此之外，彼特拉克还花了很多时间和心血，深入研究古希腊罗马文化，将这种重心在人的异教文化视为反对基督教禁欲主义的思想武器，也因此他将自己的学术思想和文学艺术思想称为"人文学"，所以有"人文学之父"的称号。

但丁和彼特拉克后，紧接着出场的又是一个佛罗伦萨人——乔万尼·薄伽丘。1348年，佛罗伦萨因黑死病发生了一场大瘟疫，几个月之内死了10万人。薄伽丘以这场大瘟疫为背景，创作了著名的短篇小说集《十日谈》。他写短篇小说都以爱情为主题，像但丁和彼特拉克一样，也热烈地歌颂现世幸福，勇敢地赞美自由爱情，同时还无情地揭露教会当局和教士、修女的丑恶和伪善。在《十日谈》中，教廷的圣洁、虔诚、慈善完全就是一种假象，淫乱、欺诈、妒忌、贪婪、傲慢等才是其真实面目。在此意义上，完全可以将这部作品视为文艺复兴的一部宣言。薄伽丘对中世纪骑士文学虽然有一定的继承，但是他对古希腊罗马文学显然有更深入的研究，故而古典诗歌、神话、传奇等在其作品中留下了深深的印记。从薄伽丘留下的文学理论著述《异教诸神谱系》中可知他对教会之于诗歌的否定和诋毁持批评态度。他提出，诗歌并非服务于某种外在目的，而是源自人类自我表达的需要。他甚至主张，诗人是用蒙着面纱的方式来言说真理的。这不啻是说，诗歌就是神学。他认为诗人应从古希腊古罗马的文艺作品中汲取营养，诗歌和其他文学作品应如实反映生活，模仿自然，从而起到教化大众的作用。

"艺术三杰"

要充分理解文艺复兴时期意大利在绘画艺术方面的成就，必须对欧洲中世纪的绘画有所了解。中世纪绘画可以用全面体现教会对人性的压制来形容。人物形象除了耶稣外，几乎全都是圣徒，而非现实中活生生的人；从技法上看，这时的绘画线条生硬粗陋，形象缺乏质感，明暗缺乏对比，风格一成不变，毫无精气神可言。到了14世纪早期，与但丁同时代的乔托开始摆脱这种旧的风格模式，赋予人物形象以生机。15世纪早期，马萨乔进一步发展已有的直线透视法，提高了画面的层次感，其所画人物更人性化，更丰满。

至15世纪中后期，在利用既有技法创新的基础上，一代新人桑德罗·波提切利出场了。正是他把意大利绘画提到一个全新的高度，其代表作之一《春》的构图打破常规，把背景设为一片柑橘林，端庄妩媚的爱神维纳斯位于画面中央，其上方是蒙着双眼的小爱神丘比特，右边是有点晦暗的西风之神正在"非礼"大地女神克罗丽斯，左边是明丽、快乐、优雅、贤淑的美惠三女神。整幅画作色彩明快，线条轻盈、流畅、优美，给人以极大的愉悦。与中世纪呆板的宗教画相比，《春》的创作完全称得上是一场艺术革命，宣告了一个新时代的来临，代表着一种全新的时代精神。波提切利的另一个代表作是创作于1487年的《维纳斯的诞生》，表现的是爱神维纳斯刚刚从海中诞生，忧郁地站立在象征其诞生的一只巨大贝壳上，体态轻盈、优雅、端庄，却又略显柔弱、慵懒，貌似对迎接她的时辰女神、春神等以及自己所来到的这个世界不屑一顾。尽管如此，画作给人一种美好祥和的感觉——生命诞生了，美诞生了！

接下来出场的莱昂纳多·达·芬奇是文艺复兴时代最伟大的艺术家之一，"艺术三杰"（另"二杰"为米开朗琪罗和拉斐尔）之一，也是第一位成功地将数学、透视学和解剖学运用于艺术探索和实践的伟大艺术家。达·芬奇不仅是一个伟大的画家，也是雕刻家、数学家、解剖学家、工程学家和音乐家。他于1452年出生在佛罗伦萨与比萨之间的芬奇镇，所以其名字的准确汉译名应该是"芬奇镇的莱昂纳多"。1482年，达·芬奇来到米兰，受一教堂的委约，绘制了祭坛画《岩间圣母》（现藏于卢浮宫）。这幅画是达·芬奇的早期作品，在题材方面仍较为传统，但透视和缩形等技法的运用，以及对人物和背景的细致入微的处理，表明画家在逼真、写实地进行艺术创作方面达到了一个全新的高度。《最后的晚餐》是达·芬奇更著名的作品，所表现的是耶稣被钉在十字架之前与十二门徒最后的会餐和诀别，为湿壁画，绘制在米兰格雷契修道院的饭厅墙壁上。其精心巧妙的构图布局使画中厅堂与现实中的饭厅有机联结起来，给观画者一种当年的情景历历在目的感觉。耶稣基督位于画面中央，十二门徒通过各自的表情和手势，表达了惊恐、愤怒、怀疑和慌张等复杂的情绪，《最后的晚餐》也成为美术史上公认的经典之作。达·芬奇最著名的作品还是《蒙娜丽莎》（现藏于卢浮宫）。《蒙娜丽莎》使用了透视法和渐隐法等多种技法，人物的眼角和嘴角渐进地融入柔和的阴影中，从而产生了一种微妙的效果，大大丰富了形象的精神意蕴。人物虽无眉毛和睫毛，但面庞十分和谐，直视其眼睛，会觉得她在微笑，因此"蒙娜丽莎的微笑"一说与《蒙娜丽莎》画作本身几乎齐名。

在文艺复兴鼎盛时代，比达·芬奇稍晚，还有一个赫赫有名的画家：米开朗琪罗·博纳罗蒂。米开朗琪罗出生于佛罗伦萨，不仅是当时最著名的一个画家,也是雕塑家、建筑师,甚至还是诗人。他的艺术创作明显深受当时人文主义思潮的影响,用写实的方法和浪漫主义的幻想,表现佛罗伦萨市民阶层的爱国主义情怀和昂扬向上的精神面貌。米开朗琪罗最著名的作品,当为壁画《创世记》。这是为罗马教廷绘制的一幅巨型圆顶壁画,分布在梵蒂冈西斯廷教堂的长方形大厅的屋顶,面积达 480 平方米。画作所绘人物有三百多个,分为"上帝创造世界""人间的堕落"和"不应有的牺牲"三大部分。每一部分都有多个形态各异、坐着的裸体青年,两侧则是女巫、预言者和奴隶的形象。整个画面气势磅礴,宏伟壮观。米开朗琪罗的另一著名作品是《最后的审判》,占满了梵蒂冈西斯廷礼拜堂祭坛后方的整面墙壁,尺度之大堪比《创世记》。1534 年,教皇克里门七世邀请米开朗琪罗为礼拜堂祭坛创作一幅壁画。当时,米开朗琪罗正面临信仰危机,经受着巨大的精神痛苦,于是选择以"最后的审判"作为主题。此画描绘了四百多个人物,以现实和历史人物为原型。在构思方面,《最后的审判》比之前的壁画简单,描绘基督来临时对所有生者和死者进行的盖棺论定的审判,好人得永生,坏人下地狱。1541 年揭幕时,画作引起了轰动,但是其裸体人物形象也引起了激烈争议。米开朗琪罗去世二十多年后,时任教皇竟搞了个"穿衣工程",下令给所有裸体人物画上腰布和衣饰遮羞。

不得不提到的画家还有拉斐尔·桑西。关于他的艺术成就,艺术史家和评论家中存在很大的争议。一些人将他神化,认为他是有史以来最伟大的画家,"尽善尽美""超凡入圣";另一些人则认为,他其实并非那么伟大,只是综合了其他人的技法创新。拉斐尔当然非常了不起,可是与达·芬奇和米开朗琪罗相比,差距还是很明显的。拉斐尔三十几岁便去世了，但在短短一生中创作了大量作品，故与莫扎特相似。他人缘极好且多情，所以"绯闻"类故事很多。拉斐尔最著名的油画是《西斯廷圣母》和《椅中圣母》，二者都是用世俗表现手法来处理宗教题材，也可以说，是宗教其表，世俗其里。他还画了很多世俗君主和权贵的肖像，此外，也有一不朽之作：壁画《雅典学园》（现藏于梵蒂冈博物馆），所描绘的是柏拉图、亚里士多德（柏拉图的原型是达·芬奇，亚里士多德的原型是米开朗琪罗）等五十多个古希腊哲学家、政治家、数学家和音乐家等汇聚一堂，谈学论道。此画打破了时空界限，使不同时代和地方的名人会集在同一时空，一派思想自由、学派林立、百花齐放、百家争鸣的景象。该壁画以拱形圆屋顶作为背景，用透视法来增强画面的立体感，人物鲜活，场景恢宏，表达了文艺复兴时代对知识的推崇，但画中厅堂之无比气派豪华明显不符合学园当时的实际情况，哲学家们及其他文化人也不可能像画中人看上去那么光鲜。

惊世骇俗的雕塑

在古希腊罗马时代，雕塑既可以是建筑的附属物，也可以是独立的艺术品。但在中世纪雕塑丧失了独立地位，沦为建筑的装饰物。进入文艺复兴时代后，雕塑开始恢复其独立的地位，在人文主义思潮的冲击下，更成为表现人体美和世俗生活的一个重要手段。

文艺复兴时代出现的第一位雕塑大家是多纳泰罗。他出生在佛罗伦萨，年轻时师从严守哥特传统的雕刻家吉贝尔蒂，在其工作室受过严格的专业训练。与老师不同的是，多纳泰罗花大量时间研究古希腊罗马雕塑，却又不一味模仿，而善于在继承古人成果的基础之上进行创新。29岁时,多纳泰罗创作了一件重要作品——《圣乔治像》,作为佛罗伦萨一教堂的外墙雕塑,其在艺术史上被公认是中央透视法的最早代表作之一。雕像的重心在左腿上,给人一种强烈的内在冲击力。这件作品使多纳泰罗在佛罗伦萨一举成名。但他更有名的作品,是其成熟期的青铜雕像《大卫》(现藏于佛罗伦萨巴杰罗国立美术馆)。从艺术史价值来看,这是文艺复兴时期第一件在铸造过程中没使用支撑的作品,也是第一座复兴了古代裸体雕像传统的裸体男子雕塑。其所表现的是少年大卫的形象,一个在战斗结束之后踩在被自己用"石机"打死的巨人歌利亚头颅上得意扬扬的大卫。

这一时期不能不提到的另一位重要雕塑家,是安德烈阿·德尔·委罗基奥。他出生于佛罗伦萨,父亲早年是砖瓦匠,后成为收税官。他是达·芬奇的老师,青年时期师从多纳泰罗。1476年,委罗基奥创作了与多纳泰罗的代表作同名的青铜雕像《大卫》,风格完全不同,却同样成功。1481年,他受命为去世后留下一大笔钱给威尼斯共和国的威尼斯雇佣军队长柯莱奥尼制作一尊骑马铜像,即《柯莱奥尼骑马像》(现位于威尼斯圣马可广场)。作品中的马有一个突破点,即一条腿离开了地面,看上去步伐雄健,动感十足;骑马的人则塑造得威武、刚毅、果断。一个更重要的创新之处在于,将马的前行势能与骑者的控制力这两种力量有机结合起来,赋予作品一种强大的冲击力。如果说委罗基奥的《大卫》向老师多纳泰罗的同名作品发起了挑战,那么《柯莱奥尼骑马像》则表明,此时学生已青出于蓝而胜于蓝。

尽管已有的两种《大卫》雕塑早已声名赫赫,但这并不妨碍作为雕塑家的米开朗琪罗创作一个自己的《大卫》。仅从规模来看,米开朗琪罗就明显比多纳泰罗和委罗基奥更雄心勃勃。他的《大卫》所用材质不是青铜，而是大理石，高3.96米，连基座高5.5米，比之前的《大卫》大得多。另一个不同点是，米开朗琪罗的风格明显更为现实主义，所表现的是一个体格健壮的俊美青年，左手握石块，右手下垂，肌肉饱满紧张，神态坚毅果决，双目炯炯有神，直视前方。这是一个即将开始战斗的大卫。米开朗琪罗并不认可《旧约》中一个小孩子打死了巨人的传说，干脆把大卫理解为一个成人；他也不相信"石机"之类神秘武器的威力，干脆让大卫用一块普通石头作为武器。此作品所展现的人体美无与伦比，或许是西方美术史上艺术成就最高的男性裸体雕像，没有之一。

音乐上的突破

文艺复兴时代，音乐也发生了天翻地覆的变化，明显变得更美，获得了一种快乐、温馨、舒展的新品质，这是之前单调呆板的风格根本无法比拟的。不仅如此，也有音乐家出现了意大利画家和雕塑家式的"自我意识的觉醒"，开始在他们的作品上署名，这在欧洲甚至人类历史上是第一次。因此时的音乐开始由署名音乐家创作，可以说"作曲家"诞生了，现代意义上的"作品"诞生了。音乐家们意识到，作曲不仅能给人带来创作的快感，更能产生流芳百世的音乐"作品"。

尽管文艺复兴最早发生在14至15世纪的意大利，但在音乐方面领风气之先的，是位于现瑞士西部和法国部分地区的勃艮第王国。这里聚集了迪费和班舒瓦等优秀音乐家，形成了勃艮第乐派。迪费创作了大量弥撒曲和经文歌，多为三声部复调音乐，旋律温婉、柔美、安详，曲式自由。班舒瓦写了大量世俗歌谣（香颂），也为教会活动写了不少弥撒曲和经文歌，风格华丽流畅。

紧跟勃艮第乐派，又兴起了法国—弗莱芒乐派。在这个乐派中，复调音乐有了明显的发展，每个声部的旋律具有相同的重要性；不仅出现了完整的三和弦，而且音响效果厚实丰满；二声部乐曲虽然仍很普遍，但是四个声部的弥撒曲已很常见，有时甚至会有五六个声部；在同一首曲子中，和弦式风格与对位手法会交替出现。该乐派的影响还扩展到世俗音乐领域，如法国香颂、德国艺术歌曲以及意大利复调牧歌。该乐派最有名的作曲家是奥克冈，其所作经文歌《感谢上主》特别有名。这首卡农式（复调音乐的一种）的乐曲竟有三十六个声部！乐曲主题在不同声部回旋九次，此起彼伏，绵延不断，气势恢宏。

在音乐方面，罗马的地位不可忽视。16世纪，现梵蒂冈圣彼得大教堂和教廷礼拜堂聚集了一大批作曲家、歌唱家。他们把复调声乐大大向前推进了一步，使之达到了一个很高的水平，故被称作"罗马乐派"。该乐派的主要代表帕莱斯特里纳大大发展了法国—弗莱芒乐派的复调技巧。他的创作以无伴奏宗教合唱曲为主，体裁多样，包括弥撒曲和经文歌，多达三十几卷。他所创作的音乐的特点是声部平衡、流畅、优美、和谐，词曲关系为一词一音，富于诗意，形成了"帕莱斯特里纳风格"。

威尼斯在音乐史上的地位同样不可小觑。以圣马可大教堂为中心，这里的音乐家进行了有趣的实验，最终形成了威尼斯乐派。该乐派在西方音乐史上有何贡献？这里不得不提到双重合唱。要了解这种合唱的特点，不妨去参观一下威尼斯的圣马可大教堂。直到今天，这座教堂仍有两部管风琴、两个唱诗班席位，而一般教堂只有一部管风琴、一个唱诗班。音乐家利用两个位置彼此呼应的音响来进行创作。若只一个位置发声，无论合唱还是管风琴，只可能是单声，但若使用两个音源，即双重合唱，音响效果便是立体声。也就是说，早在四百多年前，便有了双重合唱这种现场立体声响效果。

北方的文学成就

文艺复兴虽发源于意大利北部城市，但其精神很快播散到西欧北方。既然其文化形态与意大利相同，社会经济发展水平与意大利大致相当或略低一点，文艺复兴精神——主要是世俗主义、人文主义、个体主义——传播到这里，其生根、发芽、开花、结果便是必然的。其实早在14世纪，英国作家乔叟便造访过意大利；至15世纪末，北方的学者、学生、艺术家和商人等前往意大利留学、观光或做生意，更已是司空见惯之事。所以，文艺复兴运动很快也在北方开展起来，只是比意大利稍晚一拍。尽管16世纪时北方在绘画、雕塑方面仍很难与意大利匹敌，但在文学创作和学术方面很快便实现了赶超。

谈法国文艺复兴时期的文学，拉伯雷首当其冲。他虽然以小说家的身份闻名于世，但同时也是一个在西方人中少见的博学的通才，不仅通晓医学、天文学、地理学、数学、植物学、建筑学，也熟悉神学、哲学、法律、音乐和教育学，还懂希腊文、拉丁文和希伯来文。拉伯雷本来并不喜欢写作，只是极偶然发现了自己的写作才能后，才以此为业。他的代表作是《巨人传》，讲述两个巨人沉溺于感官和肉体快乐，毫无羞耻之心，以看似粗俗的语言对人性弱点作了温和的嘲讽，借此表达了对封建禁欲主义思想的批判。拉伯雷不仅想象力丰富，而且善于调动各种修辞手段，遣词造句很讲究声韵和谐，故其作品极受欢迎，对后世作家产生了很大影响。

16世纪法国另一个著名作家是蒙田。他的父亲是波尔多的一个贵族，喜欢享乐甚于读书。但蒙田相反，很喜欢读书，成年后以博学著称，且勤于笔耕，留下了卷帙浩繁的《随笔集》。其随笔主要用中古法文写成，但大量引用古希腊罗马作家的原文，风格平实，不假雕饰，不仅谈人生哲理、日常生活，也谈传统、习俗、文学趣味等，更勇于作自我剖析，故可读性极强，对培根、爱默生和其他随笔作家产生了很大影响。从思想倾向看，蒙田是怀疑论者，主张要接近真理，就得抛弃既有的宗教偏见，但也不认为人类理性是可靠的。在道德上，他是相对主义者，拒绝任何形式的绝对性。

16世纪西班牙也出了一个文学巨匠，即小说家、戏剧家塞万提斯。他生于马德里附近的埃纳雷斯堡，被誉为欧洲乃至世界最伟大的作家之一。作为西班牙民族戏剧的奠基人，他是世界上首屈一指的多产作家，一生竟不可思议地创作了两千多个剧本！但其影响最大的作品，还是小说《堂吉诃德》。其所讲故事发生时，骑士阶层早已不存在，可是主角阿隆索·吉哈诺却整日沉醉于骑士小说，幻想自己是一个中世纪的骑士贵族，进而授予自己一个贵族封号"堂吉诃德"，更强征邻居桑丘·潘沙作为其仆人。形容憔悴的贵族堂吉诃德骑着头瘦马，五短肥胖的平民桑丘则骑着一只小毛驴，开始像中世纪骑士那样走南闯北，八方冒险，行侠仗义，扶弱抑强。二人做了种种悖逆时代、荒谬可笑的事，包括手持长矛同一大群巨大风车决斗，结果当然是处处碰壁。他们折腾了很久，最后终于从骑士梦中苏醒，回到现实。

谈文艺复兴时期西欧北方的文学成就，必谈英国剧作家、诗人威廉·莎士比亚。莎士比亚出生于斯特拉福镇，1571年至1579年在当地文法学校读书，没上过大学，用中国标准衡量，初中都没读完，完全不能与极博学的拉伯雷相比，莎士比亚成名以后甚至被文人雅士们嘲笑"只懂得一点拉丁文，希腊文则完全不懂"。但莎士比亚有自己的路要走，他来到伦敦，在戏剧界打拼多年后，终于取得了成功。他虽也是诗人，但其戏剧成就大得多。像同时代其他著名作家那样，他也深受意大利人文思想和古希腊罗马文学的影响，在戏剧作品中塑造了大量有血有肉、性格鲜明的人物形象（无论是正面还是反派），对欧洲乃至世界文学产生了重要影响，在文学史上的地位堪比艺术史上的达·芬奇和米开朗琪罗。其戏剧创作量虽大不如塞万提斯，但《哈姆雷特》《麦克白》《奥赛罗》《威尼斯商人》《安东尼与克莉奥佩特拉》《科里奥兰》《亨利四世》《第十二夜》和《暴风雨》等剧直到今天仍在世界各地上演，深受欢迎，显非塞万提斯能比。

与上述用民族语言写作的著名作家不同的是，文艺复兴时代最伟大的人文学者、思想家、神学家和散文家伊拉斯谟用"纯正"的拉丁语写作。但这并不妨碍他用神学话语大力宣扬意大利人文主义、世俗主义理念，从而为基督教的人文主义化乃至路德新教改革做了重要的思想准备。伊拉斯谟出生于荷兰鹿特丹，是一位祭司的私生子，被作为孤儿养大，在一家世俗修会学校接受教育，受到了系统的拉丁语和希腊语训练。因博学，更因人格魅力，伊拉斯谟无论走到何处——法国、英格兰、意大利和德意志等地——都广受称赞和尊敬。其代表作《愚人颂》诙谐幽默，在嬉笑怒骂中指出教会的种种弊端，对教会中人乃至一般人的无知、迷信和轻信等进行了辛辣的嘲讽。伊拉斯谟积极倡导古典文明研究，认为对欧洲的社会改良应以古希腊罗马为榜样。他还特别强调古典文学修养对于陶冶性情——或者说培养完美的人——的重要作用。

历 史 作 用

文艺复兴运动的核心价值观是世俗主义、人文主义和个体主义，即重视人本身和人性，肯定人的欲望和对现世幸福的追求，提倡积极主义的人生态度，主张充分发挥个人才智和创造力，反对消极主义的人生观。除此之外，在其他方面，文艺复兴也产生了非常重要的影响。

因了上述基本价值观，文艺复兴运动具有一种明显的反权威主义倾向，在当代人中唤起了一种对教廷乃至各地教会的怀疑和批评精神。运动中的文学家、艺术家、思想家和人文学者积极传播人文主义、世俗主义和个人主义理念，在此过程中讽刺、揭露了教廷和各地教会的腐败堕落和丑行，从而打破了既有的宗教思维定式，动摇了其权威地位，在思想方面为马丁·路德的宗教改革运动做了准备，为其提供了重要的思想推力。

与此同时，文艺复兴破除了迷信，提高了理性和常识的地位。尽管文艺复兴运动在哲学上成就不大，但它摧毁了之前僵化死板的宗教思维，提倡尊重常识，用科学方法和实验来观照自然和社会，从而开创了一种全新的科学风气，直接引发了16至17世纪的欧洲科学革命。人们开始更相信自己的眼睛和头脑，而非传统的教条或宗教权威，更相信实验和经验是检验真理的唯一标准。这种求实的精神代表了一种全新的科学态度和科学方法，为欧洲持续的科学进步乃至跃进打下了坚实的基础。

文艺复兴运动打破了之前经院哲学或神学一统天下的局面，为欧洲人在意识形态上的思想解放扫清了道路，使马基雅维利式的世俗主义的政治哲学、培根式的世俗主义的经验论哲学得以兴起，从而为一两百年后启蒙哲学的崛起奠定了思想基础，霍布斯、洛克、卢梭、孟德斯鸠等人的自然权利说、社会契约说、天赋人权说、人民主权说和三权分立说无不是对文艺复兴核心价值观的继承和发展。

在社会政治领域，随着市民或资产阶级的崛起，文艺复兴开始否定和破除封建特权。在中世纪，封建特权乃天经地义，门第观念根深蒂固，文艺复兴运动在很大程度上打破了这种局面，个人的价值被赋予新的内涵。在当时意大利北部的城市中，个人的能力、手段和财力等开始具有前所未有的重要作用，门第出身不再像从前那么关键，社会中下层人士有望跻身社会上层，社会政治格局由此发生了深刻变化。

此外，文艺复兴运动中出现了一大批伟大的艺术家、文学家、人文学者和科学家，既产生了一大批艺术史、文学史和思想史上的伟大作品，同时也为接下来的欧洲科学革命奠定了良好的基础。文艺复兴把高高在上的耶稣基督从神变成了人，把无比神圣的耶稣之母玛利亚从圣人变成了普通人，把遭到嫌弃和压制的人体变成了值得歌颂的美好事物，与此同时还把解剖、透视等科学手段第一次运用于艺术，开启了一个如实描写日常生活的新的艺术范式。相比之下，由于经院哲学和迷信思想的统治严重阻滞了哲学和科学思维的兴起，中世纪欧洲在艺术、文学方面实在是乏善可陈。

最后再次强调，文艺复兴是欧洲第一次思想解放运动，一次伟大的思想解放运动，欧洲乃至全世界由此开始进入一个全新的时代，即近现代。

思考讨论题

1. 为什么在13至15世纪意大利北部经济发展水平高，文艺复兴便能发端于此？

2. 意大利北部13至15世纪的经济繁荣对西欧内陆产生了何种影响？

3. 为什么虽然早在12世纪西欧就出现过对复兴古典文明的兴趣，却没能取得堪比文艺复兴的成就？

第十一章 宗教改革运动

第十一章 宗教改革运动

16世纪发生在欧洲的宗教改革运动是西方第二次思想解放运动，其中马丁·路德和加尔文的改革路线是自下而上，而英国国王亨利八世的改革路线是自上而下，其总的背景是教会世俗化，最终结果实现了教会民族化。宗教改革后出现的新教各派，统称为"新教"，而天主教则被称为"旧教"。我们要思考的问题是，新教伦理是如何建构资本主义精神并促进资本主义发展的？

历 史 背 景

持续一千多年的欧洲中世纪之所以被称为"黑暗时代"，或叫"信仰时代"，源于天主教会独统天下，天主教会通过一系列手段牢牢地控制整个中世纪欧洲社会的思想灵魂，宣扬禁欲主义，禁锢人的本性，扼杀人的创造性。罗马教皇成立宗教裁判所，肆意镇压反教会的异端人士，对有异端思想的人动辄以"革除教职"相威胁。以教皇为首的僧侣阶层控制《圣经》的解释权，把持灵魂救赎大权，征收什一税或称十一税，即信徒必须把自己土地上所有收入的十分之一上交给教会，诸多特权给教会带来巨大财富。后来，天主教会甚至出卖各级教职和兜售"赎罪券"，靠购买"赎罪券"的多少来决定信徒是上天堂还是下地狱，这显然是腐败堕落。神职人员结婚，甚至修士、修女私通现象同样是教会堕落的表现。从理论上讲，教会的神圣职责就是引导有罪的灵魂摆脱世俗世界的种种物质诱惑，然而在中世纪的现实生活中，教会却从根本上背离了自己的天职，成为腐败堕落的罪恶渊薮。理论与实践之间的这种尖锐矛盾导致了整个社会道德的普遍沦丧，从而使中世纪基督教文化走向崩溃的边缘，天主教会陷入全面危机之中，而以下事件无疑加剧了基督教的第二次分裂（1054年基督教发生了第一次分裂，即东正教和天主教的正式分裂）。

一是黑死病爆发，动摇了当年欧洲人对天主教会的坚定信仰。今天看来，黑死病其实是一场鼠疫，1348年爆发于意大利，接下来"横扫整个欧罗巴大陆"。两年时间里，欧洲大陆死于这场瘟疫的人达三分之一甚至三分之二多。在城市中，受灾最为惨重的是薄伽丘的故乡佛罗伦萨，80%的人得黑死病死掉。作为亲历者，薄伽丘在《十日谈》里写道，佛罗伦萨突然间就成了人间地狱，行人在街上走着走着突然倒地而亡。至于佛罗伦萨的恐慌，薄伽丘写道："对这场导致人们家破人亡，背井离乡的大灾难的恐惧，深深地嵌入了人们的心。兄弟姐妹、叔侄相互离弃，甚至夫妻也经常遗弃对方，最让人痛心的是父母不愿要自己的孩子……死尸堆满了各个角落。"仅仅4个月，拥有10万市民的佛罗伦萨留下了6.5万多具尸体。面对疫情，天主教会束手无策，彻底失去了约束力，甚至把阿诺河当作"圣河"，下令把无数的感染者尸体"抛入河中，以洗净他们的灵魂"。迷信和巫术在民间大为流行，在惨状前，薄伽丘惊呼："上帝对人类残酷到了极点。"天主教的威信受到极其严重的打击。而这次瘟疫的意外收获是，因为黑死病，西方近代公共卫生防疫体系初露端倪，穿防护服、戴口罩、隔离等防疫手段由此出现。此外，由于黑死病导致欧洲大量劳动力的缺失，动摇了欧洲封建社会的基础，在一定程度上打击了天主教会的权威性。

二是民族国家的兴起，导致王权力量强大，教皇地位衰竭。在中世纪欧洲，宗教是决定民族特性和文化的一个主要因素。随着民族国家的兴起，王权成为民族国家统一和秩序的代表，英国、法国、荷兰、西班牙乃至后来的德国情况莫不如此。两大主要矛盾

第十一章 宗教改革运动

一直贯穿于中世纪欧洲民族国家的建立过程，一是国王和贵族之间世俗权力之争，另一是王权和教权之争。公元 800 年，法兰克国王查理曼接受教皇利奥三世的加冕，成为"罗马人的皇帝"，一度形成了教廷与王廷对西欧进行教俗双重统治的体制，但查理曼去世以后，帝国出现了分裂。843 年，根据《凡尔登条约》，他的三个孙子各自为王，出现了法、德、意三国的雏形。随后在 11 至 15 世纪，西欧再现民族国家集中形成期。随着各国民族语言的成形，民族意识得到加强，世俗阶级力量日益壮大，王权不断加强，其中法国国王腓力四世在位时，与罗马教皇展开了激烈斗争，教皇惨败。

腓力四世为增加国库收入，向法国教会征税，遭到时任罗马教皇卜尼法斯八世的极力反对，宣布"未经教皇同意而向教会征税者将处以革除教职的处罚"，随后，腓力四世禁止法国物品和金银币出境，断绝教皇的财源，甚至在 1300 年拘捕了一位法国主教，1302 年，腓力四世主持召开法国历史上第一次由贵族、神职人员和市民代表参加的三级会议，会议一致支持腓力四世，反对教皇对法国内政的干预。1303 年 9 月，腓力四世派人拘捕卜尼法斯八世，并实行凌辱殴打，时隔一个月，教皇活活被气死。卜尼法斯八世之死标志着罗马教皇的权威由盛而衰。1309 至 1377 年，甚至先后有 7 位教皇被软禁在法国南部的阿维尼翁，受到法国国王的控制，史称"阿维尼翁之囚"，教皇基本上成为傀儡。1378 年，乌尔班六世在罗马当选为教皇，但由于与枢机主教团矛盾激烈，主教团宣布乌尔班六世当选无效，并回到阿维尼翁，另选克莱门七世为教皇，两个教皇并存。1409 年，一些教会人士建议两位都退位，另选一位新的教皇，结果老的不退，新的又产生了，出现三位教皇"鼎立"的奇葩局面，三位教皇相互攻讦，互相革除对方教职，教徒无所适从，教皇威信荡然无存，天主教会的这种混乱局面持续到1417年。

时至15世纪下半叶，西欧各民族国家纷纷崛起，专制王权得以确立，各民族国家先后摆脱教皇控制，并拒绝向罗马教皇纳税。教皇收入大减，无法维持罗马教廷穷奢极欲的生活开支，在此背景下，教会巧立名目，出卖教职和"圣物"，兜售"赎罪券"，引起了人们的普遍不满。教会的腐败堕落，一是刺激了世俗文化的反叛，二是促进了基督教会内部的反思，具体体现在文艺复兴运动和异端运动中。

文艺复兴运动已有专章介绍，在此不赘，但该运动一面鲜明的旗帜是"反教会"，除彼得拉克提出的"人文主义"思想外，对天主教会予以直接打击的文学作品当属薄伽丘的《十日谈》，该书对封建教会进行了酣畅淋漓的讽刺挖苦和揭露，无情地揭露了教会当局和教士、修女的丑恶和伪善。该书一度被教会列为禁书，但作为一部专门描述教士、修女腐败堕落生活的文学作品，对当时天主教会无疑产生了巨大冲击。文艺复兴运动在"反教会"的旗帜下，秉持人文主义精神，重视人性、人欲、人的价值、人的幸福，个人主义凸显，追求卓越和完美，更加世俗化，反对基督教禁欲主义，正如文艺复兴时期的法国文学家拉伯雷在其代表作《巨人传》中所写："做你想做的，因为人天生自由，出生高贵，有教养，容易相处，有从善驱恶的本能和冲动。"恩格斯说，文艺复兴时期是一个"需要巨人而且产生了巨人的时代"，该时期产生了一批在人类文化史上永远闪光的巨人。复兴古希腊罗马的古典文明成为时尚，人的个性得到张扬，创作热情被激发起来，甚至各种各样的创作还得到了当时大家族、国王乃至教皇的热情赞助，如佛罗伦萨的首富美第奇家族、德国皇帝马克西米利安、15世纪的教皇尼古拉五世和16世纪初的教皇朱利安二世等,这既开创了西方人赞助文化创作的传统,也标志着教会越来越世俗化。

当然,在西方,毕竟基督教信仰已经深入人心且根深蒂固,世俗化不可能导致"无神论"。文艺复兴大师们虽然反教会、反神学,但并不否认神,他们都主张在基督教内部进行改革,建立一种新型的基督教神学,正如18世纪法国启蒙哲学家伏尔泰所言,即使没有上帝,也必须捏造一个。

与16世纪宗教改革运动具有传承关系的,是被天主教会视为异端思想的威克里夫和胡斯的宗教改革。

约翰·威克里夫是牛津大学神学教授,其初始异端行为是附和英国议会拒绝向教皇纳贡交税,主张建立摆脱罗马教廷控制的英格兰教会,并担任英国政府的神学顾问,亲自撰写与教廷争论的小册子。威克里夫最核心的异端思想是,教会的唯一首领是基督,而非教皇,教皇可以是尘世领袖,但不能靠征税发财,否则就是与基督为敌,不是上帝的选民,《圣经》是教会唯一的法律。为了传播《圣经》,威克里夫还有一个非常大的贡献是,组织学者把拉丁文的《圣经》翻译成英语,不仅有利于《圣经》在英国的广泛传播,加速了教会民族化的进程,而且也对英国民族文化尤其是民族语言的形成和规范作出了巨大贡献。如今,威克里夫圣经翻译协会翻译了700多种语言的完整版《圣经》,这应该是对威克里夫的最好纪念。威克里夫的宗教思想被教会视为异端,教皇曾连下五道敕令逮捕他,但威克里夫在宫廷权贵的保护下得以善终。威克里夫被誉为"宗教改革的晨星",其思想不仅在英国本土影响巨大,而且远播欧洲大陆的捷克以及其他中东欧国家。从1380年代开始传入捷克,到

1415年康斯坦茨会议判定威克里夫为异端，威氏的宗教思想影响了约翰·胡斯领导的捷克宗教改革以及后续的胡斯派运动，也让捷克成为除英国之外保存威氏著述文本最多的国家。

胡斯是威克里夫的信徒，一开始作为布拉格查理大学校长，后来则以传教士的身份，在捷克大力宣传威氏宗教改革思想，首次把拉丁文版《圣经》翻译成捷克语，宣称《圣经》为最高律法，他主张建立独立于天主教的民族教会，发动反抗德国封建主的民族解放运动，主张没收教会财产，认为教会拥有大量土地是一切罪恶的根源。如此看来，胡斯不仅仅是宗教改革的先驱，同时还是捷克的民族主义者和爱国主义者，在捷克拥有大量的信徒。但胡斯遭到罗马教廷的刻骨仇恨，1411年，罗马教皇宣布革除胡斯的教籍，1414年，康斯坦茨宗教会议判罚胡斯有罪，于次年将其处以火刑。胡斯之死直接导致了胡斯战争的爆发。

威克里夫和胡斯的宗教改革思想对16世纪马丁·路德的宗教改革产生了直接的影响。

马丁·路德的宗教改革

欧洲宗教改革运动首先发生在德国，这与当时德国的社会经济背景有关。15世纪末至16世纪初，德国出现了资本主义生产方式，但政治上封建割据，严重阻碍了资本主义经济的发展和国内统一市场的形成，其经济发展水平远低于其他欧洲国家。在16世纪初，德国境内有七大选帝侯、十几个大诸侯、两百多个小诸侯、数以千计的独立帝国骑士，还远不是一个统一的民族国家。这些分散的诸侯各自为政，以致关卡林立，币制混乱，无法形成统一的市场，更不能为贸易活动提供便利和保护,经济发展受到严重阻碍。虽然德国经济落后,但被罗马教廷搜刮的财富却不少。据统计,16世纪初,每年从德国流入罗马教廷的财产高达30万金币,而与此同时德国的帝国税收才仅仅1.4万金币。德国成了"罗马教皇的奶牛",国家上下由此对罗马教廷极为不满和愤怒。

马丁·路德出生在德国中部曼斯菲德的一个天主教家庭。1501年,他考入爱尔福特大学,修拉丁古典文学,1505年获得文学硕士学位,但他是一个虔诚的天主教徒,不久后入修道院,企图以苦行、禁食、自我鞭笞等修行方式寻求灵魂解脱,但效果不佳,使他陷入困惑。随后,马丁·路德加强学习约翰·胡斯等的宗教改革思想,认真研读奥古斯丁的神学著作,奠定了他深厚的神学功底和坚定的宗教信仰。1512年,马丁·路德获神学博士学位,在维滕堡大学讲授《圣经》,1515年,升任副主教。

1517年,马丁·路德带着虔诚的心来到梵蒂冈朝拜教皇,但看到罗马城妓女多如牛毛以及修士、修女荒淫无度的生活时,他深深感到失望和愤怒,随即回到德国,针对台彻尔修士在德国推销赎罪券的活动连夜奋笔疾书,写下了《关于赎罪券效能的辩论》,即《九十五条论纲》,第二天贴在维滕堡大教堂门口,《九十五条论纲》原本只是路德反驳台彻尔修士的言论,想借此发起一场学术辩论,但因其反映了德国人民的共同态度,被人及时从拉丁文翻译成德文予以传送,两周内便传遍了整个德国,引起巨大反响,马丁·路德一下子成了德国的民族英雄。一场轰轰烈烈的宗教改革运动,就此掀开了序幕。

台彻尔在推销赎罪券时宣称:罪人要受到炼狱的惩罚;赎罪券可以免去活人和死人的罪过;上帝已将赦罪权全权交给教皇了。

马丁·路德反驳道：罪人所受的惩罚不是炼狱的痛苦，而是人的良心的折磨，而且只是针对活人；罪人的悔改应该是内心的悔改，而不是外在的行为，是伴随一生的，而不是买赎罪券；靠赎罪券获救，乃是空虚的；教皇并无赦免罪过的权力，赦罪的恩典在上帝。马丁·路德把教皇作为直接攻击的对象，因为他知道，唯有剥夺教皇的赦免权，才能让信徒不再相信教皇，从而拒绝购买赎罪券。1520年，教皇宣布革除路德的教籍，焚烧他的著作，并限令他60天之内宣布放弃自己的观点。

路德的宗教改革思想主要集中在他1520年写的三篇"宣言书"中，即《致德意志基督教贵族公开书》《论教会的巴比伦之囚》《论基督教的自由》，其核心宗教思想包括：《圣经》至高无上、廉价教会和"因信称义"等。《致德意志基督教贵族公开书》公开反对罗马教廷所拥有的三道"护墙"：教皇和教会至高无上的权力；只有教皇才能解释《圣经》；只有教皇才有权召开宗教会议。他认为世俗权力也来自上帝，君主也有权召开宗教会议，对教皇和神职人员有权实行惩处。由此，他呼吁德国皇帝和贵族基督徒改革教会，不再对教皇效忠。否定教皇至尊地位、打破罗马教廷的第一道"护墙"，以及确立《圣经》至高无上的地位，是《致德意志基督教贵族公开书》的主要目的。在《论教会的巴比伦之囚》中，路德提出了建立廉价教会的宗教改革思想，他用巴比伦暗指罗马教廷，指责其以烦琐礼仪囚房教会，主张取消除洗礼、圣餐礼以外的其他圣事。马丁·路德在《论基督教的自由》中提出其宗教改革最核心的思想"因信称义"，这实际上是要剥夺教皇对《圣经》的唯一解释权。路德认为，信徒要得到救赎，不必依靠教皇或教会及其规定的烦琐圣事，更不用购买赎罪券，只要自己相信《圣经》和上帝，就能获得灵魂的拯救，正所谓"信则灵"，他号召信徒们通过阅读《圣经》，信仰上帝，"直接与上帝沟通"，去争取精神上的自由，人人都是牧师。这实际上阐述了神学意义上的个人主义，与文艺复兴运动所颂扬的人文主义精神协调并进。

马丁·路德的另一个重大贡献是亲自将《圣经》从拉丁文翻译成俗语，即德意志地区广大信众所讲的日常语言。这大大方便了《圣经》在德国的广泛传播，让德国人可以直接阅读德文版的《圣经》，直接与上帝交流，同时也把德语从蛮族语言变成了高雅的语言，为德语的规范化和德意志文化的发展作出了重大贡献。

路德宗属于基督教新教三大宗派之一，其影响区域主要集中在德国、丹麦、挪威、瑞典等。而马丁·路德的宗教改革，更是对德国、欧洲乃至整个西方文明的进程，都产生了极为重要的影响。首先，打破了天主教一统天下的宗教专制局面，教皇的至尊地位受到撼动，对《圣经》的解读和举办宗教会议的权力已经被分配到了普通信徒和世俗君主手里。其次，"因信称义"的宗教教义，促进愚昧的宗教专制主义走向启蒙式的神学个人主义。再次，教会的民族化，不仅促进了教会世俗化，而且助推了欧洲各国民族文化的形成。最后，路德的宗教改革引发了后续的加尔文和亨利八世宗教改革，欧洲社会出现了天主教和新教的分裂，这不仅影响了当时欧洲各国政治形势的变化，同时也影响了国际格局，欧洲历史上先后发生了几次宗教战争。

加尔文的宗教改革

宗教改革运动在德国点燃后，很快向欧洲其他国家扩散，北欧各国、瑞士、英国、法国和尼德兰等都相继发生了宗教改革运动，教会民族化趋势进一步加剧。其中，约翰·加尔文在瑞士领导的宗教改革，从新教伦理来看，更符合早期资本主义精神，影响最大。按韦伯的说法，在 16、17 世纪最发达的国家中，如尼德兰、英国和法国，正是加尔文教的信仰引起了这两个世纪中重大的政治斗争和文化斗争。1640 年的英国资产阶级革命甚至有"清教徒革命"之称，加尔文宗的清教主义更是把北美作为试验田，逐渐成为美利坚文化的主流精神。

约翰·加尔文原本是法国人，1509 年出生于法国北部努瓦阳的一个律师家庭。早年加尔文笃信天主教，他生性怕羞，好学不倦，饮食节制，极少消遣，准备将来作神父。但受其父亲和人文主义思想的影响，他先后在马吉学院专攻拉丁文学、蒙塔古大学专攻哲学与伦理学、奥尔良大学和布尔日大学专攻法律，其间，他还学习了希腊语。精通拉丁文和希腊语，有利于加尔文精读并深入研究《圣经》和人文主义古典作品，而学习法律无疑培养了他对宗教改革运动的组织能力。加尔文生活在法国时，人文主义思想在法国广为流传，马丁·路德的宗教改革思想也传入法国，在这种文化的影响下，加尔文总是在不同的场合宣传路德"因信称义"的新教思想，从而受到法国天主教会和王室的迫害，1534 年，被迫逃亡到了瑞士，次年，他发表了《基督教原理》，系统阐述并公开了他的宗教改革思想。

加尔文思想的核心是"预定论"，即上帝预先安排好了对人的拯救，个人的命运并不以其善恶功罪为转移，而取决于上帝预先的拣选。虽然其"预定论"对 4 世纪奥古斯丁的"预定论"有所继承，但更多的是创新，赋予了时代意义。奥古斯丁认为，上帝拥有绝对意志，且一个信徒是否被拣选，是根据上帝的"预知"来"预定"，即上帝"预知"一个人善才会"预定"他是选民，且在奥古斯丁看来，上帝只"预定"选民而不"预定"弃民，属于单重预定，加尔文则是双重"预定"，有"选民"和"弃民"之分。加尔文在1535年提出"预定论"宗教思想，突出上帝的绝对意志，其目的是否认罗马教皇的绝对权威，贬低天主教会的作用，认为人的得救不在于个人的善行，而全凭上帝的恩典。上帝早已预定一部分人得救，另一部分人被丢弃。加尔文的"预定论"貌似有"宿命"之嫌，但实际上他很巧妙地从神学角度论证了世俗生活和个人奋斗的必要性、合理性，主要体现在，上帝对预定拥有绝对自由的意志，人的得救与否，并不以其意志为转移，天主教所提倡的各种教会仪式是无用的。上帝挑选人是有标准的，他必得是一个内心信仰上帝且外在事业又很成功的人，尤其是，每个人都不知道自己是否是上帝的选民，所以他必须奋斗。奋斗成功了，就证明他是上帝的选民，反之就是弃民。所以，每个人无论做任何事情，都必须尽力而为，要想证明自己是上帝的选民，就必须在尘世生活中取得成功。取得成功并成为上帝选民的基本自律是贯彻世俗禁欲主义，提倡勤俭节约，禁止铺张浪费，这或许与加尔文本人的生活习惯有关，他一直就是节制饮食、极少消遣。

加尔文认为，《圣经》是最高权威，是上帝的直接教诲，而天主教会，包括教皇的其他说教则是对《圣经》的歪曲，应该全部抛弃。

相对路德的宗教改革，加尔文更加强调新教的组织管理。他于1541年在日内瓦创立新教组织，成为新教教会的领导人，并在日内瓦建立了欧洲第一个政教合一、新教执政的资产阶级共和国，符合新兴资产阶级利益,对欧洲资产阶级革命运动产生了重大影响。从教会内部结构看,加尔文主张废除主教制,建立民主化的长老会制度,每个教堂由信徒选举出来的长老管理,再由长老聘请牧师和执事,牧师负责传教工作,执事负责慈善工作,教区议会由长老和牧师共同组成,教会最高领导机构是全国宗教委员会,由各教区推选长老和牧师组成,讨论并决定教义和仪式,负责审理信徒违犯教规和道德的案件。在圣事方面,加尔文宗的改革比路德宗更加彻底,尤其是英国的清教徒,主张清除英国国教会内残留的天主教旧制和繁缛仪节,提倡勤俭清洁的简朴生活,摈弃一切形式的偶像崇拜,简化崇拜仪式,倡导首先从仪式上予以"纯净化"。

加尔文主张世俗禁欲主义,在日内瓦努力改造社会风气,清除弊端,提倡教育,鼓励商业,甚至路德所反对的高利贷投放,在加尔文看来也是事业成功的标志,加尔文宗教改革思想比马丁·路德的宗教改革思想更加强调世俗化,尤其是他所推行的教会长老制具有更强的民主性,更符合新兴资产阶级的要求,受到资本主义发展较快的西欧各国的欢迎,在西欧得到广泛传播,法国、英国和尼德兰都有大量信徒,但各国对其叫法有所不同,在法国称"胡格诺派",在英格兰称"清教",在苏格兰称"长老会派"。随着1620年清教徒移民北美,加尔文宗信徒逐渐遍布世界各地,中国则称其为"归正宗"。由于加尔文的宗教改革思想对早期资本主义的发展产生了巨大影响,马克斯·韦伯的《新教伦理与资本主义精神》因主要研究了加尔文宗教思想与资本主义精神的关系而受到批评,对此应当客观看待。

《基督教原理》被誉为世界名著,它已经不仅仅是一本阐述加尔文宗教改革思想的宗教哲学著作,文学家们赞誉它是文学世界的杰作，语言学家发现加尔文自己将这本书翻译成法文，形塑了法语的规范，政治学家推崇它蕴含了后来共和体制的蓝图，而经济学家们公认它刺激了资本主义经济体系的形成。

亨利八世的宗教改革

英国的宗教改革运动由国王亨利八世发动，属于一场自上而下的宗教改革运动，相比欧洲大陆的宗教改革运动，其性质趋于保守，严格地讲，属于一场宗教改良运动。英国的宗教改革运动有其必然性，也有偶然性。

实际上，亨利八世是一名虔诚的天主教徒，他临死前都未否认自己是天主教徒。在欧洲大陆宗教改革运动如火如荼之时，亨利八世公开宣布对教皇效忠，1521年，他还亲自撰写小册子《捍卫七圣事》对天主教教义大加宣传，明确反对以马丁·路德为首的宗教改革派对天主教的改造，同时对新教采取抵制与敌视的行动，多次下令焚烧新教书籍，并禁止大陆新教徒及传播新教思想的书籍流入英国，甚至企图解散新教组织。这样一位仇视新教的虔诚的天主教徒为什么突然宣布在英国开展宗教改革？其中，偶然性因素是他与皇后凯瑟琳的离婚事件。凯瑟琳是西班牙公主，亨利八世的寡嫂，原本生育了三男一女，但最后只有玛丽公主长大成人，亨利八世一直渴望有一位男性继承人，故婚内出轨了宫中女官安妮·博林，即伊丽莎白一世的母亲。由于天主教规定一夫一妻制，为了达到迎娶安妮·博林的目的，亨利八世于1526年向罗马教皇克勒芒七世申请与凯瑟琳离婚（自800年查理曼大帝受教皇加冕始，在中世纪欧洲，各国君主登基、结婚和离婚等都必须征得教皇许可）。可当时，教皇实际上被凯瑟琳皇后的外甥、欧洲最强大的西班牙国王查理五世所控制，教皇根本不敢批准亨利八世的离婚请求，亨利八世以此为由，公开与教皇决裂，1533年越过罗马教皇与安妮·博林结婚，这种僭越的行为引起了罗马教皇的不满，亨利八世因此被革除天主教教籍，英国也乘机脱离了天主教教廷的控制，并把新教确立为英国的国教。

与凯瑟琳的离婚案，只能算是亨利八世发动英国宗教改革的导火索，而深层次的原因则是英国资本主义生产方式的出现和威克里夫所营造的宗教改革氛围。随着英国的经济逐渐强大，亨利八世有联合法国打击西班牙、争夺海上势力范围的企图，而西班牙属于天主教国家。1348至1350年的"黑死病"同样席卷到了英国，大量农业劳动力因染病而死亡，大片农村土地无人耕种，英国各地出现圈地运动，即把大片农田圈起来改为牧场，发展养羊业，农业生产方式发生改变，早期资本主义农业由此兴起，后来，纺织业成为英国的民族工业，即源于其养羊业发展所奠定的基础，乃至工业革命也发轫于纺织业。随着英国资本主义生产方式的出现和新兴资产阶级的兴起，英国民族意识不断加强，尤其是在威克里夫宗教改革和人文主义思潮的影响下，英国人普遍反对罗马教廷干涉国家事务，要求教会民族化，摆脱封建神学的束缚。

1455至1485年，英国兰开斯特和约克两大贵族家族之间发生了持续三十年的玫瑰战争，两败俱伤，能够威胁王权的贵族势力基本上消亡殆尽，王权得到加强，高度中央集权的都铎王朝就是在这种背景下建立起来的。该王朝在英国历史上属于从封建主义发展到资本主义的一个过渡性王朝，从统治结构看，属于高度中央集权的封建制度，但从发展方式上，又在鼓励资本主义的经济发展方式，

第十一章　宗教改革运动

大规模的圈地运动和海外探险都是在都铎王朝时期发生的，尤其是1588年"无敌舰队"打败西班牙，奠定了英国的海上霸权地位。从文化上，支持英国早期资本主义发展的是英国文艺复兴运动和宗教改革。

亨利八世是一位封建专制君主，且他至死都认为自己是天主教徒，但面对世俗权力，他也想脱离神权的控制，他不能忍受罗马教皇时时刻刻都要插手英国国内事务，甚至他的妻子是谁都要由教皇决定，更不用说英国每年要将大量财富纳贡给罗马教廷。为了加强王权，提升自己的地位，亨利八世才主持推动了这场宗教改革。而与凯瑟琳的离婚案正好给他提供了与教皇决裂的借口。亨利八世实际上是披着宗教改革的外衣，行加强其世俗王权之实。由此，英国宗教改革贯穿着宫廷斗争，一波三折，从亨利八世开始，中间经历了以"血腥玛丽"为首的天主教的反扑（详下），直到伊丽莎白一世统治时期，属于新教性质的英国国教才最终确立起来。

1534年，亨利八世授意国会通过《至尊法案》，确立英王在英国教会中的至尊地位，以及拥有召集全国宗教会议、决定教义、任命教职、施行圣事等权力，神职人员只能向国王宣誓效忠，凡不承认英王在教会的至尊地位者，均以叛国罪论处，教会原纳给罗马教廷的贡金一律上缴给英王。《至尊法案》标志着英国民族教会即安立甘宗或圣公会的产生。虽然如此，《至尊法案》只是确立了英国教会的世俗化和民族化而已，圣公会的教义、组织架构、圣事礼仪等却并未发生改变，反而成了亨利八世敛财和拉拢新兴资产阶级贵族的工具，这是后来清教主义和其他反国教教派兴起的一个根本原因。1536年和1539年，亨利八世两次授意议会通过法令，关闭一批年收入在200英镑以下的小修道院，把这些修道院的土地和财产收入囊中。据统计，亨利八世的个人财产因此增加了两倍。与此同时，为了拉拢亲信和新兴资产阶级贵族，他又拿出一部分土地分配或低价出售给他们，无形中促进了资本主义的发展。英国宗教改革运动由亨利八世自上而下发动，与欧洲大陆最明显的不同，是其教会法都由国家议会来制定，宗教世俗化和保守性明显，基本上是"新瓶装旧酒"，没有核心的宗教改革思想，其目标只是把自己变成英国教会领袖而已，自然引起了新教和天主教都不满意的局面，为日后英国的新教和天主教冲突埋下伏笔。

1547年，爱德华六世继承王位，先后于1549年和1552年授意议会通过《教会统一法案》和有关信仰的《四十二条信纲》，继续推行新教政策。1553年，凯瑟琳·玛丽继位，她是一名虔诚的天主教徒，尤其同情母亲凯瑟琳皇后的命运，在英国恢复了天主教的统治，并对新教徒进行了大肆迫害。结果，她在位五年，英国人只记住她是"血腥玛丽"，却忘记了她的正式称号"玛丽一世"。

1558年，玛丽女王同父异母的妹妹伊丽莎白继位，是为伊丽莎白一世。伊丽莎白在宗教信仰上偏向路德宗，但作为女王，她持宗教宽容政策，并未就玛丽女王对新教徒的迫害进行报复，而是努力协调天主教徒和新教徒之间的矛盾，只是沿着亨利八世开辟的道路前行，重新确立英王对国教会的领导权和国教会的主教制度。为进一步统一英国国教的教义并阐明教会和国家政权的关系，1567年，议会通过《三十九条信纲》。在教义上，《三十九条信纲》吸收了路德宗的"因信称义"和加尔文宗的"预定论"，但在组织形式、教会制度和圣事方面则保留了天主教传统。1571年，《三十九条信纲》被宣布为英国国教会的官方教义，所有神职人员及大学神学教师必须遵守，由此，世界第三大新教教派——安立甘宗的教义体系最终建立并沿用至今,自上而下的英国宗教改革运动宣告结束。

从英国宗教改革自上而下且保守性强的特点可以看出,这场改革运动实际上是政治势力妥协的结果,基本上是欧洲大陆宗教势力的大拼盘,既有路德宗和加尔文宗的新教教义,又有罗马天主教的烦琐礼仪和组织架构,随着英国资产阶级的强大和成熟,他们要求进一步改革英国国教会,尤其是加尔文宗的一批信徒要求彻底清除英国国教中的天主教残余,纯洁教会,故被称为"清教徒",他们甚至否认国王权威,认为教会的唯一首领是基督,主张各个教堂的会众组成独立教会,并以民主方式管理教会,他们的教义和管理体制明显有别于英格兰国教的主教制,因其宗教观念激进而被视为新教里的极端分子,受到国教会的迫害。1620年,102位清教徒为寻求宗教信仰自由,乘坐"五月花号"船来到北美,奠定了美国清教主义文化传统。后来,北美建立了一个政教分离的美利坚合众国,也与清教徒的宗教理念有关。1640年爆发的英国资产阶级革命也是披着清教的外衣进行的,故有"清教徒革命"之称。

新教伦理与资本主义精神

德国著名社会科学家和思想家马克斯·韦伯在其1905年出版的《新教伦理与资本主义精神》一书中指出,商业领袖、资本所有者、有技术的高级工人,甚至经过高技术和商业训练的现代企业的员工,大部分是新教徒,言外之意,新教伦理与资本主义精神密切相关。但他认为,我们不能把资本主义经济制度的出现作为宗教改革的产物,因为资本主义某些商业组织形式在宗教改革之前就已经存在,甚至马丁·路德等宗教改革家在开展他们的宗教改革活动时都忌讳说是为资本主义经济发展服务，我们需要弄清楚的是，宗教力量在多大程度上影响了资本主义精神的质的形成及其在全世界的量的传播。基督教元素在西方文化传统中已经根深蒂固，历史上任何改革或革命乃至新的文化运动，都难以摆脱基督教的影响，基督教文化为西方文化提供了群众基础和社会基础。可以说，不理解基督教，就无法全面深入了解西方文化，不了解宗教改革所传扬的新教伦理，也就无法从根本上理解近代西方的资本主义精神。宗教改革最重要的成果是肯定了世俗生活的价值，从基督教教义上认可世俗化，一方面把宗教生活世俗化，新教教士可以婚配，另一方面把世俗生活神圣化，强调世俗禁欲主义。我们认为，因为宗教改革，西方近代资本主义的工作伦理、节俭和个人主义精神得到进一步强化，从而促进了资本主义社会的发展。

在西方古典文明阶段，在工作伦理方面，古希腊罗马人轻视体力劳动，在古代雅典，有三分之一的自由民每天坐在公民大会大厅里高谈阔论，讨论城邦事宜，而他们所厌恶的所有体力劳动则由"五倍于公民人数的奴隶"来承担。古罗马的非奴隶阶层更是"把寻欢作乐置于一切事情之首"。在罗马哲学家塞内加的很多道德随笔、书信和对自然问题的探讨中，从来没有把劳动作为自由人尊贵的活动来提及。

如今，西方文化视工作为一种天职，工作不分贵贱，只要在工作，就是一种人的尊严，西方学者认为，这一工作伦理来自基督教。赋予工作和劳动以尊严的观念是早期基督徒有别于古罗马奴隶主阶层的重要方面，历史学家肯尼斯·赖德烈指出，赋予劳动以尊严和尊敬产生了一个显著的副产品，即奴隶制度的削弱。在基督教成为罗马帝国国教之前，基督徒受迫害，其原因也包括基督徒对劳动的重视且因此而致富。由此看来，基督教对劳动的敬重是其对西方文明进步最重要的贡献之一。但如马克斯·韦伯所言，对西方资本主义发展推动最大的当属16世纪宗教改革所宣扬的工作伦理，尤其是加尔文的工作伦理思想。

职业观念是体现新教伦理与资本主义精神关系的一个方面。新教把劳动、经商等世俗活动视为一种天职，从而赋予劳动以一种责任感和使命感，使世俗生活神圣化，由此，劳动者才有永不停息、一往无前工作的激情和热情。马丁·路德认为，既然人生的短途只是朝圣的旅途，人就没必要注重职业的形式，在各行各业里，人们都可以得救，此观念犹如我国俗话所言"三百六十行，行行出状元"。但路德的职业观念依旧是传统主义的，他强调上帝意志的作用，认为个人应当永远安守上帝给他安排的身份、地位和职业，把自己的世俗活动限制在生活中既定的职业范围内。这种职业观念难免会导致阶层固化这一社会问题的出现，是一种被动的职业观念，实际上是不利于资本主义经济发展的。

16世纪宗教改革运动中最激进的是加尔文的宗教改革思想，与天主教或路德主义相比，其宣扬的关于宗教生活和世俗活动的关系很不相同，直至今天，天主教会依然认为加尔文主义是他们真正的敌手。加尔文给工作赋予了更加积极的意义，他认为，努力工作是上帝之召唤、神圣之使命。上帝选民应积极努力地工作，以尘世生活的成功来彰显上帝对自己的青睐。好逸恶劳、好吃懒做都是弃民的行为。中世纪"绝财、绝色、绝意"的禁欲主义生活为新教所不齿，加尔文承认高利贷获利的合理性，但反对纵欲，提倡一种世俗禁欲主义，既鼓励新教徒勤奋节俭、自强不息地工作，又反对他们奢靡与纵欲，"拼命赚钱、拼命省钱、拼命捐钱"的清教主义生活是加尔文宗教伦理的最高典范。

新教伦理进一步刺激了早期资本主义中的个人主义精神。马丁·路德的"因信称义"和加尔文的"预定论"等宗教思想都充分给予了信徒个人发展的自由和责任感。能否成为上帝的选民，完全取决于信徒本人是否相信《圣经》，是否靠自己的勤奋努力发财致富，而不再需要教会和教士作为中介，灵魂的拯救完全成为信徒个人的事情，这就给了人精神上的自由。这种具有宗教情感的个人主义与文艺复兴运动中具有理性精神的人文主义结合在一起，成为早期资本主义发展的重要精神动力之一。

思考讨论题

1. 请分析 16 世纪欧洲宗教改革运动发生的背景。
2. 请简述三大宗教改革的异同。
3. 如果理解新教伦理与资本主义精神的关系。

第十二章　科学革命

第十二章 科学革命

发生于16至17世纪的科学革命是西方文明发展中最重要的革命之一，此间，人们或出于宗教热情，或出于实际需求，或出于求知欲望，对自然世界展开深度探究。重新审视身边的世界带来了迥异于中世纪的发现，也激起了科学领域的革新与发展：哥白尼、伽利略、开普勒、牛顿等引发了天文学革命；维萨留斯、塞尔维特、哈维等确立了近代解剖学和生理学的科学基础；培根、笛卡尔、伽利略则提出了较为系统的科学方法。最初他们的影响有限，但到了18世纪，他们确立的观念广为流传。科学革命发生的根源是什么？科学革命的巨大成就主要体现在哪些领域？又有何影响和意义？对这些问题的回答有助于我们理解科学革命。

科学革命的根源

虽然科学的起源可以追溯到古代的美索不达米亚、埃及、中国、古典时代的希腊和中世纪的伊斯兰世界，但是科学革命被认为是欧洲文明的独特产物，是诸多因素综合作用的结果。

就外在因素而言，16至17世纪的经济发展、社会环境和一系列历史事件为科学革命提供了前提。

近代资本主义的兴起是科学革命的直接因素。14世纪初前后，地中海沿岸某些城市出现了新型的生产组织，即手工工场，是以手工技术和雇佣工人的分工为基础的资本主义大生产，在生产规模、技术分工上都比手工作坊先进，是手工业生产向资本主义机器大工业过渡的准备阶段，标志着欧洲资本主义生产方式的萌芽。随着手工工场组织形式的日渐成熟，欧洲的生产体系更加完备，规模日益扩大。在此过程中，纺织、磨坊、染色、冶金、玻璃制造、眼镜磨制、酿造业、印刷和造纸等行业都独立出来,这必然要求生产技术的革新和工具机械的改进。

科学革命发端于文艺复兴的全盛时期,文艺复兴过程中兴起的人文主义在近代自然科学的兴起和发展过程中发挥了重要作用:第一,从根本上改变了人们的价值观念,把人们的兴趣从天国拉回到了尘世,使人们的目光从对来世的企盼转向对现实幸福生活的追求,因此极大激发了人们的聪明才智和创造潜力;第二,为自然科学的发展构建了新的思维框架,在中世纪,对自然界进行过多研究基本上是不被允许的,而在人文主义者看来,既然自然界是上帝的作品,反映了上帝的仁慈和智慧,那么研究自然界同样可以达到对上帝赞美的目的,由此欣赏上帝创造的自然的魅力获得了合法性;第三,人文主义思潮的产生为自然科学的发展营造了活跃的学术气氛,使学者们从"一个针尖上可以站多少个天使"之类的烦琐争论转向了对自然界的实际探索,从而摆脱了中世纪空洞的经院研究模式。

与资本主义发展密切相关的地理大发现,推动了地理知识及其相关学科知识的进步,使远洋航行和殖民扩张成为可能。远洋航行和殖民扩张从总体上推翻了中世纪后期以欧洲为中心的封闭的宇宙观念,突破了亚里士多德—托勒密的知识体系,大大扩展了欧洲人的知识视野。此外,地理大发现对数学、天文学、力学、气象学、地理学以及造船技术的发展起到了直接的推动作用,而人们在"新世界"观察到的种种自然现象后来更促进了植物学、动物学、矿物学、地质学等的发展。

战争与科学革命和技术变革也有着极密切的联系。火药的传入和基于火器的热兵器战争燃旺了欧洲的战争野火,导致欧洲中世纪封建秩序的瓦解和近代欧洲国家竞争体系的形成。只有处在这样一种热兵器战争和国家竞争体系中，才能激发出社会精英和国家力量对数学、物理、炼金术和其他科学知识的强烈渴望和需求，并对其进行持续不断的扶持和投入：精确描述炮弹的变速轨迹，需要代数和平面几何知识；理解火药爆炸和物质燃烧的机理，需要大量炼金术知识和耗时、耗钱、耗人工的化学实验，需要国家扶持的专门实验室。这一体系之下的军备竞赛，导致国家力量对科学技术的长期投资并形成强大的"战争需求"，作为一种拉动力量，促成了"炮弹力学"与"火药化学"的发展。

从中国、印度、波斯等东方国家引入的造纸术、航海罗盘等技术发明为科学革命提供了技术支持。造纸和印刷术最初只是用于宗教文献的印刷，但不久就变成了传播新思想和科学复兴的手段，促使科学思想和技术在欧洲广泛传播；地理大发现某种程度上则是指南针与航海技术相结合所创造的奇迹。

就内在因素而言，科学文献、科学思维和科学精神在欧洲文明内部一直延续不断，为科学在思维方式方面发生质变准备了条件。

首先，欧洲继承了自古希腊以来丰富的科学文本遗产，为科学革命提供了文献方面的支持。一般说来，古希腊科学向欧洲的传播经历了三个阶段。第一阶段是直接继承。罗马帝国动荡期间保存下来的各种学问经由晚期希腊罗马学者的百科全书式著作缓慢渗透，促进了中世纪早期自由技艺课程的形成。第二阶段是翻译。12世纪，大量古希腊著作被翻译成拉丁文，其中包括亚里士多德的几乎全部著作，此外还有阿拉伯学者在数学、医学、哲学等领域的高阶著作传入欧洲，这些知识在13世纪初被引入大学的课程中。第三阶段发生在文艺复兴时期，情况稍复杂一些。文艺复兴时期的人文主义者以复兴古希腊罗马文化和学术为导向，使西欧在15、16世纪获得了更为完整的古代文本，其中不少是古希腊科学论著，不仅有亚里士多德和柏拉图著作的原始希腊文本，还有毕达哥拉斯学派、原子论、怀疑论、斯多亚派、新柏拉图主义等学派的传统文本，不过其中一些文本后被证明是伪作。欧几里得、阿基米德、托勒密等古希腊学者的纯粹数学、应用数学、物理学、天文学论著要么第一次被西欧所知，要么第一次以曲解、篡改的方式被西欧所知。其间，还产生了一些独立于科学文本内容的新见解。

其次，欧洲中世纪高等学府在课程中引入了自然研究的连续性传统，为科学革命提供了制度上的保障。中世纪的欧洲经历了一次意义深远的社会制度变革，对早期近代科学来说，其中最为重要的就是在法律上允许设立自治的高等学府，包括通识教育机构和大学。随着12至13世纪大学课程的发展，科学性质的作品和讲座越来越受重视，亚里士多德的自然哲学著作成为课程的核心。大学中最高级别的学问是神学，但是逻辑学、数学和自然哲学是成为神学家的必备学问。具有方法论意义的宇宙论也被引入，挑战了基督教世界观并与之对抗。这些内容被纳入大学课程的常规部分，学生们经常定期阅读并展开讨论，而且它们成为高等学术标准模式的一部分，推动了学术交流的开展和客观标准的建立。同时，通过将新亚里士多德主义作品研究制度化，被公众认可的相对客观的知识框架建立起来。通过融合亚里士多德自然哲学的形而上学部分，欧洲的知识分子们还有效地改变了将基督教世界观作为"科学"世界观中心的传统观点。

最后，劳动者—匠人与思想家—学者的传统联系得到恢复，技术上的实际知识和科学上的潜在原因结合，这样不仅能对自然现象进行直接观察和描述，还能在此基础上进行理论归纳，为科学革命奠定了研究方法层面的基础。在文艺复兴时期，劳动者—匠人不像在古代和中世纪那样受鄙视。从事纺纱、玻璃制造、织布、制陶、采矿、冶金等实用技艺的劳动者—匠人受到社会的尊重，在社会和文化方面有较高地位。他们与思想家—学者的联系也相应得到加强。在科学领域，对体力劳动者的重视带来了将体力劳动与创造性劳动相结合的倾向。很多思想家—学者通过持续性地观察、记录，以及进行各种艰苦的实验等方式，推动了观察、实验、测量、计算等方法的运用。天文学和解剖学上的一些重要成果便是用这种方法取得的。

建构新的宇宙图景：天文学的突破

科学革命最重要的成果是对亚里士多德—托勒密宇宙观的扬弃，这种宇宙观的基本原则是"地心说"。亚里士多德认为地球静止不动，是宇宙的中心，环绕地球运动的是水星、金星、火星、木星、土星、太阳和月球；距离地球最近的是月球，月球上面的世界和月球下面的世界完全分开，上面的世界由不朽物质以太组成，按照圆形轨道运行，下面的世界由土、气、火、水四种元素组成，这里变化无常，物体做直线运动。公元2世纪，托勒密利用新的天文数据和改进的数学计算方法，进一步发展了亚里士多德的"地心说"，被之后的天文学家所接受。亚里士多德—托勒密的地心体系最初以科学的面目出现，中世纪后期古希腊科学逐渐复兴时，神学家托马斯·阿奎那应教皇建立神学体系的诏令，将亚里士多德—托勒密的地心体系改造成基督教神学的天体观，宣称上帝选择地球作为宇宙中心，居住在最高的原动力层上统治着整个宇宙，是天球运动的原动者。由此，"地心说"以宗教为社会载体广泛传播，成为基督教不可侵犯的信条。

从地球是宇宙中心论到太阳是宇宙中心论的思想转变，始于1543年尼古拉·哥白尼出版的六卷本《天体运行论》。天文学家、数学家哥白尼出生于波兰的托伦城。在他之前，波兰已产生了一些有名的天文学家，如《亚尔峰斯星象表订正》一书的作者马尔卿·克洛尔与编制天文历表的沃伊切赫·布鲁泽夫斯基。布鲁泽夫斯基是哥白尼就读的克拉科夫大学的数学和天文学教授，哥白尼的"日心说"是其在该大学求学时开始构想的。哥白尼并不是第一个提出"日心说"的人，公元前3世纪亚历山大大帝时代的古希腊人阿里斯塔克斯、15世纪德国牧师库萨的尼古拉斯，都曾提出过类似观点。哥白尼根据收集到的古代科学文献，在新柏拉图学派高度重视太阳观念的启发下撰写了《天体运行论》，提出了"日心说"的宇宙假设，并用数学的方法论证了这一结论。该书第一卷是宇宙概观，第二卷是天体运行的基本规律，第三卷至第六卷是关于地球、月球、内行星和外行星运行规律的数学论证，"日心说"的基本思想主要集中在第一卷中。

据"日心说"，太阳位于宇宙中心不动；地球并非宇宙中心，而只是一颗普通行星，绕其自转轴自转的同时，与其他行星一道绕太阳公转；行星到太阳从近到远的次序是水星、金星、地球、月亮、火星、木星和土星；月亮是地球的卫星，它围绕地球旋转，地球又带着它绕太阳运行；恒星在远离太阳的一个天球面上静止不动；行星绕太阳旋转的轨道是正圆形且匀速运行。"日心说"使之前的托勒密体系不能有效解释的天文现象变得简单合理，不仅为人

第十二章　科学革命

们认识恒星和行星的区别开辟了道路,也引发了现代天文学革命,使人类的宇宙观发生了根本性变化。从此人类对宇宙的认识日新月异,迅猛发展。同时,由于地球不再是宇宙的中心,《圣经》赋予它的特殊身份完全丧失,天堂和地狱的分别也不复存在。

哥白尼建构了新的宇宙体系,但由于缺乏论述"日心说"的天象观测资料和数理基础,因此在天象观测、编织星表、修订历法方面有不可避免的缺陷。哥白尼之后近两百年的时间里,布鲁诺、伽利略、开普勒、牛顿等科学家才使这一体系逐渐成熟完善。

赞同并宣传"日心说"的思想家、科学家乔尔丹诺·布鲁诺在《论无限、宇宙和诸世界》等书中修正了哥白尼认为太阳是宇宙中心的观点,宣称宇宙在时间和空间上都是无限的,太阳系只是其中一个天体系统,而非宇宙的中心。

坚决支持"日心说"的意大利天文学家和物理学家伽利略·伽利雷用自制望远镜发现了土星的光环、木星的卫星、太阳黑子、月球环形山、金星水星的盈亏、银河中的无数恒星,还有距离十分遥远的新星,为"日心说"提供了丰富的天象资料,使其有可见的物质实体加以证实,进一步削弱了天地两分的基础。而且,伽利略采用了机械—数学的方式进行研究,发现了自由落体、抛物体和振摆三大定律,把人类对宇宙规律的认识提升到了一个新的高度。

德国天文学家约翰尼斯·开普勒利用从欧几里得和其他经典著作中学到的数学知识,求出了行星轨道的精确形状及其运动规律,提出了行星运动三大定律:所有的行星都遵循椭圆轨道运动,而太阳位于椭圆的一个焦点上;在行星绕日运动中,当它们离太阳较近时运动得较快,远离太阳时运动得较慢,但行星和太阳之间的连线在相同的时间间隔内扫过的面积相等;不同行星绕日运动周期的平方，与它们到太阳平均距离的立方成正比。三大定律的提出意义重大：第一定律纠正了自毕达哥拉斯以来天文学家的认知偏差，他们都认为一切天体运动是圆周运动；第二定律即等面积定律，蕴含着角动量守恒的物理意义，为后人提供了一条用能量守恒来描述运动的道路；第三定律则成为牛顿万有引力定律的有力证明。开普勒三定律为行星的轨道速度、公转周期、运行方位等提供了具体计算方法，从数学基础上摧毁了托勒密体系，为哥白尼"日心说"提供了完善的数理基础。

英国数学家、物理学家艾萨克·牛顿将哥白尼及其后继者的研究成果综合为一个广博的理论体系，在代表作《自然哲学的数学原理》一书中构造出一个宇宙模型，标志着从哥白尼开始的天文学革命最终完成。牛顿提出万有引力定律，在一系列前所未有的数学发现和直觉知识中确立了以下规律：行星要以开普勒第三定律所规定的相对速度和距离维持稳定的轨道，行星必定由于引力而被拉向太阳，而引力随着到太阳距离的平方而反向减小；物体坠落到地球上，不论是地球附近的陨石还是遥远的月亮，都遵守这个相同的定律。而且，他根据这个平方反比定律从数学上得出了开普勒第一定律和第二定律所规定的行星运行的椭圆轨道及其速度变化。这样，哥白尼学说的后继者们所面临的宇宙论的主要问题——推动行星运行的是什么，它们如何维持轨道的运行，为什么物体落向地球，宇宙的基本结构是什么——最终得到解决。牛顿不仅通过惯性定律、加速度定律作用与反作用定律和万有引力定律确定了开普勒所有定律的物理基础，而且还推导出潮汐运动、岁差、彗星轨道、炮弹飞行的轨迹及其他抛物运动的规律，天上的和地球上的所有已知现象都被统一在一套完整的定律之下，从而确立了宇宙的宏伟结构。

第十二章　科学革命

人体构造的新观念：解剖学和生理学的革命

在解剖学领域，公元2世纪起，古罗马医学家盖伦的人体学说开始居于主导地位。由于宗教信仰等原因，盖伦从未解剖过人体，其学说建立在解剖猿猴的基础上，源于对古希腊以来的医学家阿尔克迈翁、希罗菲卢斯、埃拉托斯特尼，以及哲学家阿那克萨哥拉、亚里士多德等人的解剖学说和生理学说的综合，其中最重要的是关于血液的潮汐理论，以及在亚里士多德灵魂论基础上提出的灵气说。在血液运动方面，盖伦认为血液由食物在肝脏内变成，一部分血液经过静脉流经全身，然后沿同一道路流回心脏；另一部分血液经过心脏隔膜中的细管，由心脏的右边流到左边，与来自肺部的空气混合，并经动脉流经全身。这两种过程都像潮汐那样在心脏的作用下衰退和上涨。在人的生理认知方面，盖伦基于亚里士多德的三种灵魂论，提出了关于灵气的见解。亚里士多德曾根据生理类型将地球上的生物分为三类：只有生殖灵魂的植物，兼有生殖灵魂和感觉灵魂的动物，同时具有生殖灵魂、感觉灵魂和理性灵魂的人类。盖伦认为亚里士多德所说的三级灵魂的基础是消化系统、呼吸系统和神经系统，它们都发源于一种共同的活力——普纽玛，即灵气。盖伦本人医术高明，其人体学说中有不少合理成分，在古罗马时期成为权威的医学理论，后在中世纪早期，由于其三种灵魂论暗合于基督教神学家奥古斯丁的圣父、圣子、圣灵"三位一体"论，因此先于托勒密的地心体系成为宗教信条。基督教虽然接受了盖伦的人体学说，但是一直严禁解剖人体，因此解剖学在中世纪几乎处于停滞状态。

当科学发展的外部约束逐渐变弱的时候，解剖学知识和血液循环知识便取得了重大进展，但与天文学的推进相比，几乎没有凭借工具，只是在揭示血液循环奥秘的最后阶段才使用了新近发明的显微镜。在这个过程中，维萨留斯、塞尔维特、哈维等科学家作出了重要贡献。

安德烈亚斯·维萨留斯出生于比利时布鲁塞尔的一个医学之家，他的曾祖父、祖父和父亲都是宫廷御医，家中藏有丰富的医学典籍。维萨留斯在巴黎大学医学院求学时不满教学人员对盖伦的人体解剖学著作照本宣科，决心以自己的解剖实验解开人体的奥秘，随后完成了七卷本的《人体的构造》，正文内容主要有：第一卷骨骼系统，包括头骨、脊椎骨、胸骨、手骨、脚骨，以及骨骼系统全形；第二卷肌肉系统，包括韧带、软骨肉、随意肌，以及整个肌肉系统；第三卷血液系统，包括静脉、动脉、脑血管、周身血管分布等；第四卷神经系统，包括脑神经、脊神经等；第五卷消化系统，包括食道、胃、肾、肝、小肠、大肠等；第六卷内脏系统，包括心脏、肺等内脏器官；第七卷脑感觉器官，包括脑、视觉、听觉、味觉、嗅觉等器官。虽然书中的人体系统划分与现代的分类不尽一致，但不妨碍此书成为近代科学史上首次对人体结构进行系统解剖的奠基之作。它首次揭示了人体内部的复杂结构，而且首次以科学的理论和方法为近代解剖学提供了方法论，颇具革命性意义。

《人体的构造》以真实地描写人体的结构为目标，不仅在七卷的编排顺序上延续盖伦《论解剖过程》的体系，而且每一处的新发现都以盖伦的错误为参照，从图示到词语纠正了盖伦的无数错误。维萨留斯基于盖伦没有机会亲自实施人体解剖的事实，强调要重新观察人体，主张将人体的知识建立在对人体直接解剖的基础上，而不是用对猿猴的解剖来代替。他曾在演示课上，用一副猿猴的骨骼和人的骨骼进行对比，指出仅就骨骼系统而言，盖伦的叙述就有200多处与人体结构的事实不符。他还在书的附录中附上了活体解剖方法和高等动物活体解剖方法。

为了更直观地呈现研究结果，维萨留斯在书中大量运用图像，且首次以不同于以往示意图的方式赋予图像以写实性，与中世纪的绘画传统大不相同。在他之前，所有解剖书全书的插图加起来也不过十几幅，更不用说质量了。而在《人体的构造》中，书的扉页是维萨留斯1540年进行一次示范解剖女尸的图景；正文中约有300幅精密的解剖图，每一卷除文字外，都附有与内容相关的人身全图、系统全图、器官全图或局部解剖图；一些药用植物也被配上了图片。如果说博物学在16到17世纪的发展得益于文艺复兴中写实主义的胜利，那么这一胜利也推动了解剖学的进步。

西班牙人文主义者、科学家米格尔·塞尔韦特在与维萨留斯同窗的一年时间里获得了丰富的解剖学知识。在《基督教的复兴》中，他否定了盖伦的血液运动理论，阐明了血液小循环系统，即血液并不像盖伦所说的那样直接从右心室流入左心室，而是从右心室流向肺部，通过曲折路线到达左心室。他还否认了有超越肉体的灵魂的说法，认为灵魂本身就是血液，人体的死亡即是血液的枯竭，血液的枯竭即是灵魂的死亡。当塞尔韦特把血液小循环的发现当作批判"三位一体"教义的科学证据时，其革命意义也就显露出来了。

英国医生、生理学家威廉·哈维通过大量动物解剖实验，在《心血运动论》中系统阐释了心脏工作和血液运动原理。通过对心脏机能的研究，哈维证明了心脏好像一个水泵，是血液运动的动力来源，依靠收缩将血液压缩出去，依靠舒张将血液吸收进来；主动脉与左心室相连，肺动脉与右心室相连；左心房和右心室之间的二尖瓣、主动脉瓣都能起到防止血液倒流回左心房的作用，使血液只能进入主动脉；静脉血最终流回心脏。由此，血液在人体内的运动并不是像统治医学界长达1 400多年的盖伦血液潮汐理论所解释的那样，而是一种循环运动。

之后，意大利解剖学家马尔皮吉、英国化学家波意耳、荷兰显微解剖学家列文虎克等人借助显微镜观察到了血液在毛细血管中的循环过程，揭开了血液经主动脉流经全身后如何进入静脉的谜团。至此，解剖学革命才最终完成。

维萨留斯的《人体的构造》从根本上动摇了盖伦的人体学说，塞尔韦特血液小循环系统的发现初步动摇了盖伦的血液理论，哈维的血液循环理论则从根本上否定了盖伦的血液理论。自此之后，盖伦的人体解剖理论与人体生理学说完全被近代解剖学理论推翻，生理学包括人体生理学和动物生理学得以被确立为科学。

自然科学其他领域的新进展

科学革命解放了关于自然的观念，加速了物理学、化学、数学等学科的发展进程。

在物理学领域，亚里士多德的运动学理论一直占据主导地位。伽利略从落体问题下手，最先向亚里士多德发起挑战，通过实验分析，提出了惯性概念。伽利略的学生托里拆利通过多次实验证明了空气压力的存在，发明了水银柱气压计。法国物理学家帕斯卡发现了液体和气体中压力的传播定律。英国物理学家波意耳发现了气体压力定律。笛卡尔运用其坐标几何学进行光学研究，在《屈光学》一书中，第一次对折射定律提出了理论推证；笛卡尔还第一次明确提出了动量守恒定律，即物质和运动总量永远保持不变。尤为重要的是，物理学在发展的过程中出现了影响深远的机械自然观。笛卡尔认为宇宙处在永恒的机械运动之中，牛顿以此为基础构建了机械自然观，主要观点包括：自然界的所有运动都可以归结为机械运动，宇宙就是一架机器；自然界的各种物体都由微粒构成，具有惯性、重量、坚硬性、不可入性等属性；自然界的所有现象都可以用机械力学解释。这种机械自然观直到19世纪都被科学家奉为信条。

在化学领域，炼金术的实用化导致了医药化学和工艺化学的产生，这种实用化的发展方向使得化学最终借助"燃素说"彻底从炼金术中解放出来。瑞士炼金师、医师帕拉塞尔苏斯重新定义炼金术，认为其是把天然原料转化为对人类有用的产品的科学，在炼金术"两元素说"，即"硫""汞"的基础上增加了"盐"，而提出"三元素说"，且在制药过程中，总结了化学实验中标准反应的一般特征，在化学发展史上具有重要意义。比利时的海尔蒙脱认为只有水才是所有化学物质的基础，其定量研究的方法为现代化学奠定了方法论基础。德国医生阿格里科拉和意大利工匠毕林古修都是在化学方面将学者传统和工匠传统相结合的代表，是推动炼金术通过工艺化学向近代化学转化的重要代表。英国科学家罗伯特·波意耳使化学从炼金术的影响下解放出来，化学从此不只是制造贵金属、提炼有用药物和提取矿物质的经验技艺，而是自然哲学的一个分支，其目的是为物质现象提供理论解释；波意耳的另一个贡献是给出了比较清楚的化学元素的定义，并进行了大量的化学实验，因而成为近代化学的奠基人。德国御医斯塔尔用"燃素"代替了波意耳的"火素"和贝歇尔的"油土"概念，并提出了系统的"燃素说"，由于"燃素说"使包括燃烧现象在内的大多数化学反应在理论上得到了说明，从而使化学摆脱了炼金术，结束了化学在18世纪中叶以前知识零散、解释混乱的局面。"燃素说"传播日广，到18世纪中叶时，几乎被举世公认，完成了化学学科的统一。

在数学领域，意大利数学家塔尔塔利亚和卡尔达诺发现并推广了三次方程的求根公式。卡尔达诺的学生费拉里则发现了四次方程的解法。数学家邦贝利出版了《代数学》一书，系统总结了代数方程理论，解决了三次方程不可约的情形；建立了虚数运算法则；采用了更为先进的代数符号；首次用连分数来逼近平方根的值。法国数学家韦达建立了符号代数学，在《分析方法入门》中，韦达对代数学加以系统的整理，第一次自觉使用字母来表示未知数和已知数；在另一部著作《论方程的识别与订正》中，他改进了三次方程和四次方程的解法，建立了二次方程、三次方程的方程根与系数之间的关系，即"韦达定理"。德国数学家雷格蒙塔努斯发表了《论各种三角形》一书，这是欧洲第一部独立于天文学的三角学著作，对平面三角和球面三角作了系统阐述，还附有十分精密的三角函数表。至17世纪，笛卡尔创立了坐标系和解析几何学。法国业余数学家费马则建立了求切线、求极大值和极小值以及定积分方法，对微积分的发展作出了重大贡献，更提出了挑战人类数学思维三百多年的"费马大定理"。

第十二章 科学革命

科学方法的探索

古希腊时期,毕达哥拉斯学派的数学方法、亚里士多德的逻辑学方法、欧几里得的数学演绎法以及阿基米德的实验方法等已经蕴藏着科学方法。16至17世纪,随着科学革命如火如荼地展开,科学方法也日益受到重视。科学革命时期,科学家、思想家们虽然对古希腊学术表现出极大的尊重,但为了超越对自然界的哲学猜想和混沌整体论的见解而达到对自然规律的清晰认知,他们又对被基督教神化的古希腊学术权威及统治了几个世纪的亚里士多德主义加以清算和批判。以经验论和唯理论为代表的新哲学正是在此基础上产生的,它与中世纪哲学有着完全不同的本质:从对《圣经》和上帝的研究转向了对自然的研究;从神秘的目的论转向根据事物产生的原因和条件来解释事物;从对权威和教条的迷信转向尊重经验事实和强调人的理性批判精神;从推崇空洞的思辨和烦琐的论证转向强调科学实验在认识中的作用。这种新哲学精神渗透到自然研究中,表现为重建认识自然的方法论。在这方面,培根的实验归纳法、笛卡尔的直观演绎法和伽利略的实验数学方法具有重要影响。

英国哲学家弗朗西斯·培根凭借实验归纳法而成为新科学的代言人。作为对苏格拉底将知识等同于美德观念的回应,培根认为知识是与力量联系在一起的,陈旧的思维、传统的偏见、主观的歪曲、普遍存在的理智蒙蔽都能通过科学的方法而被克服,从本质上改变了人们对待知识的态度。他批判了以经院哲学为基础的关于认识观念的四种假象:种族假象,即以人类自身的本性来认识自然事物;洞穴假象,即以人类个人的经验来认识自然事物;市场假象,即以社会上流行的观念来认识自然事物；剧场假象，即以对权威的信仰来认识自然事物。培根指出，要获得新知，必须用新方法破除这四种假象。

培根论述新科学方法的内容主要集中在《新工具》一书中。他用"新工具"作为书名表明，要用新方法以与亚里士多德《工具论》中的旧方法相对立。他认为自古希腊以来的哲学体系依靠推理和想象进行建构，缺乏严格缜密的以感觉为基础的经验论，得到的知识并不涉及真实的现象。因此，哲学家的第一要务是深入考察特殊事物，而且通过精心设计的实验，感觉可以逐渐得到纠正和优化。在批判亚里士多德演绎推理方法的基础上，他阐述了新科学方法的两大基本原则：实验性原则和归纳推理原则。

培根认为人们对自然的知识源于经验，同样，科学认识来源于科学实验。科学的发展是通过把实验和观察积累起来的实际数据汇集成庞大的数据表而完成的。他在实验性原则的基础上提出归纳推理原则，包括归纳推理的基础和归纳推理的程序。归纳推理的基础主要是指进行归纳推理的事实基础。要克服亚里士多德归纳法中简单枚举法的弊病，就必须广泛地搜集自然界中的各种现象和事实，事实收集得越多、越全面，归纳推理所得出的结论就越正确。归纳推理的程序是指归纳推理的方法及其运用过程。搜集事实不是为了罗列现象，而是为了运用归纳法在事实的基础上牢固地建立起一座科学理论的金字塔，这座金字塔由各类最低公设、中间公理和最高公理等不同层次组成。他在批判简单枚举法的基础上提出了归纳推理的三种新方法，即"三表法"：存在表，也叫同一表或求同法，是推出某一事物具有某一共性的方法；差异表，也叫缺乏法或差异法，是验证某一中间公理的反证方法；比较表，也叫程度表或共变法，是进一步验证某一共设的确证方法。运用三表法的过程也是归纳推理的过程，他自己就是通过广泛收集有关热现象的各种事实，依次运用存在表、差异表、比较表，最终归纳出"热的本质就是运动"这一正确结论。

培根是系统地研究科学方法论的第一人。正是由于实验归纳法的确立，科学方法论才逐渐成为一门既被科学家关注，也被哲学家重视的学科。不可否认，实验归纳法在17世纪仅对哈维、波意耳、牛顿等产生过一定影响，而没有波及欧陆各国其他的科学家，但对18世纪的法国哲学、科学，尤其是对其后的地质学和生物学影响深远。

法国数学家、哲学家勒内·笛卡尔研究了培根的科学方法，对其试图建立普遍方法论的努力表示赞同，但认为实验归纳法重经验、轻理性，重实验、轻数学，重归纳、轻演绎，仅从狭隘的经验论出发，不可能建立真正普遍的科学方法，于是提出了以直观演绎法为核心、以事实经验为补充的方法。他在《谈谈方法》中阐述了探究知识的四个步骤：只接受清晰自明的东西，不接受自己不清楚的真理；把问题划分成可以解决的几个部分，一个个分开解决；将问题按照从简单到复杂的顺序排列，从易到难解决这些问题；问题解决后，综合起来检验这些解决问题的方法。

笛卡尔方法的起点是怀疑论，他严格考察每一种观念，拒斥一切有丝毫可疑之处的东西，直到获得一个不可能被怀疑的命题为止。其普遍怀疑的内容主要有：对周围世界的怀疑，周围世界是由感官感知到的，但是感觉是个别和偶然的，不能作为普遍知识的基础；对人自身认识的怀疑，我们对于自身的感受和认识受诸多因素影响，不具备可靠性；对我们一直认为确定无疑的数学的怀疑，数学把不存在的对象置于我们的心灵中,这些对象根本就不是思想的产物。

经过普遍怀疑后得到的命题才能作为具有确定性的基石,并在此基础上建构科学大厦及其每一个组成部分,只有借助理性才能找到这个命题。科学的任务在于建构一座命题金字塔,其逻辑顺序是从最一般原理即第一原理推演出不同层次的原理,以得出已知或未知的个别陈述或事实命题,而这个一般原理只能来自既不依赖于感觉经验又不以人的意志为转移而具有客观实在性的理性本身。他把物质实体的基本属性定为"广延",把精神实体的基本属性定为"思维"。精神实体属人类独有,人存在的标志是思维,其名言"我思,故我在"便是这一思想的体现。在笛卡尔看来,认识源于理性,而理性包括人的思维能力和方法,是获得真理的唯一方法,一切都应该用理性去判断,理性不能解决的问题宁可存疑也不能用信仰来替代。

笛卡尔科学方法的核心是直观演绎法。直观是指依靠人获得普遍性、必然性知识的能力,而获得不证自明的真理。演绎是指运用数学中严格的推理方法,从直观得到的第一原理出发,进行全部必然性的推理。相对于直观来说,演绎是认识自然的补充方法。作为演绎推理大前提的第一原理是运用直观力量发现的,第一原理的创造性保证了由它所推演出知识的新颖性。笛卡尔虽然接受了亚里士多德关于科学是演绎系统的思想,并试图由此构建包罗万象的知识金字塔,但是为了克服这种方法无法确定过程的局限性,他不得不给实验归纳法以一席之地,视其为必要的辅助性手段。

笛卡尔的理性主义精神在当时动摇了经院哲学的思辨方法和教会的权威。他否定经院哲学的权威式方法,质疑上帝的存在、世界的存在和自身的存在，用演绎法重建自我的存在、世界的存在以及上帝的存在。

意大利天文学家、物理学家伽利略·伽利雷与培根反对数学方法的态度不同，在近代科学中，他首次将实验方法和数学方法完美地结合在一起。其方法的基本思想是：针对一个科学问题，必须以定量实验的观察结果作为出发点和评定真理真伪的标准，同时运用数学抽象描述关于客体的各种基本观念和基本关系，即运用数学模型来表征物理实在及其运动规律。这种方法突出地体现在他的力学研究中。

伽利略倾向于关注可度量的事物，通过精心设计实验、反复精确测量，使对自然定律的数学描述具备了强有力的经验支持，从而摆脱了神秘主义的目的论，这是他区别于毕达哥拉斯主义以及中世纪数学唯理主义的地方。为了揭示纷繁复杂自然现象背后的本质，他广泛采用了科学抽象和理想化方法，如在研究落体定律和单摆定律时，他知道在空气中发生的实际落体运动、其他加速运动与数学描述不完全吻合，但他并没有迁就日常经验，其定律就是在舍弃了空气阻力、摩擦力、转动惯性而导致的能量损耗等次要因素之后，得出的关于真空中的自由落体和理想单摆的运动规律。伽利略竭力寻找自然现象间的数学关系和支配自然变化的永恒定律，使实验科学摆脱自然哲学而向精密科学发展，成为牛顿力学建立的直接方法论基础。

科学革命的影响和意义

科学革命以哥白尼发表《天体运行论》、维萨留斯发表《人体的构造》开始，以开普勒、伽利略等人相继在科学领域中取得重大进展而继续，以牛顿完成《自然哲学的数学原理》达到顶峰，科学从此成为西方世界日益重要的组成部分，以多种方式直接或间接影响整个世界。

科学革命催生了为数众多的科学团体的出现，并形成科学共同体。16 世纪 50 年代，在意大利的那不勒斯出现了最早的科学社团——自然奥秘协会；1601 年，罗马建立了第一所科学研究院，有 32 名院士。这两个科学社团的出现，标志着近代科学史上科学社团建制的萌芽。17 世纪中叶，又出现了以不同形式进行科学交流和科学研究的社团，如西芒托学院、英国哲学学会等。之后还出现了一些官方的科学组织，如伦敦皇家科学院、法国科学学院、柏林科学院等。他们共同研究，扩展知识，分享成果，彼此竞争，科学自然进步更快。科学社团之所以在 17 世纪形成，与许多献身于科学事业的科学家的巨大感召力有关。

科学革命使科学逐步社会化，发展成社会大系统中有机的组成部分，并反过来引领社会的发展。在科学价值观的影响下，经验主义和功利主义逐渐受到重视，实验科学，如物理、化学等逐渐进入大学乃至中学课堂，人们的职业兴趣也发生了巨大转移。这种功利主义倾向使科学成为"时尚"，神职人员也开始成为科学共同体的成员，科学著作甚至出现在贵族夫人的梳妆台上。科学与社会价值观的统一使科学的价值开始得到社会认同，科学在社会结构中获得了合法地位和体制保证，科学奖励制度也成熟完善起来，通过社会机制实现科学的良性循环。科学与其他社会制度相互作用、相互影响，增强了科学对社会的影响力，使得科学逐渐占据社会系统的核心，最终成为引导社会发展的决定性力量。

科学革命为近代欧洲的工业革命、启蒙运动奠定了基础。科学革命中出现的对自然界的机械论认识使自然界的规律能够以数学的形式被发现和解释。自然界被看作纯粹的物质结构，而这种物质的运动产生于空间，可用时间衡量，受力学法则的支配。这种具有哲学意义的精巧结构使物质世界变得可知，也加速了欧洲脱离中世纪神学轨道的进程。欧洲利用自然的规律为人类世界的物质进步服务，将力学应用于发动机、机械泵和杠杆等领域，为工业革命提供了科学基础。此外，科学革命中培根、笛卡尔等思想家强调科学、理性精神，启发了启蒙哲学家对科学、理性的信仰，他们彻底摒弃了宗教权威，运用理性分析政府、宗教、法律、经济等领域的问题，由此促进了启蒙运动的发展。

思考讨论题

1. 科学革命主要在哪些方面突破了过去的成就？

2. 在进行这些突破时，科学家所面临的主要问题是什么？他们是如何处理这些问题的？

3. 科学革命对后世的影响和意义何在？

第十三章 启蒙运动

第十三章　启蒙运动

启蒙运动是"用来描述18世纪的一场重大思想、文化运动的术语，这场运动的特征是深信人类知识能够解决现存的基本问题"[1]。它大约开始于1680年，结束于1789年，即法国大革命开始的那一年。伏尔泰、孟德斯鸠、狄德罗、卢梭与休谟等人是启蒙运动的代表人物。启蒙哲人的理想与目标虽然差异不小，但是这些思想家在以下诸方面达成了一定的共识：首先，他们以古希腊和古罗马的思想家为榜样，反对迷信，运用理性发现真理，从世俗的、以人为中心的视角来观察世界；其次，他们积极吸收文艺复兴的营养，坚持人文主义——坚信人通过学习和实践人文学科，就可以无限地提升自己；最后，诸思想家从17世纪的科学革命和哲学革命中，尤其是从牛顿、培根与洛克等人的作品中，推断出依靠理性主义、经验主义、怀疑主义和实验方法认识世界的结论，并坚信人通过教育可以无止境的完善。

启蒙运动的基础

启蒙运动的产生既有社会历史基础，也有思想基础。在某种程度上，启蒙运动的社会历史基础相比较于思想基础显得更为重要，因为思想是在具体的社会历史语境中产生的。总体上讲，启蒙运动产生的重要基础包括：英国"光荣革命"的示范性效果；科学革命作为范式；人可以无限完善的哲学理念。

首先，1688年"光荣革命"后，英国资本主义工商业高速发

---

[1] [美]彼得·赖尔、艾伦·威尔逊：《启蒙运动百科全书》，刘北成、王皖强编译，上海：上海人民出版社，2004年，第11页。

展，资产阶级在政治舞台上的作用得以凸显，英国日益成为殖民世界中的霸主，这对欧洲社会产生了极大的影响。英国资本主义制度作为一种模式，产生了强大的示范作用。越来越多的思想家意识到封建主义的缺陷与不足，及其在新时代对社会所产生的阻碍作用。这些思想家希望通过对权力来源、权力制衡制度、各种政体利弊的分析，探索出一种具有普遍性的民主政体，这导致了启蒙思想的发展。启蒙运动的众多哲学家对这一问题的论述发表后，推动了封建制度的最终没落和民主制度在更大范围内的确立。在某种程度上，英国资产阶级革命和新兴资本主义生产方式的出现为启蒙运动的兴起确立了坚实的政治和经济基础。

其次，科学革命是启蒙运动发展的重要基础。科学革命开启的宝贵经验可以归结为两个方面：一方面，宇宙由自然而非超自然支配，可以为人所认知与理解；另一方面，严格运用科学方法解决研究领域的基本问题。

宇宙由自然而非超自然支配，可以为人所认知与理解。牛顿在自然科学领域的重大发现让自然法则成为一种支配性的认知模式。1687年，牛顿的巨著《自然哲学的数学原理》出版。这是一部划时代的著作，推动了人类以理性探索与总结自然科学、社会科学、人文科学的进程。在此著作中，牛顿在伽利略的自由落体运动定律与开普勒的行星运动定律之间架起了桥梁[1]，雄辩地证明了万有引力定律存在于宇宙中，并且为宇宙的秩序与星球的运动提供了一种优雅的数学描述。牛顿的发现极大地推进了物理学和自然科学的研究进

---

[1] 伽利略主张地球上的重力不同于支配天体运行的力，开普勒提出行星运动的轨道是椭圆形的。

程，以至于在其他领域中推广这种研究范式成为一种潮流。根据牛顿的观念，自然世界不是由神干预的，也不是无序的，而是由人类可以理解的自然法则所支配。

科学革命取得的成就，制造出一种科学方法适用于所有研究领域的假象。启蒙哲人所谓的"科学方法"是指经验地观察各种现象，从而探求某种普遍的法则。由于牛顿物理学所具有的范式性意义，18世纪左右欧洲兴起了运用科学方法研究自然活动的运动。这种研究也让人们思考如何建构可证伪的社会科学与人文科学。以宗教学、历史学、政治学等学科为例，当时的宗教学者开始整理各地的神话传说，企图从神话中揭示人类摆脱迷信的过程；几乎在同一时期，历史学家们在搜集证据，试图发现民族兴亡的法则；此时的政治学者也在比较各种不同的政体，希望发现一种具有普适性的民主政体。

最后，约翰·洛克的哲学蕴含着一种观念的萌芽：人可以通过教化而无止境地完善。在启蒙运动期间，洛克与牛顿一样广为人知，名声显赫。罗兰·斯特龙伯格称："在所有的文献中，洛克的《人类理解论》最有资格成为'启蒙运动宣言'。"[1] 洛克不但是一位有影响的政治哲学家，而且也是现代知识论的奠基人。他在《人类理解论》中提出了"白板说"。他主张人出生时就像一张白板，其间没有任何东西。人后来之所以能够掌握知识是因为经验不停地填充这块"白板"。洛克的观点对启蒙主义者有极强的启发性。如果人出生后完全是一张白板，有待经验的填充，这意味着只要通过

---

[1]［美］罗兰·斯特龙伯格：《西方现代思想史》，刘北成、赵国新译，北京：金城出版社，2012年，第115页。

教育，人就可以无限地变好。从今天来看，这自然无法令人完全信服。

启蒙哲人及其纲领

法语用"philosophe"来指称从事启蒙运动的人，这个法语词通常被翻译为"启蒙哲学家"或"哲人"。无论是理解为"启蒙哲学家"，还是"哲人"，均不准确，因为除休谟与康德外，启蒙运动的"philosophe"几乎都不是擅长抽象思辨、建构体系的哲学家。准确地讲，这些人大都是具有务实倾向的宣传员，旨在普及关于宇宙的新知识，尝试用科学方法解决当时社会中存在的一些问题。为了让更多的人能够了解这种新知识，启蒙哲人放弃了晦涩的表达方式，而是用故事与戏剧的方式来表达他们的思想。

启蒙运动当中的思想家可谓群星闪耀，每个人都是无法替代的独立个体。由于篇幅的关系，我们只能忍痛割爱，仅仅聚焦于探讨如下启蒙哲人的思想，即伏尔泰、孟德斯鸠、卢梭、狄德罗、孔多塞、洛克、吉本、休谟、亚当·斯密与康德。

迄今为止，伏尔泰是众多的启蒙哲人中最有影响力的一位。他是 18 世纪重要的文学家、史学家与思想家，欧洲启蒙运动的精神领袖。伏尔泰是笔名，其原名是弗朗索瓦·玛里·阿鲁埃。他出生在一个富有的资产阶级家庭，曾在耶稣会的学校受过良好的教育。他年轻的时候有两幅面孔：一会儿是纨绔子弟，一会儿又化身为才子，优雅的谈吐与令人着迷的风度让其成为巴黎社交界的宠儿。剧本《俄狄浦斯》让他年少轻狂的时候就成为有名气的剧作家。其史诗《亨利亚德》仿效维吉尔的《埃涅阿斯纪》，讲述了法国宽容的国王亨利四世的故事。这些剧本的写作让伏尔泰可以从路易十五、王后和奥尔良公爵那里领取薪俸。有趣的是,伏尔泰骨子里有叛逆的因子,时常写讽刺诗和各类讽刺文章。1717年,他被送进巴士底狱,在此待了将近一年。

了解伏尔泰的英国之行对理解其学术思想有着举足轻重的作用。伏尔泰32岁时因为政治和爱情的原因,远走英国避难。这次英国之行在某种程度上是伏尔泰学术人生中的关键时刻。返回法国时,他已经彻底地信服培根和洛克的思想。他开始严肃地工作,成为培根和洛克学说在法国的传播者。有人认为,或许,伏尔泰在启蒙运动中最大的单项成就是在笛卡尔主义大行其道的法国倡导经验主义。这么讲有一定的道理。笛卡尔是法国唯理论的代表。根据笛卡尔的观念,理性才是真正知识的来源。伏尔泰正好生活在笛卡尔主义影响正盛的时代。英国之行,伏尔泰认识到经验在人类知识中的作用。对伏尔泰而言,这是一个重大的收获,也是他思想观念的重大转变。回国后他传播培根与洛克的经验主义,这有利于纠正法国学术研究中重思辨、轻经验的弊端,更加注重解决现实生活中的问题。

伏尔泰致力于反对宗教偏执,批判法国的专制统治,捍卫公民自由。宗教偏执在某种程度上是一种缺陷,是不少启蒙哲人的批判对象。其中启蒙哲人伏尔泰对宗教偏执的相关论述,今天看来依然有启发性。他说在所有的偏执中,最令人憎恶的是宗教偏执,因为它建立在荒谬的迷信之上:"迷信愈少,狂热愈少;狂热愈少,痛苦愈少。"终其一生,他坚决反对天主教不容忍异见的态度。伏尔泰不但反对宗教压制,而且批判当时法国的专断统治。旅居英国让他意识到,英国的议会制度比法国的专制制度更可取,这促使他用英国模式去攻击法国体制的缺点和陋习。无论是反对宗教的偏执，还是批判法国的专制制度，支撑其批判锋芒的力量是自由。今天流传的一句名言就出自伏尔泰之口，即"我不同意你所说的一切，但我将誓死捍卫你表达自己意见的权利"。这句话不但出现在人们日常的辩论中，也一直被珍视为公民自由的第一项原则。

伏尔泰在启蒙运动中已经开始反思启蒙运动的理想，即人类是否能够真正无限地自我完善。虽然伏尔泰是作为乐观的启蒙家而被世人所熟知的，但他至今仍被广泛阅读的讽刺小说《老实人》蕴含着作家对人类世界的悲观与无奈。1755年里斯本发生大地震，2 000多人丧生。伏尔泰在这本小说中修正了自己早年的信仰：人类通过自身的行动可以无止境地自我完善。故事的主人公是老实人甘迪德。受到哲学家老师邦葛罗斯的教诲，老实人相信人世一切皆善良。反讽的是他在现实中总是碰得头破血流，直至被逐出国门。流亡荷兰期间，他遇到了落魄的邦葛罗斯，从此师徒二人结伴流浪。他们一路上总是被宗教裁判所的法官追捕。幸运的是他们闯进了天堂般的"黄金国"，那里一切都是美好的。但回到人间后，他们又遇到各种灾难与恐怖。最后老实人与当初的恋人居内贡小姐在君士坦丁堡相遇，两人买下一小块田地，辛勤劳作，意识到"要紧的还是种我们自己的园子"，像普通人一样生活。《老实人》是伏尔泰受过无数的打击，见证了人间的无数惨剧——特别是七年战争与里斯本大地震——后完成的作品。他用这部作品批判了莱布尼茨的盲目乐观主义，以及天意论者所讲的"一切皆善"的信条。但他又不是完全悲观，而是希望人们对人世间的邪恶有所理解，在知晓不能指望上帝后，正视现实，勤奋努力，迎接未来。

孟德斯鸠全名是夏尔-路易·德·塞孔达，出身贵族家庭，大学时主修法律，后来担任过波尔多高等法院院长。孟德斯鸠的著述很多，最主要的是在尼德兰匿名发表的《波斯人信札》《罗马盛衰原因论》和《论法的精神》。在这三部著作中，《论法的精神》是孟德斯鸠的代表作。

《波斯人信札》含沙射影地批判了欧洲在位或故去的当权者，例如太阳王路易十四。书中的一般性议论反映了孟德斯鸠对霍布斯与洛克学说的欣赏，也表达了孟德斯鸠反对教权的观念。在他看来，只有善的生活才是值得追求的，各种各样的宗教之所以有价值，仅仅是因为它引导人向善。神学争论是十分荒唐的事情，宽容才是文明人的准则。此外，《波斯人信札》涉及许多自然神论思想，显示出作者对文明比较与政治制度研究的兴趣，也许正是这种兴趣让孟德斯鸠在二十多年后写出了另一部更伟大的作品。

《论法的精神》是孟德斯鸠对启蒙运动所作出的最伟大的贡献。1728年，孟德斯鸠辞去法院院长的职务，到欧洲考察了每个国家的政治制度，特别是英国的宪法与议会制度，目的是为写《论法的精神》做准备。1734年，孟德斯鸠《论法的精神》的前奏《罗马盛衰原因论》问世。在《罗马盛衰原因论》中，他利用搜集的罗马的相关史料，解释自己的政治主张，论证了政治制度和法律制度的重要性，从而反对当时的专制制度，在历史与理论的维度为共和国制度辩护。经过长期的准备与思考，《论法的精神》终于在1748年出版，它被认为是第一部科学地探讨政府和政治的作品。孟德斯鸠自称该书是从经验资料的角度对所有民族的法律和习俗所做的系统研究，就此而言，这也是一部社会学的开拓之作。这部作品谈及的政体分类、气候与地理环境对政治制度的影响、罗马法的发展史等内容，都有值得称道的见解。不可否认，上述观点中的一些见解有可供商榷之处，某些论述也许现在看来比较简单与粗疏。不过孟德斯鸠毕竟是以启蒙时代的方法探讨新科学意义上的法则："法是由事物的性质产生出来的必然关系。"他试图将牛顿的方法运用于对人类文明现象的研究中，揭示社会诸现象之间的联系。这是企图客观、严格地研究作为独立领域的社会，具有极大的示范效应。虽然有人认为迄今为止，历史学与社会学尚未成为18世纪哲学家所设想的严格科学，但这种设想依然令许多人心向往之。

卢梭是另一位伟大的启蒙哲人。他出生于信奉天主教的日内瓦。卢梭的母亲在他出生不久后就去世了，他的父亲是一个钟表匠，但酷爱文学，对他影响极大。1728年，他不堪忍受欺压而逃离日内瓦。此时他15岁，遇到了信奉天主教的华伦夫人，并被她收养。此后，他从事过各种工作，同时自学文学、宗教和音乐。1740年他与华伦夫人断绝关系后来到巴黎，担任过秘书，也曾教授过音乐。他在巴黎认识了狄德罗和其他启蒙作家，为《百科全书》撰写了"政治经济"条目以及与音乐相关的词条，在此过程中逐渐被巴黎的上流知识阶层所接受，成为启蒙主义者的一员。其主要作品是《论科学与艺术》《论人类不平等的起源》《新爱洛伊丝》《社会契约论》和《爱弥尔》等。

卢梭第一篇重要的文章《论科学与艺术》挑战了启蒙运动的基本信念，并勾勒了一条主线，在某种意义上，此后他所有的作品都是对这条主线的发展。《论科学与艺术》的核心观点是，文明总是被艺术所败坏。诚然这个观点是偏激的，但从卢梭批判的实际意图来看，它还是有一定道理的。卢梭看到了巴黎上流社会充斥着无聊的文人与阿谀奉承的小人，这个所谓的"上流社会"本身已腐烂不堪，甚至威胁到整个社会的发展。他认为改造上流社会的糜烂与矫揉造作的法宝是"回归自然"。整体而言，卢梭的批判确实不乏真知灼见，但也很偏激。

卢梭从《论科学与艺术》中的观点出发，很快就推导出后续作品的观点：人在自然状态中是好的，但是现在的社会让他堕落。由此卢梭推理出更加耸人听闻的见解：爱情与婚姻是文明的灾难性发明，是女性的阴谋；私有财产是另一种有害的发明，是巧取豪夺的结果，带来了不平等、贪婪和战争。按照卢梭的逻辑，人在自然状态中是好的，走向社会后，人就变坏，但没有变坏的人该如何解释？完全用堕落涵盖所有人，这是卢梭看法偏激的体现。卢梭对爱情、婚姻与私有财产的批判则更为偏激，伏尔泰甚至认为，卢梭攻击私有财产是在攻击文明本身。

卢梭写于 1755 年的《论人类不平等的起源》，以及 1762 年的《社会契约论》继续深化他偏激的批判，其蛊惑性论述有着强大的魔力，风靡一时。在《论人类不平等的起源》中，卢梭提出人在自然状态下是快乐的，走向堕落与人的贪婪和自私有关，至少与少数人的贪婪和自私有关。为了贪图财富与权力，贪婪自私的人甚至不惜牺牲自己同胞的利益。这样私有财产不幸地出现了，继而为了保护私有财产又产生了国家。自此以后，情况越来越坏。在《社会契约论》中，卢梭进一步指出，少数富人中的阴谋家是以一种看似合法的方式强制推行伪造的政府契约。为此他呼吁废除统治者与被统治者之间的契约，建立一种所有人彼此平等的契约。换言之，卢梭认为当时的国家是不合法的，因此有必要在民主的基础上重建。卢梭推导出来的结论成为现代民主主义、社会主义和无政府主义的出发点。卢梭的结论今天看来似乎特别令人难以接受，但对 18 世纪的人来说，振聋发聩，似乎发现了某种真理。他的这些著作在法国革命期间被人们热烈地引用，很少有人能够抵挡他激情论述的魅力。

卢梭的《爱弥尔》是一部在西方教育史中享有盛誉的著作，与柏拉图的《理想国》、杜威的《民主主义与教育》并为西方教育学中三部重要的经典。《爱弥尔》提议需要将儿童当作一个发展中的人来对待，这是非常有启发性的观点。有人因此将《爱弥尔》看作"现代教育的基本论述"。也许正是因为这一点，此书成为教育学中的经典名著。

狄德罗生于法国外省，出生寒微。他少年时就读于家乡附近的耶稣会学校以及巴黎的阿尔古勒中学，成绩甚为优异。他中学毕业后向往独立生活，违逆了家人给他的职业选择，失去了经济来源，只能卖文为生。在此期间，他结识了卢梭、布丰、达朗贝尔等启蒙哲人。1746年，他与达朗贝尔共同主持《百科全书》的编撰工作。也就是在这一年，他的第一部作品《哲学思想》出版，但因为宣传无神论思想惨遭查禁。1749年，狄德罗发表了另一部作品《给明眼人读的论盲人书简》，更明确地反对宗教。他在书中公开表达自己对宗教的不信任："若要我相信上帝，就让我用手指触摸到他。"他在著作中一再重申的无神论与反宗教思想，触碰了当局的逆鳞，因而被捕入狱。除了编撰《百科全书》，撰写《哲学思想》与《给明眼人读的论盲人书简》外，狄德罗在文学艺术方面也有不小的贡献。

狄德罗对启蒙运动最大的贡献在于编撰《百科全书》。虽然编撰《百科全书》并不是狄德罗首创，但是经他之手，《百科全书》成为启蒙运动最重要的成果。在狄德罗编撰《百科全书》之前，两部重要的百科全书已经问世：培尔的《历史批判词典》和苏格兰人伊弗雷姆·钱伯斯的《百科全书》。最初巴黎的出版商意识到《百科全书》有市场，就希望有人领衔翻译钱伯斯的《百科全书》。但狄德罗与达朗贝尔接手《百科全书》后，放弃了翻译的设想，转而希望在已有著作的基础上，后出转精，重新编撰一部《百科全书》。培尔的《历史批判词典》突出了新奇的思想，钱伯斯的《百科全书》则强调艺术与科学。狄德罗的《百科全书》充分吸收了培尔与钱伯斯各自作品的优点。《百科全书》又名《科学、艺术和工艺详解词典》，其第一卷出版于1751年，至1780年全部完成。参加《百科全书》撰写工作的，除了我们熟知的伏尔泰、孟德斯鸠、卢梭外，还有达朗贝尔、霍尔巴赫、爱尔维修等知名人士。

《百科全书》在推广科学技术观念、批判基督教与传播启蒙精神等方面作出了巨大的贡献。《百科全书》明显地重视科学、数学与技术等学科，它以启蒙运动的典型方式，颂扬实用知识，贬低形而上学。一些作者用各种方法贬低基督教，包括撰写讽刺性的旁白、抨击耶稣会、颂扬穆罕默德等。在政治方面，洛克的思想流淌于很多词条之中。概而言之，《百科全书》是一部非常实用的工具书，但这部书与其他工具书的巨大不同是宣传了启蒙运动的重要理念，即崇尚理性与经验，批判正统的宗教。

孔多塞是启蒙运动的杰出代表之一，被称为"最后一位启蒙思想家"，毕生致力于追求人类文明不断进步的理想。

孔多塞在启蒙运动时期大力倡导进步观念。早在17世纪晚期，由于科学的革命性进步，一些思想家已经意识到当时的知识成就超过以往任何时代，将来知识也将取得更大的进步。但是在文学领域，许多人认为当时创作出来的作品还不能与古希腊、古罗马相提并论。17 世纪末，人们开始争论"古代"与"现代"孰优孰劣，由此爆发"古今之争"。到了 18 世纪，人们逐渐察觉到，当时社会的各个方面都不是过去所能比拟的，而将来社会的进步也不会停止。孔多塞的《人类精神进步史表纲要》最充分地表述了这一观点。在他看来，人类社会总体上是进步的，虽然短暂地出现过倒退，例如中世纪时期，但假如科学革命和启蒙运动取得胜利，进步将成为不可阻挡的趋势。反讽的是，《人类精神进步史表纲要》是孔多塞在逃亡中写成的。他在逃避法国革命分子追捕的时候，依然坚信暴政与奴隶制仅出现在戏剧或历史中。事实是，他不久就成为"恐怖统治"的牺牲品，1794 年 3 月 27 日晚被捕，两天后死在监狱中。

除法国外，欧洲其他国家也对启蒙运动作出了巨大的贡献。英国的洛克、爱德华·吉本、休谟和亚当·斯密的思想在启蒙运动中均可圈可点，值得关注。

洛克不但为英国启蒙运动的代表人物，也是启蒙运动的先驱。洛克的父亲是国会派律师，也是一位清教徒。他在牛津大学求学时反感经院哲学，表现出对自然科学的极大兴趣。其主要著作是《人类理解论》《政府论两篇》《论宗教宽容的书信》《教育漫话》《基督教的合理性》。在这些作品中，《人类理解论》与《政府论两篇》是洛克最重要的代表作。

《人类理解论》是洛克的哲学代表作，《政府论两篇》是政治理论的代表作。正如前文所讲，洛克的"白板说"在知识论方面有较大的贡献，是启蒙哲人推导出环境决定一切观念的基础。此外，"白板说"也影响了现代小说的发展。《政府论两篇》反驳的是罗伯特·菲尔默倡导的君权神授与王位世袭的观念，更新了对国家与自然权利的认识。

"白板说"对意识流小说有较大的影响。具体来说，洛克的《人类理解论》建构了一套描述人类心理的话语，让人们对过去隶属于神父和忏悔者的领域有了新认识，这种话语在某种程度上推动了意识流小说的发展。英国作家斯特恩在《项狄传》中不但概括了《人类理解论》的内容，也受该书影响，成为意识流小说的先驱。"请问，先生，在您所读过的书中，您是不是读过洛克的《人类理解论》这么一本书？……由于我写作的目的是教育人，所以我用三言两语告诉您这是一本什么书。——它是一部历史。——一部历史！写的是什么人？写的是什么事？写的是什么地方？写的是什么时候？别着急。——先生，它是一本历史书（它很可能把历史推荐给全世界），写的是在人的头脑中经过的事物；如果您想对这本书大力推崇，如此而已，那么相信我，您不会在一个玄学圈子里丢人现眼的。"也许正是因为斯特恩对洛克著作有精深的理解与认识，《项狄传》在叙述方面匠心独具，呈现出了不一样的艺术特征，即其叙述突破了传统小说叙事手法的窠臼，打乱了时间顺序，常常放下正常的叙述而讲其他内容，这种看似离奇的叙述手法，在某种程度上反映的是人们心理活动的过程。

在政治哲学方面，洛克对主权在民、天赋人权与宗教宽容等思想等有出色的阐释。

洛克明确界定与阐释了主权在民思想。霍布斯在《利维坦》中认为，国家的权力奠基于人民的授权。洛克在霍布斯的基础上，反驳罗伯特·菲尔默所提出的君权神授观念，丰富与扩展了主权在民思想。在洛克看来，政府的权力并非来自神授，而是由于公民对政府出让了自己的权利。出让权利的目的是保护公民的人身与财产的安全。公民授予政府的是他们的部分权利，保留了反对权、财产权与对政府的监督权。由于政府的权力来自公民,所以政府并没有绝对的权力。

洛克发展了天赋人权的思想。洛克主张人生而自由,不受控制地享受自然法的一切权利和利益,享有生命、自由与财产的权利。在此,这三项权利是神圣不可侵犯的,不但不能被随意剥夺,相反还要得到有效的保护。日后在法国大革命与美国独立革命中都可以看到洛克这一思想的踪迹。

作为自然神论的奠基人之一,洛克坚持的宗教宽容思想在当时具有进步意义。宗教宽容思想在洛克的《论宗教宽容的书信》中有充分体现。在这本书中,他认为宗教不是国家的大事,而是公民的私事。国家对教会应该平等对待,实行宗教宽容的政策。但宗教宽容的前提是教会活动不能危害政府与损害公共利益。

吉本出生于一个拥有大地产的资产阶级家庭。据吉本所讲,其家族在14世纪时拥有土地,其祖父曾任南海公司董事,其父担任过伦敦城的区长与英国议会下院议员。吉本是著名的历史学家与作家,其主要作品是《论文学研究》《评〈伊尼特〉第六卷》与《罗马帝国衰亡史》。其中,《罗马帝国衰亡史》为历史领域的经典著作,叙述了从奥古斯都时代到1453年君士坦丁堡陷落这一阶段的历史。在吉本看来,罗马帝国毁于日耳曼人的入侵与宗教的出现。他指出基督教的出现对欧洲而言是一场灾难,因为基督教毁掉了罗马人的科学与哲学。对于基督教的神迹,如驱魔除鬼、起死回生、耶稣受难天地晦暗,吉本都加以反对。毫无疑问,吉本在《罗马帝国衰亡史》中对基督教的批判,特别是对神迹的批判,可以自圆其说。不过吉本对基督教所持的批判立场,也引起了争议。一些学者认为"吉本的历史批判精神,与启蒙时代的理性主义思想是一致的,突出表现在对基督教传统教义、信条、教规等所持的批判态度"。某些学者则主张"吉本具有的反宗教的偏见损坏了作品的质量"。

休谟是苏格兰启蒙运动的代表。休谟的出生与求学都在苏格兰的首府爱丁堡。他曾在1745年向自己的母校爱丁堡大学申请教职,但因为其怀疑论与无神论的立场而被拒绝。他在哲学、历史学、经济、政治、道德、宗教等领域均有造诣,其主要著作有《人性论》《道德与政治论文集》《人类理解研究》《道德原则研究》《政治谈话》《英国史》《宗教的自然史》《自然宗教对话录》。

休谟对启蒙运动的贡献可以在知识论与宗教中去理解。休谟的怀疑主义相当彻底与激进,以至于威胁到了科学的基础概念:因果律。他以两个台球的撞击为例,试图证明自己的观点。假如人们看见A球在桌面上撞向B球,随后B球发生了运动,一般称A球是导致B球运动的原因。但在休谟看来,这只是人们在观念联想中形成的一致性,而非因果关系,因为人们无法在二者之间建立一种普遍的必然性。在知识论方面,休谟对因果律的这种批判威胁到了科学存在的基础。在宗教方面,正如他对科学知识的批判一样,他对上帝信仰的合理性也进行了彻底的批判。休谟认为,信仰无法用任何理性的方式去捍卫。

亚当·斯密与他的朋友休谟一样是著名的哲学家,而在哲学家的身份之外,斯密也是著名的经济学家,有"现代经济学之父"的美誉。因在启蒙运动中的杰出贡献,他也被看作苏格兰启蒙运动的关键人物。

斯密生于一个与爱丁堡的福斯湾隔海相望的小港口。他尚未出生父亲便去世了,母亲独自将其抚养成人。虽然他童年体弱多病,但异常聪慧，14岁就被推荐进入苏格兰著名学府格拉斯哥大学学习。在这所大学，"苏格兰哲学之父"的弗朗西斯·哈奇森成为斯密学术的引路人。在某种意义上，哈奇森为斯密打开了启蒙主义的大门。

斯密的划时代著作《国富论》被认为是对自由主义经济学的经典描述。斯密倡导的自由主义经济学反对的是重商主义，即政府干涉经济，严格管控经济生活。所谓自由主义主要是指让人民做他们愿意做的事，让自然界自然地发展。按照斯密的自由主义经济学，国家应该放弃对经济的干预，包括通过法律手段对经济的干涉，允许个人追求自身的利益。假若确实能如此，那么国家将会实现经济繁荣。斯密在《国富论》中论证说，对个人的经济活动而言，自我利益是个人活动的动机；国家的利益是在某一国家中起作用的个人利益的总和；每个人都比政治家更清楚地知道自己的切身利益。

斯密的自由主义经济学理论与启蒙主义有内在的契合性。经济学致力于发现社会中经济运行的规律，这种规律就像牛顿定律一样是一种普遍性法则。在斯密看来，社会有机体可被看作一部机器，可以自行运转。这部机器由某种可为人们所理解的法则所控制，而自由主义就是经济运行的法则。

德国启蒙运动虽然姗姗来迟，但是贡献了一位伟大的哲学家——康德。康德的一生都在东普鲁士的哥尼斯堡度过。他1740年进入哥尼斯堡大学，学习了古代经典、物理学与哲学。求学期间，沃尔夫哲学在德国大学占据统治地位，它是以莱布尼茨理性主义和形而上学的路线为中心发展出的哲学体系。不可避免地，康德受到的大学教育非常强调人类理性在形而上学领域的作用。大学毕业后，康德做了8年的家庭教师。从1755年起，他在哥尼斯堡大学任教四十余年，1797年退休。康德的主要著作有《纯粹理性批判》《未来形而上学导论》《道德形而上学原理》《自然科学的形而上学基础》《纯粹理性批判》(第二版)《实践理性批判》《判断力批判》《单纯理性限度内的宗教》与《论永久和平》。

康德对启蒙运动有自己的看法。他在一篇著名文章《答复这个问题：什么是"启蒙运动"？》中论及对启蒙运动的理解："启蒙运动就是人类脱离自己所加之于自己的不成熟状态。不成熟状态就是不经别人的引导，就对运用自己的理智无能为力。当其原因不在于缺乏理智，而在于不经别人的引导就缺乏勇气与决心去加以运用时，那么这种不成熟状态就是自己所加之于自己的了。Sapere aude! 要有勇气运用你自己的理智！这就是启蒙运动的口号。"

康德建构的批判哲学，调和了经验主义与理性主义之间的矛盾。启蒙运动甚为倚重经验主义与理性主义，但二者对知识的起源有截然不同的解释。理性主义认定知识来自人类的天赋观念，是天赋的理性功能的产物。经验主义认为人的感官被动地接受外界的刺激，然后不断地对各种各样的感觉与知觉进行积累、加工、整理、提升，就形成了知识。理性主义者与经验主义者之间的分歧是如此之大，以至于双方相互攻讦。理性主义者认为经验是幻象与谬误的源泉，理性主义哲学家笛卡尔就认为经验是系统性的欺骗。经验主义者则对理性主义者求助理性的行为表示怀疑，他们认为理性是一种与物质世界毫无关系的抽象能力，只能提供最琐碎的知识。康德在自己的批判哲学中对二者之间的张力进行了调和，他认为知识既包括了来自外界的客体要素，也包括了来自人这一认识主体的要素。换言之，知识是客体和主体相互结合的产物。

启蒙运动与近代世界

如果说文艺复兴时期的艺术家和人文主义者开启了抨击中世纪思想、强调个人成就和现世生活的趋势，那么启蒙思想则将这种趋势推向了顶点，启蒙运动同时也富有创造性地转化了科学革命的成果，带来了新的探索和研究方法。受牛顿发现万有引力的启示，启蒙哲人认为，如果自然界能够自主运行，无须神力的干预，那么人类的智慧应该也能自主运转。人类借助自己的智慧，完全可以发现自然界和社会生活的基本法则。

启蒙哲人抛弃了宗教的神圣学说，企图以理性来分析哲学、政府、宗教、经济等领域。启蒙哲人摒弃了中世纪的一些观念，例如人生而堕落、天堂是生命的归宿、人的价值存在于另一个更高的实体中，转而强调个人的潜在价值，将现世生活看作生命的目的，信奉理性之光可以完善个人与社会。

从哲学的角度来看，今天英美世界的哲学研究依然无法略过休谟的哲学思想所带来的观念变革。在经济学的角度上，当下经济学理论虽然取得了重大进步，但依然带有亚当·斯密视角所留下的独特印记，未来也许依然如此。

与此同时，洛克、孟德斯鸠、卢梭等人的政治哲学在国家与个人关系上树立了新理念：国家存在的目的不只是聚敛权力，也要增加人类的幸福。这种新理念在某种程度上削弱了封建君主制度与寡头政治在欧洲的影响力，典型的例子是法国大革命。

启蒙运动的某些法国领袖诚心相信人类能够无限进步。人类依靠感知能力就可以不断地拓展知识，这让启蒙哲人意识到人类的生存环境可以无限地得到改善。不可否认，20世纪发生的种种悲剧使某些思想家质疑过人类可以无限进步的观念，并在知识分子群体中产生了一定的影响，但群众依然相信人类现在与将来将继续进步，西方思想界也从未放弃过这个崇高的理念。

启蒙哲人追求的社会是一个更自由、人道、理智的社会。为了实现这一追求，他们寄希望的是改良而不是革命。启蒙哲人几乎都认为科学是改善人类境况的一剂良药。在此意义上，法国大革命可以说是否定了伏尔泰与康德等启蒙哲学家所持的改良主义。不过，启蒙运动也在基督教之外发展出一种人性观。这种人性观立足于现实社会的需要，批判现实社会的痼疾。因此，西方任何既定的制度一旦陷入腐败和失去效率，都将受到启蒙思想的批判。也正是在这个维度上，启蒙哲学家的作品在思想上有助于18世纪后期民主革命的发展。启蒙运动的思想家们还提出了各种理想：宗教宽容、蔑视偏见与迷信、警惕无限制的政治权力，它们在某种意义上依旧盛行于当代西方社会。

思考讨论题

1. 启蒙运动的基础是什么？
2. 伏尔泰的启蒙思想主要体现在哪些方面？
3. 启蒙运动与近现代世界有何关系？

第十四章 工业革命

第十四章　工业革命

开始于18世纪中叶的工业革命主要发生在技术和经济领域，延续约一个世纪，从英国发源后，影响遍及世界。在这个过程中，运用不竭机器驱动的生产代替了人类体力的生产，发明了能够将热转化为功的发动机；大量新发现的且丰富的原材料特别是矿物资源代替了植物或动物资源。工业革命为什么在18世纪后期而不在更早的时间内发生？为什么最先出现在英国？

英国工业革命的起源

工业革命发端于英国，在很大程度上与英国的地理位置、社会环境、经济结构、意识文化等方面的特殊性有关。

英国的地理位置使其获得海权成为可能，自然环境则提供了工业革命所需的物质资源。在近代早期战争频繁的欧洲，作为岛国的英国具有相对安全的地缘环境，能将更多资源和精力投入海军的发展，并遏制欧洲其他国家走与自身相同的道路。例如，英国与荷兰斗争的时间非常长，由于强大的海军支持，加上封锁国内羊毛资源的出口，削弱了荷兰的制造业优势直至使其丧失工业发展的前景，个中缘由包括荷兰小国寡民、缺乏足够资源、因所在的地理位置而不得不承受法国强大陆军的打击。而波旁王朝统治下的法国虽然崛起为欧洲强大的国家，却因必须同时供养陆军和海军而财力不支，只好放弃海权，也在与英国的殖民争霸中落败。此外，在水运是较便捷运输方式的时代，英国有绵长的海岸线、大量可航行河道和可利用的水力装置，中北部作为工业革命的首发地，相比欧洲其他地区，拥有丰富的浅层煤矿和铁矿资源，蒸汽机的革新、利用焦煤炼钢的冶金技术的革新，使煤矿和铁矿有了广阔的用武之地。

大型殖民帝国的建立和洲际贸易的发展起着推动作用。从 15 世纪发现新航路起至 18 世纪,英国先后将北美的大片土地、盛产蔗糖的加勒比群岛、印度的孟加拉等并入自己的殖民地,不仅确保了商品生产的原料产地和销售市场,还让制造业生产的产品流向殖民地,推动了洲际贸易的发展。而洲际贸易所产生的需求,则推动人们发明机器和其他提高产量的方法。事实上,英国通过远程贸易从殖民地掠夺和积累了巨额财富,能将其用于工业革命所需的资金开销。如果没有通过对印度的殖民化进而垄断占世界市场一半以上的印度棉纺织业,如果没有北美洲作为其棉纺织业的原料产地和销售市场,英国的纺织业不可能在工业革命中崛起并独霸世界的棉纺品市场。

商业革命使英国较早建立了健全的市场经济制度。地理扩张导致世界市场扩大,极大地刺激了对商品的需求,由此,英国的对外贸易也迅速扩张,国内的商人、手工业者、农民都为商品生产而运转起来,形成英国历史上最大的一次商业浪潮,即商业革命。之后,英国进行了一系列市场制度层面的创新。到 18 世纪后半期,英国法院在保险、汇票、包租船只、销售合同、专利和其他商业交易方面逐渐积累起丰富的经验,并在此基础上逐步建立了健全的商业法律和制度,包括保护财产和合同的法律,如《人身保护法》《期票法》《合伙契约法》《货物买卖法》等;保护消费者的商品检验制度和价格控制制度,如检验员、视察员和监督员制度;保护发明者的专利法,如《专利法令》。在英国法律管辖的商业范围内,股票市场、企业债券市场(如伦敦证券交易所)等有序发展,在债务清偿方面具有较高的信誉保证,英国国债则在世界范围内享有极高信誉,伦敦因而成为世界金融中心,这些正是其经济制度优越性的表现。

英国发生了农业劳动力向工业劳动力的大规模转移,这为工业革命奠定了人力基础。工业革命发生前,英国最大的生产部门是农业,最重要的投资是对土地的投资。随着资本主义精神深入农村,想追逐利润的富有阶层将农业由自给自足的庄园经济转变为向不断扩大的市场提供产品的市场经济,圈地运动由此出现并持续了近三个世纪,它在提高产量和利润、瓦解农业社会、逐步实现农业资本主义化的同时,还致使大量农业劳动力过剩,客观上为工厂提供了劳动力。圈地行为在欧洲其他国家也发生过,但是规模要小很多,法国革命由于为农民提供了更多土地而使他们都不愿意背井离乡。

手工工场为工业革命准备了实施工厂制度的基本要素。手工工场采用集中生产的方式,有固定的场地,分工较细致,也有管理人员如工头、总监督等,已经具有近代企业的雏形。另外,手工工场的生产工具比较简单,开办费用低,技术较容易掌握,具有普遍发展的可能性,棉纺织、采煤、造纸、制盐、冶炼等在工业革命前都是较为普及的工业,它们不仅使英国成为"商人之国",而且还为最终促使其变成"制造之国"打下了基础。

英国较早将科学技术和工业生产相结合。英国推动了科学技术在手艺工人、工程师和商人中的应用,并鼓励这些社会群体和最前沿的科研人员互相合作交流,共同推动他们各自的工作。而且,各类使用科学仪器的实验及其公开展示赢得了大量的观众,推进了最新的科学方法和科学发现的普及;实验方法的应用和最新科学发现的易得性,推动了手艺工人和仪器技师成为第一代工程师;商人和工厂主对于实验和科学研究经济价值的了解,促使其雇佣或资助工程师们改进生产技术。18世纪的英国似乎形成了一种特殊的文化机制并塑造了新型工匠，为工业革命的技术变革提供了内核。

工业革命出现在英国也与其频繁参与战争有着深刻关联。1652年至1674年间，英国与荷兰发生了三次战争，结果是英国取代荷兰成为海上霸主；1756年至1763年，英国—普鲁士联盟与法国—奥地利联盟发生七年战争，英国在法国大革命及拿破仑时期对法国发动战争，结果是英国获得法国在北美的大片殖民地，并且逐步在世界殖民地的扩张中占据优势。在这一过程中，以火炮和海战为新型平台的战争，不仅促成了伐木、采煤、炼铁、冶金等工业的迅猛发展，也推动了国家体制的变革升级，包括财政税收制度、货币发行制度、战争决策机制、殖民地管理制度、航海探险奖励制度、重商主义关税政策和各种产业政策等。

棉纺织业的技术革命

在人类文明史上，工具的发展历经了几次重大变化，在工业革命时期尤为突出。一系列技术革新带来了工具日新月异的变化发展，也推动了工业革命的进程。工业革命的过程就是各工业部门连续反应的过程，从轻工业到重工业，从工作机到发动机，互相推动，最后形成机器生产的完整体系。

工业革命从棉纺织业的技术革新开始。从17世纪起，英国的棉纺织业受到来自印度和中国的物美价廉的棉纺织品的竞争威胁，迫使英国国会在1700年颁布法令，禁止输入棉纺织品，导致棉纺织品价格上涨。市场的需求刺激了英国棉纺织业的发展。为了满足国内市场的需要，并在国际市场上加强竞争力，棉纺织业必须降低成本，提高质量，技术革新尤为急迫。

棉纺织的过程分为纺纱和织布两个主要部分，由此，纺纱机和织布机先后都进行了技术革新。

在纺纱机的革新方面，1733年，约翰·凯伊发明飞梭，使织布效率提高了一倍，棉纱生产开始供不应求，甚至导致"纱荒"，直接诱发了棉纱生产的创新。1735年，英国技工约翰·怀特发明了自动纺筒和翼形纺锤的卷轴纺车，1737年获得专利。这项发明成为棉纺织业由手工纺纱向机器纺纱技术过渡的一项重大突破。随后，各种纺纱机在此基础上不断改进。

大约在1764年，英国技师詹姆斯·哈格里夫斯发明了"珍妮"纺纱机，又称"多轴纺纱机"，只需一人手摇纺机，便可同时带动8枚纺锭，后经多次改进，纺锭增加到16枚、80枚、130枚。虽然纺出的纱细、易断，且用人力手摇，操作极为费力，但是"珍妮"纺纱机使男工代替女工成为主要劳动力，纺织业逐渐成为家庭主业，同时，还促进了水力纺纱机的诞生。

1769年，理查德·阿克莱特发明了水力纺纱机。一台纺纱机能带动几十枚纱锭，纺出的纱线坚韧结实，相比"珍妮"纺纱机，它不仅可以纺出纬线，还可以纺出经线。水力纺纱机纺出的纱线结实有余，但缺点是粗细不均。1786年，水力纺纱机被应用于生产纯棉织品，质量优于以麻做经线的织品，并且经得住漂白和印染，质量不亚于印度棉布。但是这种纺纱机体积较大，结构复杂，必须安装在有水流落差的地方，不适合家庭生产。

1774至1779年，英国织工塞缪尔·克朗普顿综合了"珍妮"纺纱机与水力纺纱机的优点，发明了一种性能更为优良的纺纱机，称为"骡机"，又名"走锭精纺机"，这是一种利用水力推动的纺纱机，一次可以带动300至400个纱锭，纺出的纱线细而均匀结实，且降低了贵重棉布的价格。骡机的发明有力地刺激了织布领域新发明的出现。

"珍妮"纺纱机、水力纺纱机和骡机这三种纺纱机器是英国棉纺织业由手工生产向机械化生产过渡过程中涌现出的重要发明成果。它们一方面使织布速度相形见绌，造成了织布速度跟不上纺纱速度的矛盾。这就促成新式织布机的出现。1787年和1792年，英国教士埃德蒙·卡特赖特先后发明了两种织布机，1787年发明的织布机用马做动力，两年以后改用蒸汽，使织布基本实现机械化，效率提高了10倍。另一方面，纺纱机主要靠人力或水力作为动力，使工厂的建立受地点和季节条件的限制。

纺纱机和织布机的发明和广泛运用，引起了纺织工艺及其装备的根本性变革，许多新发明的机器源源不断地占领手工劳动的阵地。1783年，苏格兰人托马斯·贝尔发明滚筒印花机，革新了布匹印花技术，提高工效100倍。1792年，美国人伊莱·惠特尼发明轧棉机，实现棉花脱籽工序的机械化，这项技术很快传入英国。一人操作这种轧棉机，每天能轧棉1000余磅。在此之前，每人每天只能轧棉5至6磅，极大提高了英国纺织业的生产效率。

英国的棉纺织业用了50年左右的时间，通过一系列的技术发明和生产革新，在18世纪末率先实现机械化生产，棉布的产量和质量大为提高。1760至1827年，英国棉纺织业生产增长了20倍，成为世界上最大的棉纺织品出口国。纺织新技术带动了印花业、漂白业、染色业的技术革新，还推广到毛纺织业、麻纺织业和丝织业，净棉机、梳棉机、整染机等陆续出现，从而形成了配套的系列化机器大生产。

第十四章 工业革命

蒸汽机的发明

蒸汽机的发明有其技术上的必然性。纺织业的机器发明之后，仅凭人力不能推动巨大、笨重的机器转动；风力和水力受地理和季节变化的影响较大，遇到枯水季节和无风天气，机器便不能运转。对超越人力、畜力或自然力的动力机的极大需求，诱发了蒸汽机的发明。蒸汽机的发明是整个技术革命的关键点，它从动力着手，取代了人力、畜力、自然力。

在詹姆斯·瓦特之前，蒸汽机已被发明并使用多年。1698年，英国人托马斯·塞维利制造出世界上第一台具有实用价值的蒸汽抽水机，用来抽出矿井坑道中的积水。1705年，英国人托马斯·纽科门在前人的基础上进行改良，试验研制出一种性能更加良好的蒸汽抽水机，在煤矿的深井抽水作业中被广泛推广和使用。但这两种蒸汽机都不能驱动其他机器，燃料消耗很大，且效率低下，只限于煤矿抽水使用。

1765年，曾任苏格兰格拉斯哥大学教具修理师的詹姆斯·瓦特在罗金斯和波尔顿两位企业家的支持下，对纽科门的原始蒸汽机进行了多项改进，制成了第一台单动式发动机——矿井抽水用的蒸汽机。它将汽缸同冷凝器分离，从而提高了热效率，但这种蒸汽机仍然是单向运作的，不能用作工厂生产中的动力机。1784年，瓦特又成功研制出联动式蒸汽机，它将直线运动转变为连续而均匀的圆周运动，可以驱动其他机械装置。这种新式联动蒸汽机适用于各种工厂生产，具有效率高和运行安全可靠的特点，因此又被称为"万能蒸汽机"。万能蒸汽机的发明，使本来就走在工业革命前列的英国棉纺织业如虎添翼，蒸汽机很快取代水车，驱动纺纱机和织布机工作。到 1800 年，约有 500 台瓦特蒸汽机投入使用，其中近 4 成用于抽水，其余的为纺织厂、炼炉厂、面粉厂和其他工业提供动力服务。

蒸汽机是工业革命的象征，意味着动力革命，标志着人类社会生产从此进入机械化时代，因此具有特别重要的意义。首先，蒸汽机的使用使工厂进一步摆脱了自然条件的限制。因为蒸汽机消耗煤和水而自行产生动力，它的运转完全受人控制，可以移动，使得工厂在厂址选择上不受地点条件的制约。其次，蒸汽机的使用使机器体系日臻完善。机器体系包括三部分：一是工具机，二是传动机，三是动力机。工业革命从工具机的革新开始，在将水力用作纺织动力的同时，传动装置也发展起来。但水力不能随机器其他部分移动，因而难以真正成为机器的组成部分。蒸汽机的发明，使机器的三个部分结成不可分的整体。最后，蒸汽机的使用，还加速了机器的运转，要求工人密切协作，使工厂管理技术得到进一步发展。

蒸汽机发明以后，在 18 世纪对推动经济发展的贡献还不算突出，但到了 19 世纪以后，蒸汽机在工业领域的运用范围急剧扩展，随即又在铁路运输和轮船运输业务中找到了用武之地，最终促使世界经济一体化水平显著提高。

冶铁业和采矿业的进展

蒸汽机发明和使用后，冶铁业和采矿业也相继发生技术革命。

冶铁业是英国古老的工业部门，由于冶炼使用的燃料是木炭，致使英国的森林资源接近枯竭。从 17 世纪中期起，冶铁业逐渐衰落，铁产量下降，英国不得不从外国进口大量生铁。但18世纪中后期，英国本土冶炼的铁广泛取代了木料，铁不仅被大量使用在机器制造领域，如机器的齿轮、飞轮、链条、轴承、紧固件及外部附件，而且被使用在各种公共设施、交通设备和建筑中，铁桥取代木桥、石桥，大铁轮取代木制水轮。这一变革要归功于18世纪上半期，冶铁业在冶炼技术、铸造加工和机器发明等方面实现的技术革新。

在冶炼技术上，亚伯拉罕·达比在1709年成功研制出一种采用焦炭代替木炭作为燃料的鼓风炉，但技术尚不成熟，炼出的铁质量不高，该方法未能广泛流传。1735年，其子改进了制造焦炭的方法，加大水力鼓风机的风力，提高高炉温度，除去硫黄和其他杂质，将生石灰和其他催化剂与矿石混合，避免金属在熔化时变质，结果用焦炭炼出了熟铁。1784年，工程师科尔特发明了"搅炼"和"碾压"精炼法，用焦炭炼出熟铁和钢，而且具有生产效率高和成本低廉的特点。

在铸造加工和机器发明方面，为提高铁的产量，扩大了高炉的容量，继续改进鼓风系统，增加鼓风机的风力。18世纪50年代，离心鼓风机得到广泛运用。1788年之前，已经出现了金属拉长、切削和加工的机器，后来又发明了钻枪炮筒的钻孔机。克利福德和格皮先后在1790年和1796年发明和改进了制钉机。1797年，莫兹利发明了导轨和制造螺丝钉的机器。此外，还出现了许多较为复杂的专用机器。

冶铁技术的进步有效降低了冶铁成本，不仅对于铁路和轮船运输业的发展有着重要意义，同时也把英国冶铁产品的质量以及历来微不足道的数量一举推到世界前列。

采矿业在17至18世纪进入发展的黄金时期。纽科门的蒸汽泵、瓦特改良后的蒸汽机,都被成功地用于抽水以及往矿井里运送工人和煤炭。1767年雷诺兹第一次在希洛伯郡用铁轨代替木材井上运输。1800年北英格兰铺设了数百英里铁轨,由马匹或固定式引擎牵引煤矿工人所谓的"有轨车"。煤矿工程师特里维西克在南威尔士和泰恩的采掘区首先试验了蒸汽机车。1813年采用了蒸汽凿井机,1815年发明了安全灯,1820年用曳运机代替人工背运,1844年英国人凯特、1848年法宾安发明了不同类型的钻探机,钻探深度达200余米。采矿业中机器的发明及其应用,极大地促进了矿石开采量的增长,使采矿业迅速发展成为英国资本主义经济的一个重要部门,煤成为伦敦和某些大城市的家庭及生产部门的主要燃料,为工业、农业、采矿业、交通运输业的机械化提供了充足的能源。

交通运输业的革新

机器大工业的发展要求运输越来越多的产品、原料和燃料,必然刺激交通工具的革新,引起运输工具和运输方式的突破性进展。交通运输业的革新是从解决煤炭运输开始的,在航运和铁路运输中达到高潮。

航运业在英国的发展分为内河航运和海运业两类。当时,英国的内陆交通很不发达,河道淤塞严重,仍采用原始的畜力驮运。1759至1761年,布里奇沃特公爵为发展煤炭业,聘请经验丰富的工程师布林德利负责在沃斯利煤矿到曼彻斯特之间修沃斯利运河,长11公里,获得巨大成功。这是英国第一条现代意义上的运河,它的开通解决了曼彻斯特运煤问题,此后,各类运河公司纷纷成立,迅速掀起开凿运河的热潮。至1830年,英格兰境内的运河长度达到1 927英里，苏格兰和爱尔兰境内达1 000英里，基本上建成全国运河网。

英国的海运发展较早，1629年已拥有排水量百吨以上的大船350艘。19世纪初，英国造船业用进口的木料制造帆船。水上交通工具的变革源自蒸汽机的使用。1807年美国人富尔顿发明汽船后，英国于1811年仿制成功，开始将其用于内河及沿海航运。为了扩大海外市场，英国十分注重发展以蒸汽机推动的铁制海轮。1838年，英国轮船"南阿斯号"横渡大西洋成功。1840年，苏格兰人在英国利物浦和美国波士顿之间开办了定期轮船航班。从此，海上运输进入了所谓的"轮船时代"。在造船业兴盛的同时，英国投入大量资金发展航运业配套设施，沿海岸修建灯塔、灯船、扩建港口、船坞、堤岸、堆栈等，置备起重机和其他装卸设备。

陆路交通的革命是由于铁路和蒸汽机车的出现引起的，表现为公路的建设和铁路的兴起。筑路工程师梅特卡夫、特尔福德、多克亚当等发明的新筑路方法，使公路质量大为提高，他们用石块铺设坚硬路基，上面压上泥土、沙砾和碎石的混合物，路面中间略高，呈适度的弧形，可防止积水。用新方法修筑的公路，大大提高了交通工具的通行速度。19世纪30年代，长途旅行所需的时间大约缩短到18世纪80年代的三分之一至五分之一。

陆上交通的革命中最重要的是铁路的兴建。在17世纪，英国的一些采石场和矿区周围开始铺设木制轨道，装有木轮的矿车以马匹为牵引动力在上面滑行。1767年，铁轨开始取代木轨，但拉车仍然使用马匹。1800年后，人们开始研究用蒸汽机作为牵引动力。1814年，英国人史蒂芬逊成功地将蒸汽机安置在运行的车辆上，这是世界上第一台蒸汽机车。1825年，从斯托克顿到达灵顿的铁路建成通车,这是世界上第一条铁路,史蒂芬逊的火车头拖着一长列客车和货车前进,时速达25公里。此举开拓了陆上交通运输的新纪元,兴建铁路的热潮在全国迅速掀起。到19世纪40年代,英国的主要铁路干线基本建成,总长度达到6 000公里,陆上交通进入了"铁路时代"。过去出行时间以天为单位,现在以分钟和秒计算;过去遥远的一两百公里现在变得近在咫尺,时间与空间的概念都得到了更新。

交通运输业的革命造成了持久、深刻的影响,不仅为原材料、燃料、制成品、劳动力的运输提供了更为廉价、快捷、便利的方式,而且还关联带动多种相关产业。更重要的是,提供运输的意义远远超过了运输业的经济效益,它连接了城市和乡村,打破了农村的封闭状态,打破了时间和距离的古老关系,改变了人类几千年来的生活方式,带来了无法估计的社会效益。

机器制造业的出现

机器制造业的发展在工业革命中占有核心地位。工业革命初期,第一批工作机完全是手工制造,多用木料制成,结构比较简单,精密度不高,甚至在瓦特开始制造蒸汽机时,也只是用铸件汽缸。蒸汽机发明之后,木制的机器不能承受蒸汽动力的震动而改为铁制。铁制机器明显地超出人力的负荷范围。同时,纺织机与蒸汽机的出现和广泛应用,推动了各产业部门的机械化,特别是冶金、采煤和交通运输业的发展需要制造大型的机器部件,这要求机器制造业实行技术革新,用机器制造机器。

瓦特与企业家博尔顿在18世纪60年代末创办了专门生产蒸汽

机的工厂。蒸汽机出现后，简单的工作母机开始实现自动化，机器制造工厂的技术发明开始不断出现。1794年，莫兹利发明转动模型刀架，工人可以不用手把住刀架，就能把机器部件加工成各种形状。很快，模型刀具架被改成自动装置，并在所有的金属机床上使用。转动模型刀架引起机器制造业的重大变革。19世纪初，各种锻压设备和金属加工机床被陆续发明。1825年克雷门特发明刨床，使铁器的刨削就像木匠刨木料那样轻而易举。1827至1828年，他又发明了新车床，进一步提高了工效。同时期，罗伯茨发明了新钻床，它由蒸汽机推动，可以加工庞大的金属部件。

机器制造业层出不穷的技术革新，使一些机器零件的生产开始实现标准化，能够互相替换。机器零件标准化也使英国的机器制造业得到迅速发展。19世纪20年代后，英国用机器生产的机器越来越多，出现了蒸汽机、纺织机等机器制造工厂。19世纪中叶，机器已能成批生产，机器制造业作为大工业部门基本形成。当时，英国著名的机器制造厂，例如博尔顿和瓦特工厂、罗伯特和赛伊工厂以及惠特沃斯工厂等，已享有世界盛誉。英国制造的蒸汽机、各种工作母机、火车头、农业机器等，质量优良，远销世界各地，在国际市场上占有垄断地位，并直接影响着欧洲大陆和美国的机器制造业，英国成为"世界工厂"。机器制造业的机械化，标志着英国工业革命的完成。

工厂制度的建立

英国社会生产方式的转变始于分散的工场手工业向集中的工场手工业发展时期。为了适应市场规模的扩大，分料到户制需要依靠分工来提高效率，由于直接管理和监督生产过程的需要，集中的手工工场出现。集中的手工工场可以对个人贡献进行较好的考核，降低了机器代替人工的费用，其管理、组织生产的方式是工厂制的雏形。随着机器的增加，从使用单一机器到整个机器系统，最重要的生产过程得以机械化，更提高了专业性，从而导致组织创新——工厂制度的全面建立。工厂制度在机器生产的基础上，发展了手工工场监督以及管理生产过程的组织模式。

1769年，阿克莱特利用他的水力纺纱机建立了第一个工厂，从阿克莱特的专利证被撤销以后，工厂制度在纺织工业中开始普及。阿克莱特的纺纱机是由水力驱动的。因此，纱厂主们起初不是到城市里去设厂，而是到夹在陡壁之间的山谷、小山附近设厂，借助大坝易于制造人工瀑布。把工厂建在河流旁边，用水流推动轮子，带动机器纺纱。由于使用完善的设备要占许多空间和花费很多钱，所以它和家庭小生产是不相容的。因此，工厂制度是机械化的必然结果。1788年，英国建立的阿克莱特式纺纱厂已达143家，其中许多工厂的工人达700至800人。后来随着蒸汽机的出现，工厂设立的地点开始改变。在蒸汽机以前，使用动力的工厂必须设在可安装水力动力机的地方。蒸汽机的应用为在煤炭丰富、交通便捷、劳动力充足和距市场较近的地区设立工厂铺平了道路。

最早在纺纱行业中确立的工厂制度随后扩散到冶炼、机器制造、造纸、玻璃等行业。19世纪50年代，英国已有棉纺织厂1 932家，毛纺织厂1 497家，绒、麻、丝织工厂1 070家。工厂已成为在全国占重要地位的生产组织形式，其工业产量已占全国生产总值的33.8%。在最先进的经济部门中，主要的新生产单位便是工厂。把许多工人集中在工厂进行系列性的工作，改变了以往分散和集中的个体劳动为主的手工业生产；改变了过去商业资本控制下的分发原料、加工制作、定期收购、转运出卖的商品产销体制。由于机器的采用，固定资本的规模和比重大大提高，且具有专用性和不可分性；同时，工厂的劳动生产率大大高于分散的手工生产，竞争优势日益明显。所以，采用工厂制度是在市场竞争中生存的基本要求。这样，工业就再也不可能回到家庭中去，工厂制度就这样确定下来。在工厂中使用机器生产的工人的生产率，也几倍甚至几十倍于手工业工人。

工厂制度以其强大的竞争力，逐步排挤一个个行业的手工作坊，掌握一个个产业部门，使社会生产方式彻底变革。不过，这样的排挤过程经历了一段时间，尤其是最先发展起来的英国棉纺织工厂，遇到了手工业者的顽强抵抗。手工业者力图以过度劳动、降低生活费用等办法来维持自身存在的必要性，但终究在 19 世纪 30 年代被大机器无情地取代，工厂制度统治了各个生产领域。

工业革命的成果和意义

工业革命取得的最显著成果是使欧洲社会从农业时代走入工业时代，经济结构发生了翻天覆地的变化。工业从原来附属于农业的地位上升为举足轻重的国民经济部门，人类从此步入工业文明，劳动生产率有了史无前例的显著增长且能自我维持，人均收入有了极大提高，国内、国家之间以及不同文明之间的政治力量均衡被改变，人们的思维方式和行为方式也被重新塑造。

工业革命使经济增长速度大大提高。传统的手工、分散型的生产经营方式被机械、集约型的产业方式所取代，既能节省生产成本，又能合理组织生产劳动和分工，还能有效利用和推广设备，更重要的是，极大地提高了劳动生产率。机器生产使工业生产以前所未有的速度发展，在为投资者个人带来巨大财富的同时，也为政府和国家带来可观的财政收入。

工业革命改变了社会关系，创造出了工人阶级和工业资产阶级两大对立阶级，扩大了社会中原有的中产阶级的队伍。机器工业使工场手工业时期的手工工人对资本的依赖进一步加强；大量无力与大企业竞争的独立手工业者及其帮工也加入工人阶级的行列之中；因圈地运动失去土地的农民也被迫进入工厂。他们成为新型社会关系中的工人阶级。而原手工作坊主、工场主成了厂主；带动工业革命发展的发明家们凭借技术上的优势也成为具有实力的工业家；拥有雄厚资本的商人和贵族则开办实业。他们逐渐发展成为工业资产阶级。两大阶级的不同处境使他们有着不同的政治诉求：无产阶级肩负着解放自身和全人类的使命，寄希望于彻底的政治改革和社会改革，以实现资源的公平分配；工业资产阶级则倾向于通过政治改革参与政治生活，他们的自由平等思想对政治发展有深远影响。工业革命使工厂技术人员、各种专业人员如医生、律师、会计、经理、中小商人等加入了原中产阶级的队伍，他们的个人奋斗历程、生活方式和价值观也对西方社会的基本价值取向产生了影响。

工业革命既加速了城市化进程，也造成了一系列城市病。随着工业化的进展，社会财富的增加，社会也将越来越多的资源集中到城市，城市有利的经济发展条件能提供更多的就业机会，促成大量人口向城市迁移。城市既是经济中心、商品生产、流通中心，又是信息中心、文化教育中心和科学技术中心，人们在城市里生产、消费着比农村多得多的物质和精神财富,推动了社会经济、文化、科技的发展。但与此同时,城市化也带来一系列"城市病":城市人口过于集中,容易导致城市的大规模失业;城市的房屋资源有限,不可避免地引起城市地价和房租的上升;人口过于密集还带来环境污染和卫生状况恶化等问题。

工业革命加速了现代科学技术进步的步伐。工业革命激起了人们对科学技术的强烈需求,引发了在此期间和之后的一系列科学技术发明。在科学研究方面,新的星云说、原子—分子学说得到确立,元素周期表被发现,物理化学作为一门学科正式形成,生物学得到发展。光学、电磁、能量守恒定律、气体运动说、热力学、光谱分析、电波的研究都取得了成就。伏特、安培、欧姆、戴维、亨利和法拉第等科学家对电进行了研究,其成果被应用于实践。在技术方面,1864年平炉冶炼法被发明,使得一切钢铁都可以熔化、精炼和铸造。1866年西门子发明了电机。内燃机技术也得到了发展,由内燃机驱动的汽车1873年就在博览会上出现了。1876年贝尔电话机的发明,以及爱迪生创办的实验室的一系列发明更是把技术发明和应用推到一个新高度。1895年伦琴发现X射线,表明现代物理学的时代已经到来。

工业革命使平民教育迅速发展。虽然在工业革命之前,教育的范围已经扩大,但是社会上的绝大多数人仍然是文盲。随着工业革命的深入,人们渐渐认识到接受过教育的人远比纯粹的苦力更能适应社会的需要,而且还能为提升生产效率奠定人力基础,因此,欧洲人开始完善国家教育体系,有意识地培养能够帮助提高工业技术的人才,教育因此得到普及,西方终于拉开了全民义务教育的序幕。

工业革命对西方的思想文化产生了重大影响。工业革命中，亚当·斯密和李嘉图提出的经济自由主义理论得到广泛认可和接受，其中的具体思想包括：强调财产的私人所有权和使用权不受干预或侵犯的经济个人主义思想；国家不干预经济运行的自由放任思想；遵守经济规律的思想；个人拥有订立劳动契约自由权的思想；坚持自由竞争和自由贸易、反对任何形式的贸易保护或者垄断经营的思想。经济自由主义使个人主义倾向在社会生活中占据主导地位，这种观点认为个人在政治和经济上是自由的，一个人的成功或失败只与自己相关，与他人和社会没有关系。这些思想在捍卫工业革命塑造的新型社会秩序方面起到了积极的作用，也为工业革命向纵深发展起到了推动作用。

工业革命极大地影响了国际关系。工业革命促使经营者在世界范围内进行生产分工，密切加强了世界各地之间的联系。同时，国家力量不再只由人口、地域等因素来衡量，生产能力、机械化程度、人口的技术素质成为决定性力量。率先完成了工业革命的英国，工业产量和产值呈几何增长，很快成为世界第一经济强国。之后工业革命扩展到欧洲，比利时、法国、德国等紧随其后。由于有经验可借鉴，美国也很快以自己的方式完成了工业革命。由此，西方世界凭借工业革命带来的力量确立了相对于东方世界的领先地位，并通过多种方式深刻改变了东方世界的社会结构和价值观。

英国工业革命开始于18世纪下半叶，及至19世纪70年代进入了第二阶段，史称"第二次工业革命"，在这一阶段西方经济更加迅猛发展，不断开发新市场、新技术，海外贸易和投资成为世界范围的活动，掠夺和统治更是触及全球。

思考讨论题

1. 英国在欧洲国家中最先发生工业革命是因为具备了哪些较为有利的条件?
2. 工业革命先后在哪些领域展开?各取得了什么成就?
3. 工业革命的成果和意义体现在哪些方面?

附录 美国文化

美国文化是英国盎格鲁-撒克逊文化的延伸,从文化史来看,有相当一段时间,美国文化是英国文化的附庸。我们需要观察的是,美国如何摆脱英国文化的附庸身份而实现其有效的文化独立?美国文化存在"聚—散"的发展脉络和特点,提供凝聚力的是美国清教主义文化,即 WASP(White Anglo-Saxon Protestants)文化,虽然其一直被认为是美国的主流文化,但作为一个移民国家,多元主义逐渐成为美国文化的特色。

清教主义与 WASP 文化

作为一个移民国家,多元性是美国文化的主要特点,那么美国文化的凝聚力是什么?美利坚文化为什么能够"形散而神不散"?我们认为,一直为美利坚文化提供凝聚力的是以清教主义为核心的 WASP 文化。

美国本土的清教主义精神来源于 1620 年乘坐"五月花号"船来到北美的 102 位英国清教徒。如前述,英国宗教改革属于自上而下的,经过改革,英国国王替代罗马教皇成为国教领袖,宗教仪式上偏重新教,但在教义上偏保守,甚至还有天主教的残余,这自然引起新教中一批激进分子的不满。他们被称为"清教徒",属于主张清除英国国教中天主教残余的激进改革派,他们倡导去除宗教仪式中的繁文缛节和形式主义,希望过一种简洁、实在、上帝面前人人平等的生活,摆脱王权对教会的控制。

1608 年,为了寻求宗教自由,英国一批清教徒移民来到了当时宗教政策相对宽容的荷兰,但移居十多年后,他们不仅没有获得自己期望中的美好生活,最关键的是,他们的小孩在异国他乡生长,逐渐背离盎格鲁－撒克逊文化，甚至都不说英语了，这对于具有爱国精神的清教徒来说，是无法忍受的。为此，1620年，他们回到英国，并在弗吉尼亚公司的资助下，乘坐"五月花号"船来到北美，原定目的地是弗吉尼亚公司于1607年建立的据点詹姆斯敦，但最后因为天气原因，船漂流到了现在美国东北部马萨诸塞的科德角。为了建立一个大家都能受到约束的自治团体，船上41位成年男性决定共同签署一份公约，规定以一种民主的方式来管理自己的殖民地，史称《五月花号公约》，主要内容如下："吾等签约之人，信仰之捍卫者，蒙上帝恩佑的大不列颠、法兰西及爱尔兰国王詹姆斯陛下的忠顺臣民——为了上帝的荣耀，为了吾王与基督信仰和荣誉的增进，吾等越海扬帆，以在弗吉尼亚北部开拓最初之殖民地，因此在上帝面前共同庄严立誓签约，自愿结为一公民团体。为使上述目的得以顺利进行、维持并发展，亦为将来能随时制定和实施有益于本殖民地总体利益的一应公正和平等法律、法规、条令、宪章与公职，吾等全体保证遵守与服从。"

《五月花号公约》被认为是美国历史上第一份重要的政治文件，甚至有人认为是"美国的出生证明"，因为它奠定了美国民主自治的政治基础，这一批清教徒由此被视为美国历史上最重要的移民，被尊称为"清教徒之父"。这批清教徒来到北美，已经不是简单地追求宗教信仰自由，可能更多是为了没有国王专制的自治政治生活，由此可见，清教主义不仅仅是一种宗教精神，而且是一种政治态度、一种政治倾向、一种生活价值观。美国建国后实行政教分离制度，肯定与清教主义主张有直接关系。

众所周知，谈及美国文化，不能忽略"山巅之城"梦想，无论是殖民地时期还是建国至今，美国人一直心怀"山巅之城"梦想。

如上述，说到美国的民主自治精神，自然都会想到"五月花号"船上的清教徒们，但提出"山巅之城"理想的却是英国贵族和清教徒约翰·温思罗普，遗憾的是，在美国史学界，温思罗普的大名和历史地位直到20世纪80年代才得到正名。1630年，温思罗普带领一千多名清教徒，从英国来到北美，建立了马萨诸塞湾殖民地并成为首任总督。上岸之前，他发表了著名的题为"基督仁爱之典范"的布道演讲，阐释了其理想信念："我们将成为一个山巅之城，所有人的目光将注视着我们。如果我们在从事这项伟大工程过程中欺骗了上帝，以致他不再像现在那样帮助我们，我们将会成为全世界的谈资和笑柄。"由此，"山巅之城"成为开拓者们心中的梦想，北美这块新大陆也成了清教徒心中的"应许之地"，从此至今，"山巅之城"的梦想一直维系着美国整个国家的成长和发展，甚至一直在引导美国文化的全球扩张。温思罗普连任马萨诸塞湾殖民地总督12年，一直恪守《五月花号公约》确立的殖民地自治原则，与宗主国英国抗争，实行选举制度，在某种程度上，《五月花号公约》确立了美国民主自治的政治管理原则，但首先将之付诸实践的却是温思罗普，尤其是他提出的"山巅之城"理想成为实现"美国梦"的推动力。罗伯特·M.柯兰登认为，在构建美国文化的历史上，温思罗普是最重要的政治人物。

新英格兰地区逐渐发展成为美国文化的中心，该地区最紧密地继承了英国本土的传统文化，但因为清教主义，最终形成了一种独具美国特性的 WASP 文化，即"白人盎格鲁－撒克逊新教徒"文化。这种文化具有四大鲜明特色。一是自治精神。所有殖民地都有各自选举产生的政府和议会，殖民者们都相信约翰·洛克的"自然权利"学说：生命权、自由权和私有财产不可剥夺。政府作为"代理机构"不能干涉人的这些"自然权利",否则,人民就有推翻政府的权利,这实际上是"神不佑我,吾即弃之"的基督教"人神之约"发展到了"王不佑我,我即弃之"的"社会契约",以波士顿为中心的新英格兰地区成为北美独立战争的革命摇篮,便与该地区被殖民者们的自治精神密切相关。二是个人主义精神。个人主义被视为美国文化的核心元素,其基本含义是机会均等、公平竞争、付出与收获正相关。美国人心目中的民族英雄往往是白手起家的人士,如林肯总统和"钢铁大王"卡耐基等,19世纪50年代爱默生弘扬的DIY(Do-it-yourself)精神与美国个人主义文化密切相关,体现在基督教信仰上,则表现为相信"因信称义",认为信徒个人可以通过信仰《圣经》直接与上帝沟通。三是开拓进取的工作精神。清教主义鼓励开拓进取,发财致富。清教主义认为,衡量一个人是否对上帝虔诚,主要不是看他做多少祷告,而是要看他是不是用心地做自己的工作,因为工作是上帝给予他的天职;而对待财富,清教主义认为,财富是上帝对信徒的最大奖赏,是勤奋、守时、诚信这些美德换来的。18世纪中叶美国著名的清教布道家约翰·卫斯理的一句名言成为清教徒精神的精辟概括:"拼命地挣钱、拼命地省钱、拼命地捐钱。"拼命地挣钱,是因为清教徒以赚取财富为天职;拼命地省钱,是因为他们克制禁欲,始终过一种圣洁、理性的生活;拼命地捐钱,是因为他们要观照精神信仰、观照社区和国家等神圣共同体,他们捐钱捐物,在对世间的爱中得到永恒。这三种"拼命"精神,无疑是清教徒精神的思想精华。四是重视教育。新英格兰地区的清教徒们高度重视教育,1636年,哈佛学院建立,1647年,马萨诸塞殖民地制定法律,实行义务制教育,规定每50户人家必须聘请一位专职教师,每100户人家必须建立一所文法学校，当时，美国新英格兰地区的识字率已经超过英国本土。至 18 世纪中叶，美国共建立了九所大学，如今的"常青藤"大学基本上出自其中。美国高等教育成为美国重要的软实力，与早期清教徒重视教育密不可分。

美利坚文化的多元特质

美利坚民族虽然继承了欧洲文化，但严格意义上其本身文化的历史非常短暂，从国家独立算起，至今只有 200 多年历史。更何况，一个民族政治上的独立并不等于其民族文化的独立。任何后起之秀要建立自己独立的民族文化，一般都要经过吸收、整合、发展和创新的过程。霍华德·蒙福德·琼斯写道："美国文化是由旧世界和新世界两种伟大力量相互作用而形成的。旧世界向新世界投射丰富、复杂和矛盾的一整套习惯、力量、实践、价值和设想，新世界则将这一切加以接受、更改，最后或者扬弃，或者融入本身的发明之中。"美国民族文化之成型阶段主要是在 19 世纪。美国文学的发展历程最能说明美国民族文化的形成和成熟过程。20 世纪则是美国现代文化繁荣昌盛、独领风骚于世界文化之林的时期。

美国文化之所以能在如此短时期内跻身世界文化之林，并在 20 世纪开始唱主角，这与其独特的民族性格分不开。美利坚民族是一个具有开拓精神、追求实用的民族，这与中华民族有一定的相似性。众所周知，美国是一个移民国家，生活在这一块大陆上的居民都是在不同的时期从世界不同的地方会聚于此。即使被认为是美国真正主人的印第安人，经过考古发现，也是由亚洲迁徙而来。故美国被公认为一个民族"大熔炉"，全世界不同的民族和种族在这里被"冶炼"成美利坚民族大家庭中的一员。不容否认，他们初来乍到，其文化习俗、语言结构、文学模式等在很长一段时间里仍受旧世界的影响。即使随着社会发展，最后被融合为一个美利坚民族整体，但共性中依然凸显各个民族的文化个性。如非洲的黑人文化、亚裔文化、拉丁美洲的西班牙后裔文化和印第安人文化等，都是在以白人为主流的美利坚文化中对自身民族传统文化保留得相对完美的亚文化，这一历史事实从客观上决定了美国文化的多元性特征。

虽然美国人的祖先在不同时期来自不同的国家、不同的社会阶层、说不同的语言、信仰不同的宗教，但是从求同存异的角度看，我们可以发现，他们中间还是有许多共同的地方。作为一个以移民为主的民族，其最明显的特质是，冒险精神和不满足于现状，追求自由、平等的民主精神。美国人的祖先之所以背井离乡，或为寻求宗教信仰自由，如英国的清教徒；或因生活所迫，如作为契约劳工的华人；或为追求发财致富，如欧洲某些贵族业主和商人，等等。这些人各自带着不同的目的，依靠简陋的航海工具来到这块人烟稀少的大陆垦荒，其冒险性和向往美好生活的乐观性非常明显，人人都是探险家。大家都是带着美好的愿望，冒险来到这块处女地上创业，寻求自由、谋求财富。在这里，他们都尽己所能，积极进取，以圆其"美国梦"。这是他们能够共存的凝聚力来源，也是美利坚民族形成的基础。而为了生存，在这样一块荒野之地，无论是穷人抑或富人，他们都必须自力更生，追求实用。基于此，美国民族的基本性格和价值观是以个人主义和实用主义为主。他们追求机会均等、公平竞争、物质至上等，这些精神体现了美国民族的蓬勃朝气，某种程度上可以说是美国社会迅速发展的人性保证。这种精神也在美国实用主义哲学上得到了充分体现。

美国文学的兴起

美国社会文化的基础是盎格鲁－撒克逊文化，因为美国毕竟是在英国13个殖民地的基础上建立起来的。因此在很长一段时间里，美国文化深受英国文化的影响。殖民地人民一直习惯到英国诗歌、小说、戏剧及散文中去寻找他们文学表达的标准。正如美国当代著名史学家丹尼尔·布尔斯廷所说："在整个殖民地时期，美国的书籍基本上全部是从英国进口的。"在殖民地时期，甚至在美国建国之后一段时间里，都有人竭力按照英国的文化模式发展美国文化。然而随着13个殖民地脱离英国而独立，文化上的民族主义呼声越来越强烈。1789年，诺亚·韦伯斯特发表《论英语》，呼吁建立一种美国统一的、与英式英语有所区别的美式英语，并吁请作家们担任其传播者的角色。故而民族文化建立之最基本表象是民族语言和民族文学。

美国民族文学，从启蒙到最终建立，经过了一个多世纪。其中如欧洲近代文学发展一样，经历了从启蒙文学到浪漫主义文学再至现实主义文学的演变过程。

早在殖民地时期，美国文学领域就出现过一些平庸粗劣的作品。那都是一些欧洲探险家写的关于美洲新大陆的游记、日记和家信，没有小说和戏剧。而且，由于受清教主义思想的影响，这些作品在题材和风格上带有浓厚的宗教色彩，充满宿命论的观点，故有"清教文学"一说。作者都是清教徒，根据地在美国东北部的新英格兰。在这些清教徒笔下，一切社会生活现象都是上帝的旨意。在他们心目中，美洲是上帝所选，欧洲殖民者是上帝选民，新英格兰是新大陆的圣地。而欧洲人在新大陆的扩张，包括杀戮在内，都是在执行天命。这无疑是在为欧洲，尤其是英国的殖民扩张事业摇旗呐喊。清教文学中最杰出的代表是乔纳森·爱德华兹。爱德华兹出身于书香门第，作为一位清教主义神学家，其作品与其布道词一样，浸透着浓厚的宗教色彩。在自述里，爱德华兹记载了自己早年的追求并讲述了自己如何发现凡人与生俱有的罪孽，以及服从于耶稣基督所体现的上帝不可抗拒的意志而带来的心满意足。

不容否认，随着英国殖民统治的加强，在殖民地作家讴歌英国殖民事业的同时，也另有一些作品表达了对英国殖民统治的不满，反映了北美殖民地人民的民族意识觉醒。例如彼德·福尔杰在1675年出版的《时代的镜子》长诗中，猛烈抨击了英国在北美所推行的种种政策。此外，1676年，一位无名诗人创作的《培根墓志铭》热情歌颂了北美第一次农民起义领袖纳撒尼尔·培根，称他为"战神和智慧之神的化身"。

当然，真正体现北美殖民地革命精神的是在美国独立战争期间出现的启蒙文学。启蒙文学的代表人物有三位：本杰明·富兰克林、托马斯·潘恩和托马斯·杰斐逊。

如果说乔纳森·爱德华兹是清教主义宗教狂热最典型的代表，那么富兰克林就成了美国启蒙运动即理性时代的象征。富兰克林的代表作是其自传和《穷理查历书》(另译《格言历书》)。作者在《穷理查历书》中提出了一整套指导原则，摘录了大量箴言、警句、谚语、名言等，"生动地概括了新兴资产阶级关于实用哲学、伦理观念、创业持家、治学待人、为人处事等价值标准和道德原则"。如"自助者天助之""勤勉乃幸运之母""时间就是生命""不要出卖道德去买财富，也不要出卖自由去买权力"，等等，都是一些至理名言,"对他同时代人一直起着醒世箴言的作用"。

最具鼓动性的启蒙文学作品是潘恩创作的。1775年4月19日,莱克星顿的枪声标志着美国独立战争的爆发。战争伊始,围绕是否脱离宗主国而独立,北美殖民地有些人尤其是资产阶级上层人物优柔寡断,举棋不定。在这关键时刻,资产阶级民主思想家潘恩及时发表两部小册子:《常识》和《美国危机》。在《常识》中,作者鼓舞北美人民为独立自由而战。他尖锐地指出:"辩论的时期已经结束了,应该用武器这个最后的手段来解决问题。"而在革命遭受挫折的时候,潘恩又发表了一系列题为《美国危机》的战斗檄文。为了激发人民的爱国激情,作者写道:"这是考验人们灵魂的时刻。"这两篇作品结构严谨,思想丰满,语言生动,节奏明快,极富感染力,被认为是美国早期优秀散文的典范。

当然,美国独立战争期间最有思想性的启蒙文学作品是杰斐逊起草的《独立宣言》。与潘恩文化水平不高不同,杰斐逊出身于名门望族,曾就读于威廉与玛丽学院,被认为是美国独立战争领导人中最有学问的学者兼政治家。《独立宣言》的重要性不仅仅在于它蔑视英国国王,宣布独立,更在于它从总体上阐述了人权原则:人生而平等;人人享有不可侵犯的生存、自由与追求幸福的权利;政府统治必须获得被统治者的同意;人民有权在政府无视人民意志、滥用职权时推翻它。《独立宣言》是美国文学史上最优秀的政论文之一,它充分体现了杰斐逊的文风:语言精练、结构严谨、说理清楚、逻辑性强。有论者认为,杰斐逊是英语文体的大师。他用词铿锵有力、充满信心与真诚。

上述三位启蒙大师的作品对于唤醒新兴资产阶级的人文精神和新兴民族的反抗精神,对于建立独立的美利坚民族文学具有一定的刺激作用，但它们毕竟是出自三位政治活动家之手，严格讲，不能算作一般意义上的文学作品。真正意义的美国文学诞生于美国独立战争胜利、美利坚合众国成立之后。

独立战争以后，新兴的美国处于生机勃勃的资本主义上升时期，工业的发展、西部的开拓、铁路的兴建、各种文化设施的出现都在向世人展现一幅美好的图景，美国人民对自己的国家充满希望，对自己的民族充满信心，对这样一个发展的时代将给每个人带来的机会深信不疑。在这样的社会环境下，19世纪美国文学很自然地进入了持续达半个世纪的浪漫主义时代。美国浪漫主义文学可以分为前后两个时期。前期浪漫主义文学的主要特点是，以创建美利坚民族文学为主要内容，文学作品以美利坚民族的历史、传说、风土人情和自然风光为题材，主要作家为华盛顿·欧文、詹姆斯·费尼莫尔·库帕以及艾伦·坡。

华盛顿·欧文是美国的第一位职业作家，也被当时的英国人称为"一个真正的美国作家"，故有"美国文学之父"之称。其代表作主要有《见闻札记》《瑞普·凡·温克尔》《睡谷的传说》等。欧文的作品往往以殖民地时期的生活为背景，把一幅幅美国"童年"的图景勾勒出来，风格上既有欧洲18世纪式的诙谐，又有美国式的活泼，同时渗进19世纪英国流行的浪漫主义怀旧之情，体现了当时美国民族文化的日益高涨。

库帕以三部长篇小说开创了美国小说的三种形式：以《间谍》为代表的历史小说，以《开拓者》为代表的边疆小说，以《水手》为代表的航海冒险小说，此外，库帕反映美国西部开发的小说更是脍炙人口，《开拓者》就是其边疆系列小说《皮袜子故事集》中的一部。"皮袜子"是该小说系列中的主人公纳蒂·斑波的绰号。在他身上，既体现了西部拓荒者的纯朴品质，又展示了对民主人类、民主理想的追求。19世纪的美国史实际上是一部西进运动史，边疆生活自然是当时文学最主要的题材。如果把边疆文学看作美国民族文学的特色，那么，库帕就是美国民族文学真正的开拓者。

艾伦·坡是一位集诗歌、小说和文学评论于一身的作家，他的诗歌和小说都带有一定的象征主义色彩，这在他的《乌鸦》《钟声》等诗歌以及短篇小说集《述异集》中得到明显的呈现。

后期浪漫主义文学受19世纪40年代出现的超验主义的影响，强调人可以超越自我的经验直接去感受真理，以集中表现和宣扬人的个性、智慧、意志、能力、创造力以及自由为中心。其著名代表是拉尔夫·爱默生、纳撒尼尔·霍桑和沃尔特·惠特曼。

爱默生是19世纪美国著名的文学批评家、诗人、一代哲学大师。其代表作有《论自然》《论自助》和《论美国学者》等。其中《论美国学者》堪称"美国思想上的《独立宣言》"，作者大力提倡美国作品要描写美国的主题、歌颂美国的事务、树立美国的风格，爱默生由此而被认为是理论上呼吁建立美国民族文学的第一人。有论者说，美国的浪漫主义也随着爱默生深深扎根于本国土地，成为一种成熟的思想与感情体系。

霍桑是美国最伟大的浪漫主义小说家，其代表作是长篇小说《红字》。小说描写女主人公海丝特·白兰因与青年牧师迪姆斯台尔通奸而受到惩罚，佩戴红色A字游街示众（A代表adultery，即"通奸"之意），即使如此，她至死也没有把那位"道德卫士"、实际上是同犯的青年牧师供出来。她反而一如既往处处行善，最后，象征耻辱的A字变成了德行的标志。白兰甚至于临终前要求在其墓碑上刻上一个 A 字。这无疑对当时美国宗教、法律和卫道士的虚伪进行了尖刻的揭露和嘲讽。

惠特曼是 19 世纪美国最伟大的诗人，其代表作是《草叶集》，作品以 19 世纪美国物质进步为素材，热情讴歌美国资本主义的成就，体现出鲜明的民主色彩以及乐观向上的情绪，充满对自然、人生、劳动、自由、民主、革命等的歌颂之辞。《草叶集》在美国浪漫主义文学史上占有重要地位。有学者说：《草叶集》是一本新型的书，标志着浪漫主义文学运动的结束及美国文学史上新时代的开始。

所谓"新时代的开始"，指的是现实主义文学的开始。在美国，现实主义文学紧随浪漫主义文学繁荣起来，但不容否认的是，在浪漫主义文学成型之际，现实主义文学已经具有举足轻重的地位。美国现实主义文学也有前期和后期之分，即 19 世纪 40 至 50 年代以斯托夫人为代表的废奴文学和 19 世纪下半叶以马克·吐温为代表的批判现实主义文学。

美国独立战争仅仅解决了北美殖民地与宗主国英国之间的关系问题，即民族独立问题，而新兴的美利坚合众国是北方资产阶级与南方种植园主联合掌权的国家，随着社会经济的发展，美国南北之间的经济、政治、社会矛盾逐渐尖锐，南方种植园奴隶制严重影响美国资本主义经济的发展，要求废除奴隶制的呼声不断高涨。正因如此，反映黑奴生活、揭露残酷奴隶制的作品应运而生，并成为 19 世纪美国文学发展的重要组成部分。废奴文学中成就与影响最大的是斯托夫人，她的《汤姆叔叔的小屋》是美国废奴文学的杰作。作品通过两位主人公不同的处世方式所导致的生死不同的人生结局暗示，面对残酷的现实，美国黑奴的唯一出路只有反抗，否则就是毁灭。汤姆勤奋善良，逆来顺受，反而被主人毒打而死。而女奴伊莱扎经过巧妙的反抗斗争，虽历经无数危险，最终却获得了自由。小说对揭露南方奴隶制的黑暗、推动人们起来同奴隶制进行斗争发挥了重要影响，某种程度上加速了南北战争的爆发。林肯总统称斯托夫人为"引发这场战争的小妇人"。

废奴文学只是美国批判现实主义文学的一个支派，仅对南方黑奴制展开揭露。文学上对美国现实展开全面揭露是在南北战争以后。从此，现实主义开始替代浪漫主义，成为美国文学的主要流派。

南北战争结束以后，美国民众所渴望的自由、民主、繁荣等并没有如期而至，资产阶级的政治统治在加强，经济剥削在加重，社会问题日益严重。这一切，使人们的希望与幻想破灭，一些作家开始用审视的眼光观察美国社会，以批判的态度剖析美国社会，从而掀起了一场批判现实主义文学运动。其特点是，揭露和批判美国现实社会的种种不良现象，特别是南北战争以后美国政治生活的反民主本质，描写和反映下层劳动人民的艰难困苦。

19世纪后期美国批判现实主义文学领域有许多著名作家，其中最有名、最具代表性的是马克·吐温。马克·吐温原名塞缪尔·朗荷恩·克莱门斯，他是美国"第一位出生于密西西比河以西地区的重要作家"，其童年是在密西西比河畔度过的，故其许多作品的素材都是取自密西西比河畔的生活。"马克·吐温"这一笔名即来自密西西比河上水手的行话，意指船只航行时河水的深度。

马克·吐温的创作丰富，以揭露美国民主与自由的虚假为主要内容，以辛辣的讽刺为表现手法，对南北战争之后美国政治和社会的黑暗面给予了多方位的揭露和抨击，其中有对虚伪民主的嘲弄，如《竞选州长》；有对谋求横财暴利的讥讽，如《镀金时代》；有对虚伪庸俗的社会风气、陈腐呆板的学校教育的揭露，如《汤姆·索亚历险记》；有对种族歧视的鞭挞，如《哈克贝利·费恩历险记》；还有对殖民主义的谴责，如《19世纪对20世纪的欢迎辞》等。马克·吐温的作品不仅思想上颇具深度，而且其语言风格和写作技巧在美国文学史上具有划时代的地位。

美国建国后数十年，许多作家仍然处在英国文学的影响之下，就连欧文、霍桑以及爱伦·坡这样著名的作家也不例外。真正突破这一藩篱的是马克·吐温，他以美国西部地区特有的幽默，以俚语、口语体和特殊的讲故事方式形成一种精湛的文学语言风格。马克·吐温不仅突破了英国对美国文学的影响，而且打破了美国东部地区对文学的垄断，使得美国遍地盛开文艺之花，这是美国文学真正繁荣的外显。后来，因欧·亨利、杰克·伦敦和西奥多·德莱塞等作家的努力，批判现实主义文学一直繁荣到20世纪，与美国现代文学一起，跻身于世界文学之林。

美国实用主义哲学的出现

如上所述，美国人是讲究实用的民族，抽象的思辨与空谈不是美利坚文化的风格，体现在哲学思想方面，就是实用主义哲学。这种哲学流派的基本观点和特征是，"把确定的信念作为出发点，把采取行动当作主要手段，把获得实际效果当作最高目的"。信念的确定是为了行动，行动的目的是为了取得实际效果。因此，实用主义哲学反对一切抽象思辨，注重实用的效果，强调行动的重要性。

实用主义哲学产生于19世纪末的美国绝非偶然，这既与美利坚民族文化的特殊性密切相关，也与当时美国社会的发展紧密相连，同时还与19世纪中叶出现并流行于欧洲的实证主义哲学不无关系。美国基本上是一个移民国家，而来自欧洲等地的大量移民都抱有各种各样的实际目的，他们或为了追求更多的财富，或为了追求所谓的政治自由，这就使得美利坚文化从一开始就具有追求现实效果的实用特征。南北战争使美国完成了真正的政治与经济统一，资本主义经济获得了迅速发展，这就为美国人提供了一个更加有利的追求现实利益的机会，在这种背景下，对社会财富或政治地位的追求以及这种追求是否成功，就成为判断个人价值的一个重要标准。成功是主要的目标，为了成功就要行动，而行动来自坚定的信念。19世纪中叶欧洲实证主义哲学以及功利主义思想也对美国实用主义哲学的出现产生了重要影响。实证主义哲学对抽象思辨的批判、对科学实证的提倡等都为实用主义哲学家所接受。功利主义者对追求人类幸福的强调也成为实用主义者追求实际效果的重要思想来源之一。

美国实用主义哲学家的主要代表有三位：创始人查理·皮尔士，促进理论成型的威廉·詹姆斯，推动实用主义哲学被发展至顶峰的约翰·杜威。

皮尔士首先是一个自然科学家，然后才是一个实用主义哲学家。他一生的大部分时间主要从事自然科学研究与教学，在物理学、化学、科学史以及逻辑学等方面都有很深的造诣，正是由于自然科学方面的成就，才使他具备了以科学实证精神建立实用主义哲学的条件。1871—1874年期间，皮尔士在哈佛大学组织了一个名为"形而上学俱乐部"的哲学协会，并于1872年在俱乐部作了一个哲学学术报告，后将其修改整理成《信念的确立》和《怎样使我们的观念清晰》两篇论文，分别载于 1877 年和 1878 年的《通俗科学月刊》上。在这两篇论文中，皮尔士首次提出了实用主义的基本原理：观念的意义在于它所引起的行动和产生的效果。知识、观念是否清楚明白、是否有意义，就要看它能否引起实际效果，即看它对人是否有实用价值。这就是以实用效果来确定观念意义的所谓"效用原理"。人们认为这套理论标志着实用主义的诞生，皮尔士由此被认为是实用主义哲学的创始人，而形而上学俱乐部则被认为是实用主义哲学的诞生地。但是，他的实用主义哲学仅仅处于创建阶段，还没有形成完整的哲学体系，这一工作留待詹姆斯和杜威去完成。

詹姆斯是 19 世纪末美国实用主义哲学最著名的代表。他早年一直从事医学和心理学研究，后来从事哲学研究，他将皮尔士提出的实用主义原理系统化，从而完成了实用主义哲学完整体系的建立工作。其哲学理论代表作是 1907 年发表的《实用主义》。

詹姆斯对实用主义哲学的系统化首先表现在他将作为英国经验主义、法国实证主义和美国实用主义基础的经验主义彻底经验化，从而建立起了彻底的经验主义。如果说以前的经验主义、实证主义乃至实用主义中还残存一些非经验所能解释的东西，詹姆斯则使一切都变成了经验的产物：知识是经验的积累，感觉的对象即实在也是经验的产物，对象之间的关系也是经验，整个世界就是一个经验的世界。詹姆斯对他的这种彻底的经验主义作了如下表述：只有能以经验中的名词来解释的事物，才是哲学上可争议的事物；事物之间的关系与事物本身一样都是直接的具体的经验对象；经验的各部分靠着关系连成一体，这些关系本身也是经验的组成部分。

在这种彻底的经验主义指导下，詹姆斯关于实在的观点也是纯粹经验主义的。他认为实在包括三个部分：第一部分是我们的感觉流，它凭空而来，人们难以控制它，它却可以强加于人；第二部分是我们的感觉之间或这些感觉在我们心里的摹本之间所存在的关系，这实际上是实在的一项重要内容；第三部分是过去已有的真理。在詹姆斯看来，一切实在的基础和起源都是主观的。他在《实用主义》中说："实在的实在，由它自己；实在是什么，却凭取景；而取景如何，则随我们。"

詹姆斯提出了"有用就是真理"这一实用主义的典型真理观。如果说皮尔士的"实在就是有效"的思想中已经暗含了有效也就是真理的论点，詹姆斯则明确指出了有用就是真理。他说："它是有用的，因为它是真的，或者说，它是真的，因为它是有用的。"他认为，真理就是为了满足人们的需要，"科学中的真理就是使我们得到最大限度的满足"。詹姆斯的真理观否定了真理的客观性及其在一定时期的绝对性，在詹姆斯看来这并没有什么，因为他本来就认为真理完全是由人产生并到世界上来的。

我们一般读者更熟悉的实用主义哲学大师是杜威，实际上，在阐述和传播实用主义方面，杜威所起的作用超越了詹姆斯。是杜威把实用主义推广到政治、道德、教育和社会问题等各个领域，系统地发展了皮尔士、詹姆斯的实用主义哲学思想，并把自己的哲学称作"实验主义"或"工具主义"。杜威一生著述颇丰，发表论著36部，论文900多篇。其代表作有《学校与社会》《达尔文对哲学的影响》《我们如何思考》《哲学的改造》《经验与自然》等。

杜威实用主义的理论基础是他的经验自然主义或称"自然主义

的经验论",这实际上是詹姆斯彻底的经验主义的翻版和衍生。杜威把"经验"解释为有机体和环境的一种"交涉"活动。在"交涉"活动中,有机体不仅被动地适应环境,而且对环境起作用。其结果是,环境所造成的变化又对有机体及其活动起反作用。行动和反作用之间的这种密切关系便形成了"经验"。杜威认为,人的问题实则是一个经验问题,人适应环境的活动是连续的,只有行动与感受联系在一起才能形成经验。而人的"认识本身就是一种行动"。正因如此,杜威认为,在经验中,物质和精神、自然和经验是融为一体的,自从人产生以后,自然便存在于经验之中。

同时,杜威把自己的实用主义称为"工具主义",认为知识的对象是工具性的;思想是人应付环境的工具;真理是有效用的工具等。杜威还认为,与其他所有的工具一样,概念、理论的价值不在于它们自身,而在于它们所造成的结果中显现出来的功效。工具本身无所谓真假,只有有效或无效、恰当或不恰当、经济或浪费的区别。总之,真理就是效用,效用是衡量一个观念或假设的真理性的尺度。上述观点充分体现了实用主义重视行动和效果的基本思想。杜威不仅提出学说,而且还本着实用主义精神,把他的"经验"理论和"工具主义"思想直接运用到美国中小学的教育改革中去,对开发学生的智力和能力、培养一批实用性人才起到很大的促进作用。杜威于1919至1921年间在中国11个省市巡回讲学,其实用主义教育思想对中国教育也有较大影响。

上述实用主义哲学思想是对美国民族精神的高度概括,是美国知识分子对世界文化的杰出贡献,某种程度上顺应了20世纪人类社会重物质、求实惠的发展潮流。

近代美国的绘画艺术

近代美国绘画艺术的兴起可以追溯到殖民地时代。这一时期,美国绘画艺术呈现出多民族特色,来自欧洲不同国家的移民将本民族的绘画艺术带到了北美殖民地,同时北美殖民地原住民印第安人的绘画艺术在一定程度上也保存下来,北美殖民地时代绘画艺术的多民族性由此形成。随着殖民地社会经济的发展,各民族之间的差异越来越为共同的利益与要求所代替,这就加速了美利坚民族统一性的形成,在这一过程中,北美殖民地绘画艺术在保留一定的多民族特性的基础上,逐渐形成一种美利坚民族绘画艺术的统一性。在表现手法上,北美殖民地绘画艺术比较质朴、僵硬甚至呆板。在艺术形式上,主要以人物肖像画为主。殖民地时代,北美著名的绘画艺术家主要有勃莱克标、考波里和怀恩特。勃莱克标的代表作是《萨姆孙太太肖像》,考波里的代表作是著名的《拿松鼠的男孩》及《保尔·列维尔》,怀恩特的代表作是《沃尔夫将军之死》和《潘恩与印第安人签约》。

北美独立战争的爆发极大地推动了绘画艺术的发展,反映独立运动著名领袖的肖像画以及独立战争重大事件的历史画成为绘画艺术的主要内容,这使得18世纪末北美的绘画艺术表现出鲜明的现实主义特色,并带来了近代美国绘画艺术的第一次繁荣。这一时期产生了一批著名的肖像画家及作品,其中斯图尔特最为著名,他创作的《乔治·华盛顿肖像》是美国绘画艺术史上的杰作之一。特拉姆巴尔创作了大量的反映独立战争内容的历史画,其作品充满了对独立战争中的英雄人物及事件的敬意和关注,著名的代表作有《邦克山之战》《伯根将军在萨拉托加投降》以及《颁布独立宣言》等。

18世纪末19世纪初，美国绘画艺术有了明显的发展，尽管肖像画仍然是美国绘画艺术的主要表现形式，但是，在表现手法上已经不再像以前那样质朴、僵硬，而是开始表现画家本人的思想与意境。在艺术流派上，这一时期的美国绘画艺术呈现浪漫主义与现实主义共同发展的特点，产生了一批颇有影响的肖像画作品，例如赖特的《富兰克林肖像》、布朗的《杰斐逊肖像》、比尔的《楼梯旁的画家之子》、萨里的《杰斐逊肖像》以及《被撕破的帽子》。

19世纪以前，风景画与反映社会生活的风俗画不是美国绘画艺术发展的主流，有影响的作品也比较少，但是，特拉姆巴尔描绘美国大自然风光的《尼亚加拉的景色》、普拉特的《美国的学校》等是其中较有影响的风景画和风俗画作品。

19世纪20—60年代是美国绘画艺术史上的一个重要的变化时期，肖像画和历史画逐渐衰落，仍然从事肖像画创作的一些画家也主要以商业性创作为主，如肖像画家黑尔在十年间创作了五百余幅肖像画，其中包括历届美国总统的肖像画。风景画的兴起和发展是这一时期美国绘画艺术发展的重要表现，当时的美国风景画家大都去过欧洲，受到欧洲尤其是英国风景画家透纳和康斯坦布尔的影响，并形成了风格不同的两大风景画派：一派主张风景画应反映画家的思想，讲究理想化与神秘感，这一派的画家大多数描绘哈德逊河谷的自然风景，因此被称为"哈德逊河谷派"；另一派则主张不带任何个人意识地直接描绘自然风光。影响最大的哈德逊河谷派产生了不计其数的风景画家和作品，其中著名的代表作有考尔的《哈德逊河上的早晨》及富有宗教色彩的《赶出天堂》，克雷布斯的《哈德逊河上秋天》，布兰特的《波士顿湾》，黑德的《风暴来临的纽伯特海滨》、莱恩的《缅因湾》以及哈特的《凯尤克湖岸》。

与此同时插图艺术也发展起来,莱斯利为斯特恩的小说《特利斯托兰·香代》创作的《托庇叔叔与寡妇沃曼》、奎多为华盛顿·欧文的短篇小说所创作一系列美术插图都是插图艺术的杰作。

这一时期美国绘画艺术发展中更为重要的成就是,反映社会生活的风俗画的出现和发展。这类作品的主要特点是,以非同寻常的淳朴描绘寻常生活,没有故事,没有复杂的心理变化或戏剧性冲突。约翰逊的《家信》和《肯塔基的老房子》、蒙特的《山冈上的栅栏》和《买马》,以及宾汉的《沿密苏里河而下的猎人》等,都是19世纪中期美国社会风俗画的主要作品。

南北战争结束后,美国绘画艺术进入第二个繁荣时代,不仅浪漫主义绘画艺术取得了一定的成就,更重要的是,反映美国社会生活的现实主义绘画也获得了较大的发展。浪漫主义绘画的著名代表是马丁、英尼斯和赖德,此外还有法士、富勒。马丁的主要作品是《大竖琴,塞纳风光》;英尼斯的《德拉华州的山谷》等风景画不仅体现出鲜明的浪漫主义色彩,而且体现出现实主义的洞察力;赖德的浪漫主义作品同样体现出现实主义的一面,这集中反映在他的《海上劳动者》与《漂泊的荷兰人》等作品中。

美国现实主义绘画的杰出代表是被誉为"三巨头"的霍迈、惠斯勒和艾肯斯,此外还有萨金特等人。霍迈被认为是美国最著名的油画家,19世纪美国最出色、最深刻的现实主义大师。他的《猎人与猎狗》和《伐木人》等作品被认为是美国现实主义绘画的杰作。艾肯斯的代表作《格老斯大夫的外科临床课》、惠斯勒的《白衣女郎》和《母亲》同样都是美国现实主义绘画的著名作品。这一时期，受到法国巴比松画派的影响，美国也出现了一些现实主义风景画家，如温特，其代表作为《维诺纳的瀑布》。但美国现实主义风景画很快让位于从欧洲传入的印象主义风景画，托克曼的《风景画》、哈塞姆的《第五街，冬天》等是19世纪末期美国最著名的印象主义风景画作品。

近代美国绘画艺术较之欧洲存在一定的差距，但是，独立战争以后美国的绘画艺术取得的成绩是显著的，西方绘画艺术的重要流派在美国都有一定的发展，这为美国成为20世纪绘画艺术的一个重要中心奠定了基础。

思考讨论题

1. 请分析《五月花号公约》与美国民主政治的关系。
2. 如何理解清教主义与美国精神的关系？
3. 请简述实用主义哲学的核心内容。

重要名词中英文对照表

第一章 埃及与两河

埃及　Egypt

两河流域（美索不达米亚）
　　Mesopotamia

金字塔　Pyramid

图特摩斯三世　Thutmose Ⅲ

拉美西斯二世　Ramesses Ⅱ

苏美尔　Sumer

阿卡德　Akkad

巴比伦　Babylon，Babylonia

亚述　Assyria

新巴比伦帝国　Neo-Babylonian
　　Empire

波斯　Persia

居鲁士　Cyrus

大流士　Darius

第二章 希腊（上）

希腊　Greece，Hellas

雅典　Athens

斯巴达　Sparta

克里特文明　Minoan Civilization

伯罗奔尼撒　Peloponnese

西西里　Sicily

黑劳士（希洛人）　Helots

第三章 希腊（下）

提洛同盟　Delian League

亚历山大　Alexander

托勒密王朝　Ptolemaic Dynasty

塞琉古王朝　Seleucid Dynasty

马其顿王朝　Macedonian Dynasty

底比斯（忒拜）　Thebes

宙斯　Zeus
阿波罗　Apollo

第四章　罗马（上）

罗马　Rome
奥古斯都　Augustus（称号）
屋大维　Octavian
迦太基人　Carthaginians
图拉真　Trajan
哈德良　Hadrian
马可·奥勒留　Marcus Aurelius
塞维鲁　Severus

第五章　罗马（下）

（罗马）执政官　Consul
布匿战争　Punic Wars
元首制　Principate
格拉古兄弟　Gracchi Brothers
提比留·格拉古　Tiberius Gracchus
盖约·格拉古　Gaius Sempronius Gracchus
盖约·马略　Gaius Marius
科奈留斯·苏拉　Cornelius Sulla
庞培　Pompey
克拉苏　Crassus
尤利乌斯·恺撒　Julius Caesar
布鲁图　Brutus
君士坦丁　Constantine
戴克里先　Diocletian

第六章　基督教的兴起

《摩西十诫》　Ten Commandments
《摩西五经》　Torah
《创世记》　Genesis
《出埃及记》　Exodus
《利未记》　Leviticus
《申命记》　Deuteronomy
《民数记》　Numbers
希伯来人　Hebrews
犹太教　Judaism
《圣经》　Bible
《旧约》　Old Testament
《新约》　New Testament
先知运动　Prophetic Movement
应许之地　Promised Land
基督教　Christianity
东正教（希腊正教）　Orthodox Christianity
天主教（罗马公教）　Catholicism
耶稣基督　Jesus Christ

重要名词中英文对照表

圣母玛利亚　Blessed Virgin Mary
亚伯拉罕　Abraham
摩西　Moses
一神教　monotheism
多神教　polytheism
迦南　Cannan
扫罗　Saul
大卫　David
所罗门　Solomon
耶路撒冷　Jerusalem
巴比伦之囚　Babylonian Captivity
弥赛亚（救世主）　Messiah
犹太复国主义（锡安山主义）　Zionism
诺亚方舟　Noah's Ark
巴别塔　Tower of Babel
犹太会堂　synagogue
亚历山大大帝　Alexander the Great
犹太人大流散　Jewish Diaspora
《塔木德》　*Talmud*
雅赫维　Yahweh
耶和华　Jehovah
非犹太人　Gentile
十二门徒（十二使徒）　Twelve Apostles（Twelve Disciples）

道成肉身　Incarnation
殉道者　martyr
耶稣受难　the passion of Jesus Christ
异端　heresy
"外邦使徒"保罗　Gentile Apostle Paul
君士坦丁大帝　Constantine the Great
《米兰敕令》　*Edict of Milan*
三位一体论　Trinity
信仰时代　Age of Faith
《尼西亚信经》　*Nicene Creed*
《马太福音》　*Gospel of Matthew*
伊甸园　Garden of Eden
智慧树　Tree of Knowledge
原罪　original sin
救赎　salvation
修道运动　monastic movement
圣奥古斯丁　Saint Augustine

第七章　中世纪（上）

克洛维　Clovis
墨洛温王朝　Merovingian Dynasty
查理·马特　Charles Martel
加洛林王朝　Carolingian Dynasty
丕平　Pepin the Short

查理曼（查理大帝、查理大王）
　　Charlemagne
格里高利七世　Gregory Ⅶ
亨利四世　Henry Ⅳ
英诺森三世　Innocent Ⅲ
博洛尼亚　Bologna

第八章　中世纪（下）
再征服　Reconquista
教团　Order
十字军　Crusades
约翰王　King John
大宪章　Magna Carta, the Great Charter
议会　Parliament
上院（贵族院）　House of Lords
下院（平民院）　House of Commons

第九章　殖民扩张
殖民扩张　colonial expansion
马可·波罗　Marco Polo
伊比利亚半岛　Iberian Peninsula
《托德西利亚斯条约》　*Treaty of Tordesillas*
航海家亨利王子　Prince Henry the Navigator
哥伦布　Columbus
达·伽马　Da Gama
麦哲伦　Magellan
迪亚斯　Dias
好望角　Cape of Good Hope
马六甲海峡　Strait of Malacca
埃尔南多·科尔特斯　Hernando Cortes
阿兹特克帝国　Aztec Empire
弗朗西斯科·皮萨罗　Francisco Pizarro
印加帝国　Inca Empire
东印度群岛　East Indies
西印度群岛　West Indies
七年战争　Seven Years' War
《巴黎和约》　*Treaty of Paris*

第十章　文艺复兴
文艺复兴　Renaissance
人文主义　humanism
世俗主义　secularism
人文主义者、人文学者　humanist
人文学　humanities
但丁　Dante

彼特拉克　Petrarca
薄伽丘　Boccaccio
波提切利　Botticelli
达·芬奇　Leonardo da Vinci
米开朗琪罗　Michelangelo
拉斐尔　Raffaello
多纳泰罗　Donatello
委罗基奥　Verrocchio
迪费　Dufay
班舒瓦　Binchois
奥克冈　Ockeghem
帕莱斯特里纳　Palestrina
拉伯雷　Rabelais
蒙田　Montaigne
塞万提斯　Cervantes
莎士比亚　Shakespeare
伊拉斯谟　Erasmus

第十一章　宗教改革运动

宗教改革运动　Reformation
马丁·路德　Martin Luther
约翰·加尔文　John Calvin
亨利八世　Henry Ⅷ
新教（抵抗宗）　Protestantism
路德宗　Lutheranism

加尔文宗（归正宗）　Calvinism, Reformed Church
安立甘宗（英国国教、圣公会）　Anglican Church
长老会派　Presbyterianism
革除教门　ex-communication
赎罪券　indulgences
黑死病　Black Death
约翰·威克里夫　John Wycliffe
约翰·胡斯　John Hus
因信称义　justification by faith
预定论　Predestination
圈地运动　Enclosure Movement
都铎王朝　Tudor Monarchy
血腥玛丽　Bloody Mary
《至尊法案》　Act of Supremacy

第十二章　科学革命

科学革命　Scientific Revolution
地心说　Geocentric Theory
日心说　Heliocentric Theory
尼古拉·哥白尼　Nicolaus Copernicus
乔尔丹诺·布鲁诺　Giordano Bruno
伽利略·伽利雷　Galileo Galilei
约翰尼斯·开普勒　Johannes Kepler

艾萨克·牛顿　Isaac Newton
《自然哲学的数学原理》 Mathematical Principles of Natural Philosophy
安德烈亚斯·维萨留斯　Andreas Vesalius
米格尔·塞尔韦特　Miguel Serveto
威廉·哈维　William Harvey
罗伯特·波意耳　Robert Boyle
弗朗西斯·培根　Francis Bacon
勒内·笛卡尔　Rene Descartes

第十三章　启蒙运动

启蒙运动　Enlightenment
哲人　philosopher
社会契约　social contract
百科全书　encyclopedia
自然神论　deism
白板说　Tabula Rasa
君权神授　divine right of kings
主权在民　popular sovereignty
伏尔泰　Voltaire
孟德斯鸠　Montesquieu
狄德罗　Diderot
卢梭　Rousseau
孔多塞　Condorect
洛克　Locke
吉本　Gibbon
休谟　Hume
亚当·斯密　Adam Smith
康德　Kant

第十四章　工业革命

工业革命　Industrial Revolution
工业文明　industrial civilization
商业革命　Commercial Revolution
圈地运动　Enclosure Movement
技术革命　Technological Revolution
棉纺织业　cotton textile industry
詹姆斯·哈格里夫斯　James Hargreaves
珍妮纺纱机　Spinning Jenny
理查德·阿克莱特　Richard Arkwright
塞缪尔·克朗普顿　Samuel Crompton
爱德蒙·卡特莱特　Edmund Cartwright
蒸汽机　Steam Engine
托马斯·纽科门　Thomas Newcomen

詹姆斯·瓦特　James Watt
亚伯拉罕·达比　Abraham Darby
采矿业　mining industry
交通运输业　transportation industry
机器制造业　machine manufacturing industry
工人阶级　working class
城市化　urbanization
经济自由主义　Economic Liberalism

附录　美国文化

清教徒　puritan
清教主义　puritanism
《五月花号公约》 *Mayflower Compact*
约翰·温思罗普　John Winthrop
本杰明·富兰克林　Benjamin Franklin
托马斯·潘恩　Thomas Paine
托马斯·杰斐逊　Thomas Jefferson
华盛顿·欧文　Washington Irving
詹姆斯·费尼莫尔·库帕　James Fenimore Cooper
艾伦·坡　Edgar Allan Poe
拉尔夫·爱默生　Ralph Waldo Emerson
纳撒尼尔·霍桑　Nathaniel Hawthorne
沃尔特·惠特曼　Walt Whitman
《汤姆叔叔的小屋》 *Uncle Tom's Cabin*
马克·吐温　Mark Twain
实用主义　pragmatism
查理·皮尔士　Charles Sanders Santiago Peirce
威廉·詹姆斯　William James
约翰·杜威　John Dewey
工具主义　instrumentalism

编 后 记

本书由阮炜、肖华锋、宁宝剑、朱维联合撰写。其中,阮炜撰写绪论、第一章至五章、第七章至八章、第十章;肖华锋撰写第六章、第十一章、附录;宁宝剑撰写第九章、第十三章;朱维撰写第十二章、第十四章。

编辑部